Zu diesem Buch

Viele Männer überdenken derzeit ihre Rolle des ewig potenten, aggressiven und dynamischen Siegers und finden sie wenig befriedigend. Wir fangen an zu begreifen, daß ein Leben nach angelernten und auch aufgezwungenen patriarchalischen Mechanismen die Ursache nicht nur eines vagen persönlichen Unbehagens sein könnte, sondern entscheidend dazu beiträgt, daß unsere von uns Männern regierte Welt immer dramatischer aus den Fugen gerät.

Es ist falsch, sich den Forderungen der Frauen einfach anzupassen oder sogar zu unterwerfen. Unabhängig von den emanzipatorischen Wünschen der Frauen müssen wir unsere eigenen Bedürfnisse, Wünsche und Möglichkeiten kennenlernen. Nur selbstbestimmt können wir uns verändern, um unseren eigenen Weg zu suchen.

Für dieses Lesebuch wurden 13 Beiträge aus den mittlerweile über 50 erschienenen Titeln der Reihe rororo-mann ausgewählt. Einige Originaltexte ergänzen den Band.

Hinweise auf die Autoren finden sich auf den Seiten 253 bis 255.

Jürgen Volbeding (Hg.)

Die Kraft ist schwach, allein die Lust ist groß

Ein MANN-Lesebuch

rororo
Rowohlt

Veröffentlicht im Rowohlt Taschenbuch Verlag GmbH,
Reinbek bei Hamburg, Juli 1991

Die Quellenangaben finden sich jeweils am Ende der
Beiträge. Beiträge ohne Quellenangabe wurden original
für diesen Band verfaßt.
Lektorat Jürgen Volbeding
Umschlaggestaltung Thomas Henning
Satz Aldus (Linotronic 500)
Gesamtherstellung Clausen & Bosse, Leck
Printed in Germany
1280-ISBN 3 499 18242 4

Inhalt

Vorwort

«O nein! die Kraft ist schwach, allein die Lust ist groß», antwortet Mephistopheles dem Frosch in Auerbachs Keller, als ihn dieser fragt, ob er ein Gesangsvirtuose sei (Faust I, Vs 2002).

Auch wenn dieser Satz in einem ganz anderen Zusammenhang fällt, beschreibt er sehr schön das Verhältnis zwischen Kraft und Lust.

Gepanzerte Ritter und Einsiedlerkrebse sind es gewohnt, in fremde Weichteile zu stechen, um nicht von panischer Angst ergriffen zu werden, sobald ihre eigenen weichen Seiten erkennbar werden.

Männer scheinen bis heute große Schwierigkeiten zu haben, ihre eigenen Gefühle und Emotionen auszusprechen. Folge dieser Unfähigkeit ist, daß das Seelenleben des Mannes weitgehend unbekannt ist. Der Mann ist in diesem Bereich unterentwickelt. Solange der Mann sich nur nach außen wendet, in vermeintlicher Objektivität und Sachlichkeit aufgeht, bleiben ihm aber wesentliche Teile seiner Person verborgen. Dabei wirken in ihm unbekannte Wünsche und verborgene Phantasien handlungsleitend und bestimmen damit die entscheidenden Voraussetzungen seines Handelns und Fühlens.

Wir Männer haben zu kämpfen um unser ins Wanken geratenes Selbstbild.

Ende der siebziger Jahre begannen die Medien, über eine Männerbewegung zu berichten, die sie entdeckt zu haben glaubten.

Dabei hatten sich nur hier und dort einige Männer in lockeren Gesprächsgruppen zusammengefunden. Männer, die nicht «neu» oder «bewegt», sondern ganz normal waren. Es waren Männer, die das Gefühl hatten, irgendwie zwischen allen Stühlen zu sitzen, die die Notwendigkeit zur Veränderung ihrer Rollen ahnten und spürten.

Auch wenn es keine Männerbewegung gab und gibt, nimmt die Anzahl der Männer zu, die sich nicht mehr wohl in ihrer alten Haut fühlen. Ich finde es spannend, daß der Gegenstand der Gespräche unter Männern zunehmend tatsächlich wir Männer selbst sind. Mich stört allerdings, daß die meisten von uns ihre Probleme zu häufig über die Beziehungsprobleme mit Frauen definieren. Vielleicht geht es zunächst auch gar nicht anders, weil unsere quälendsten Probleme unsere Gefühle sind, die in der «harten Männerwelt» nichts zu suchen und die wir deshalb an Frauen deligiert haben: Hingabe, Fürsorge, Empfindsamkeit, Angst, Schwäche, Verletzlichkeit und Nachgiebigkeit. Vielleicht müssen wir

tatsächlich erst von Frauen darauf aufmerksam gemacht werden, welche emotionalen Kräfte wir an sie abgetreten hatten, um sie dann möglichst bequem jederzeit nutzen zu können.
Uns wird klar, daß diese «weichen Qualitäten» von Frauen nicht geschlechtsspezifisch, sondern einfach menschlich sind.
Trotz der Häme und Skepsis, die das Gerede über den «neuen Mann» begleiten, gibt es inzwischen viele Männer, die es ernst meinen mit der Emanzipation von ihrer ihnen von der Gesellschaft oktroyierten patriarchalisch definierten Männerrolle. Die versuchen, wirklich ihren Gefühlen gemäß zu leben, nicht nur «privat» – zu Hause –, sondern auch in der Arbeitswelt und sonstwo. Die begriffen haben, daß diese Emanzipation eine den ganzen Mann betreffende Entwicklung ist. Gerade Frauen haben ein sehr feines Gespür für die Tricks derjenigen von uns, die «ihre» Emanzipation von Zeit zu Zeit instrumentalisieren, um hinterher noch «begründeter» ihre alten Mackerrechte einzufordern. Emanzipation ist – genau wie Moral – keine Frage des Zeitpunktes! Es gibt kein Schlupfloch mehr – nirgendwo ist mehr etwas zu holen –, weder für den Macho noch den Softie, den alternativen oder den «bewegten» Mann. Wenn wir den kollektiven Untergang in der ökologischen oder atomaren Katastrophe nicht wollen, müssen wir Männer uns verändern.

Es geht nicht darum, besser lieben oder bügeln zu lernen.
Wir müssen lernen, Macht abzugeben.

«Männer haben zu lange ein eindimensionales und zu unflexibles Leben geführt. Mit diesem Satz lassen sich letzten Endes Zehntausende von Seiten kritischer Männerliteratur ersetzen. Männer waren jahrhundertelang nur Kopf statt Herz, nur erfolgreich statt auch liebevoll, nur Leistung statt auch Muße, nur konkurrenzorientiert statt auch solidarisch, nur hart statt auch weich.» (Walter Hollstein: «Nicht Herrscher, aber kräftig», rororo mann 8268)

Für dieses Lesebuch habe ich mir wichtig erscheinende Beiträge aus den mittlerweile über 50 erschienenen Titeln der mann-Reihe ausgewählt. Einige Originalbeiträge und zwei Comics ergänzen den Band.

Themen sind:
Kraft, Herz, Sexualität, Zärtlichkeit und Politik, der männliche Orgasmus, der Quoten-Schock, Väter, Mütter, die Lust, Beschneidung, Wörter für Liebe u. a.

Jürgen Volbeding

Ralf König

Die WEISSEN

NAJA ... MÄNNERROLLE, WIE SICH MÄNNER GEGENÜBER FRAUEN VERHALTEN, MÄNNLICHKEITSWAHN, HOMOSEXUALITÄT, NEUE MÄNNER BRAUCHT DAS LAND ...
... DER GANZE PLUNDER!
ACH ... SOWAS!

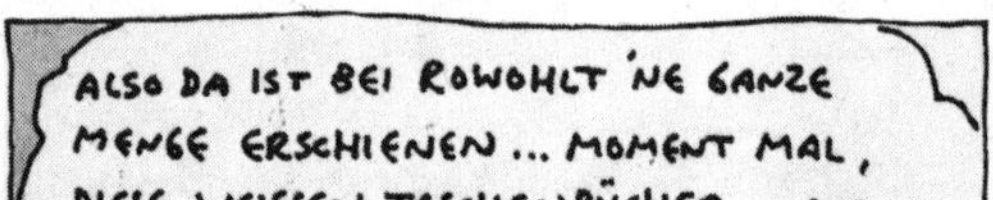
ALSO DA IST BEI ROWOHLT 'NE GANZE MENGE ERSCHIENEN ... MOMENT MAL, DIESE WEISSEN TASCHENBÜCHER ... WENN SIE HIER MAL SCHAUEN ...
ICH NEHME ALLES, WAS SIE DA HABEN.

SIE WOLLEN ALLES MITNEHMEN? MEINE GÜTE, SIE SIND ABER EIN GANZ BEWEGTER, WAS?
NAJA... WENN MAN AN DIESER FRAUENFEINDLICHEN MÄNNERGESELLSCHAFT WAS ÄNDERN WILL, MUSS MAN BEI SICH SELBST ANFANGEN...
BRAVO!

JETZT HAB ICH SIE GANZ SCHÖN BEEINDRUCKT...ICH SOLLTE SIE FRAGEN, OB SIE LUST HAT, MAL MIT MIR AUSZUGEHEN...
GEILE TITTEN, DIE KLEINE...

Gerd Würzberg

Kraft kommt nicht aus Kraftmaschinen

Kennen Sie Peutenhausen? Nein? Aber der «Bär von Bellenberg» ist Ihnen noch ein Begriff! Richtig: Rudolf Mang, Olympia 1972, München... Und dieser Rudolf Mang wurde zum Super-Kraftmenschen – durch Josef Schnell, den Hantelmacher. In Peutenhausen eben.
Nach Peutenhausen kam ich, weil ich wußte, daß Josef Schnell das wahrscheinlich größte Archiv zur Geschichte des Kraftsports angesammelt hatte. Seit Jahren trägt er – zumeist aus Nachlässen alter Athleten – Zeitschriften, Bücher und Fotos zusammen. Ausgewertet ist davon bislang nur ein Bruchteil.
Josef Schnell gehört zu den Menschen, die einem nichts aufdrängen.

Josef Schnell

Seine knappen Kommentare zu den Zeitschriftenbergen, die er an jenem Dezemberabend vor mir aufhäuft, enden mehrfach mit dem Satz: «Sie müssen mehr fragen.» Fragen kann man ihn zu fast allem, was sich seit hundert Jahren in der Kraftsport-Geschichte getan hat. Schnell hat diese ganzen alten Bände *gelesen*. Aber sein eigentliches Thema sind nicht die Athleten und ihre Rekorde. Was ihn ganz und gar in Anspruch nimmt, ist – die Kraft. Was ist das Wesen der Kraft? Kann man Kraft trainieren? Das sind die Fragen, um die sich Josef Schnells Leben dreht. Philosophisch, physikalisch-experimentell und kommerziell. Als Josef Schnell merkt, daß mich die Papierstapel weniger interessieren als Josef Schnells Geschichte, blockt er ab: «Was ich über mich erzähle, ist nicht interessant. Sie schreiben doch kein Buch über'n Schnell!» Es wird dann doch halb fünf Uhr morgens, bis wir uns verabschieden. Eine Nacht, in der ich ziemlich heftig über das Wesen der Kraft irritiert werde, indem ich einiges aus Josef Schnells Lebensgeschichte erfahre...

«Wissen Sie, ich bin seit vierzig Jahren mit Leib und Seele dabei... ich habe bestimmte Vorstellungen entwickelt, wie man einen Körper trainieren kann und was man noch alles erreichen könnte. Vielleicht ist es Spinnerei von mir – aber ich bin mit dem, was man bisher mit dem Krafttraining erreicht hat, überhaupt noch nicht zufrieden. Der Athlet, den ich mir vorstelle? Der soll alles können; der soll sämtliche Fähigkeiten *im ausgewogenen Verhältnis* besitzen, die die Natur uns in Millionen Jahren ermöglicht hat. Dieser Athlet würde jedenfalls nicht so aussehen wie ein heutiger Bodybuilder. Vielleicht eher wie die alten Athleten, nicht ganz so stabil wie der Sandow... Mein Gesamtathlet würde die einhundert Meter unter elf Sekunden laufen und zwei Meter hoch springen können... Warum es diesen Athleten geben sollte? Ja, sehen Sie, das ist eben so eine fixe Idee; vielleicht ist es, weil ich selber einmal so werden wollte und es nie ganz erreicht habe? Alles, was man macht, entsteht ja aus einem Komplex heraus...»

Der Anteil der guten, alten Hanteln, mit denen Josef Schnell die Produktion von Sportgeräten begann, beträgt heute weniger als fünf Prozent am Gesamtumsatz. Aber um diese Hanteln drehte sich früher alles, und das kam so:

«Ich bin in einer Mühle aufgewachsen. Da werden bekanntlich Säcke getragen. Schwere Säcke. Kraft war also damals, vor fünfzig Jahren, in einer Mühle sehr gefragt. Mein Großvater war bayrischer Meister im Gewichtheben. Meine beiden Onkel waren auch ziemlich stark... Der eine z. B. konnte die Walze aus dem Walzenstuhl heben, zum Aufzug tragen und von dort zwanzig Meter zum Lastwagen. Die Walzen haben 330 Kilo gewogen. Das hat mir als Bub unheimlich imponiert. Haben Sie schon einmal bemerkt, daß den kleinen Buben Kraft *immer* imponiert?

Mit elf Jahren habe ich mir einen Sack vom Aufzug einer Dreschmaschine auf Schulterhöhe heben lassen – ich hatte ihn ganz gefüllt, d. h. mit 270 Pfund –, ihn auf den Buckel genommen und wollte ihn über den Hof tragen, ungefähr dreißig Meter. Kurz vor der Rampe, wo ich den Sack absetzen wollte, war eine schöne Dreckmulde von den Fuhrwerken der Bauern und von den Tauben, die da nach Körnern pickten... Genau da, im Schlamm und Taubendreck, konnte ich den schweren Sack nicht mehr tragen. Er rutschte hinunter, platzte auf, und der ganze Weizen lag im Dreck... Das hat mir ziemlich gestunken damals.»

Die Konsequenz aus der Blamage hieß: Krafttraining. Nur: Womit?

«Mein Freund und ich, wir fanden irgendwo alte Wasserleitungsrohre. Mit denen haben wir trainiert. Wir haben die Rohre immer wieder hochgestemmt. Dann haben wir eines Tages richtige Hanteln gesehen, im Gewichtheberverein von Schrobenhausen. Natürlich wollten wir so was auch haben. Zu den Gewichthebern haben wir uns nicht hingetraut – also mußten wir uns selbst eine Hantel bauen. Mein Freund hat bei einer Baufirma einen Baustahl ‹organisiert›, einen zwanziger Baustahl, einen Meter fünfzig lang. An eine Eisenstange war 1946 nicht heranzukommen. Nun brauchten wir nur noch die Scheiben. Mein Onkel sammelte damals immer Edelmetalle, Kupfer z. B.; darunter waren runde Auswucht-Gewichte von Lokomotiven, das waren flache, runde Scheiben aus Blei... Mit der Hilfe meiner Großmutter (die war auf meiner Seite!) haben wir ein paar Scheiben geklaut und versteckt; als mein Onkel die wiederfand, waren schon Löcher darin. Die hatte uns der Schlosser gebohrt. Mit einem Nagel konnte man die Scheiben an der Stange befestigen: Wir hatten eine 78-Pfund-Hantel! Damit haben wir Gewicht gehoben. Mein Freund, der ein Jahr älter war als ich, hat es zur Hochstrecke gebracht – ich hab es nicht geschafft. Das hat mir wieder unheimlich gestunken! Nach ein paar Wochen konnte ich es öfter heben als er. Jetzt mußten wir die Gewichte erhöhen. Wie? Auf einem Schuttplatz fanden wir alte Zahnräder von Landmaschinen. Die haben wir an die Stange gehängt, wieder mit Nägeln befestigt. Irgendwann hat auch das nicht mehr gelangt... Wissen Sie, was eine ‹Gsodmaschine› ist? Das ist eine Häckselmaschine – mit besonders schönen, großen Zahnrädern. Also: Die mußten wir haben. Wir haben sie ausgebaut, trainiert und nachher wieder eingebaut. Wenn der Bauer gewußt hätte, was wir mit seiner Maschine gemacht haben... Aber uns hat nie einer erwischt. Dann, nach einigen Monaten heimlichen Trainings, ging's zu den Gewichthebern in Schrobenhausen. Auf dem Weg dahin hat mich mein Vater abgepaßt: ‹Wo willst du hin?› – ‹Zu den Gewichthebern!› – ‹Bist du wahnsinnig? Dös san doch die Gscherten...› Das waren damals die untersten Schichten, die Kraftsport betrieben haben, Proleten. Früher, vor dem Krieg, waren das ‹bessere Leute› gewesen. Obwohl es immer schon welche gegeben hat, die inkognito, heimlich, trainiert haben. Adlige zum Beispiel. Die wollten aussehen wie Kraftmenschen, aber wollten nicht mit ihnen in Verbindung gebracht werden...»

Josef Schnell wurde trotz der Einwände des handwerklich-bäuerlich denkenden Vaters Gewichtheber – ein ziemlich erfolgreicher sogar (Deutscher Meister und Rekordhalter in den fünfziger Jahren). Und, wie es seine Art ist, packt er auch den Gewichthebersport mit Überlegung an:

«Ich hab mir ziemlich bald Systeme ausgedacht und aufgeschrieben. Das hatte bis dahin keiner gemacht. Wissen Sie, woher ich das alles hatte, das systematische Denken? Die Mühle hatte mich fasziniert. Eine Mühle ist ein technisches Meisterwerk. Als Bub hab ich immer staunend vor dem System von Riemen und Zahnrädern gestanden. Wie die Riemen umgelenkt werden, wie sie nachlaufen... Ich hab in der Mühle alles gelernt, was ich heute bei meinen Trainingsmaschinen anwende. Ich hab eben Glück gehabt...»

Die technischen Grundlagenkenntnisse aus der Kindheit in der Mühle des Großvaters mütterlicherseits dienen Schnell dazu, sich später in die anderen Wissensgebiete einzuarbeiten, die für systematisches Krafttraining wichtig sind. Der gelernte Schreiner in der niederbayrischen Provinz kauft und liest alle erreichbaren Bücher über Physiologie und Anatomie. Viele Fragen bleiben offen. Von den Experten kommt keine Hilfe.

«Zwanzig Jahre lang bin ich den Wissenschaftlern hinterhergerannt und hab um Information gebettelt. Die Leute haben mich gar nicht beachtet. Einmal, so um 1960 herum, war ich mit der Gewichtheber-Nationalmannschaft zu einem Lehrgang in Freiburg. Wir hörten einen Vortrag von Professor Gerschler, dem damals führenden Sportwissenschaftler (das war er übrigens auch schon bei Hitler gewesen); ich hatte mir eine Liste von Fragen notiert, die ich von ihm beantwortet haben wollte. Mein Präsident wollte mich daran hindern, den großen Gerschler damit zu behelligen. Nach dem Vortrag hab ich ihn aber dann doch abgepaßt und ihm meinen Zettel mit den Fragen hingehalten. Er hat ihn genommen, die Fragen gelesen, mir auf die Schulter geklopft und gesagt: ‹Lassen Sie das. Das ist nichts für Sie, junger Mann.› Da hab ich gewußt, daß er nichts versteht. Der hat keine Antworten gewußt auf meine Fragen. Die wissen das bis heute nicht...»

Was sind das für Fragen?

«Die zeige ich Ihnen nachher.»

Die Gewichtheberkarriere stagniert, als Josef Schnell nach abgeschlossener Schreinerlehre in der Tankstelle seines Vaters arbeiten muß (die Schreinerei war im Krisenjahr 1953/54 pleite gegangen). Sechzehn Stunden am Tag Wagen waschen, Reifen wechseln, Abschmieren... Er bekommt ersten Anschauungsunterricht in «geschäftlichem Denken».

«Damals hab ich die Leut gut kennengelernt; wie die einen ausnutzen und erpressen: ‹Wenn du mir heut, am Sonntag, den Wagen nicht mehr wäschst und abschmierst, dann tanke ich woanders...› Miese Leute, aber das waren wichtige Erfahrungen.»

An der Tankstelle werden dann endlich die ersten «richtigen» Hanteln gebaut.
Nachts?

«Klar nachts. Wann sonst?»

Als sein Know-how in Sachen Hantelbau einen guten Stand erreicht hat, versucht Schnell, daraus seinen Job zu machen. Er bietet seine Dienste dem Monopolunternehmer an. Die Verdienstaussichten sind so, daß er beschließt, selber Hanteln zu bauen. Mit Hindernissen. Drehbänke waren Mangelware. «In ganz Schrobenhausen gab es damals drei.» Drehen und Rändeln brachten er und sein Kompagnon sich selbst bei. Um die richtige Legierung und Vergütung für die Hantelstange herauszufinden, brauchten sie drei Jahre. Alles neben dem vom Vater übernommenen Tankstellenbetrieb. Als Schrobenhausen eine Umgehungsstraße erhält, baut sich Josef Schnell eine eigene Tankstelle im Nachbarort Peutenhausen – allein, ohne Handwerker. Das Fundament gräbt er mit der Schaufel aus.

«Dabei hab ich mich ziemlich kaputtgemacht. Natürlich ist es mit dem Gewichtheben nicht mehr aufwärtsgegangen.»

Er richtet einen Trainingsraum für Gewichtheber ein, den er selbst kaum noch nutzt. Seine Erkenntnisse über Krafttraining vermittelt er anderen – unter ihnen Rudolf Mang.

«Ich hab die Gewichtheber gefüttert, trainiert, mit allem Nötigen versorgt. Bei mir trainierten bald mehr Gewichtheber als im Gewichtheberverband. Die sind zu mir gekommen, weil sie wußten, daß ich Ahnung hab... Die sind ganz automatisch zu mir gekommen. Ein paar Weltrekorde haben wir dann zusammengebracht...»

Die spektakulärsten Erfolge unter der Schnellschen Anleitung erringt Rudolf Mang, dessen planmäßige, siebenjährige Vorbereitung auf die Olympischen Spiele 1972 in ebenjenem Tankstellen-Kraftraum in Peutenhausen beginnt.
1969 entsteht – neben der Produktion von Hanteln und Trainingsbänken – die erste Trainingsmaschine. Als das Benzingeschäft auf dem Lande immer schwieriger wird, verkauft Schnell von heute auf morgen seine Tankstelle und baut auf dem Acker gegenüber die ersten drei Gebäude seines Sportgeräte-Betriebes. Wieder allein, nur mit Handlangerdiensten von seinem fünfjährigen Sohn.

Seit 1972, dem Jahr des großen Krachs mit dem Gewichtheberverband, hat Schnell keine Verbindungen mehr zum organisierten Sport. «Seitdem ging es nur noch ums Geräteherstellen und ums Geldverdienen.» Mit wenig Spaß, wie er dazu anmerkt. Was ich ihm natürlich nicht ganz abnehme: Zu offensichtlich ist seine Genugtuung darüber, daß er es den Besserwissern und Zweiflern gezeigt hat mit seinem geschäftlichen Erfolg. Allerdings: Zu einem smarten Unternehmer wie Weider oder Arnold wird Josef Schnell wohl niemals werden. Seine Neugierde, seine Gelehrsamkeit, sein Hunger auf Informationen über die Kraft sind nicht in dem Sinne funktional, daß sie nur auf geschäftliche Verwertung gerichtet wären. Ich könnte ihn mir gut als schrulligen Tüftler vorstellen (vielleicht so ähnlich wie der «Erfinder», den Bruno Ganz gespielt hat). Das Ansammeln der Hunderte von alten Zeitschriften-Bänden und Kraftsportfotos trägt eindeutig Züge von Besessenheit. Man nimmt es ihm ab, wenn er laut darüber nachdenkt, daß er eines Tages alles verkaufen wird wie damals die Tankstelle, weil ein neues Projekt neugierig macht. Freilich: Mit dem Spaß aus der Gründerzeit ist auch die alte Selbstgewißheit abhanden gekommen. Josef Schnell mißtraut nicht nur anderen. Er denkt auch über sich selbst nach – in moralischen Kategorien: «Vielleicht bin ich schlechter, als ich's von mir sage; das ist leicht möglich.»

Das ambivalente Geschäft mit der Kraft

«Das mit der Fitneßwelle, das wird noch eine ganz große Sache; das wird wahrscheinlich größer als Fußball, Tennis und Skifahren zusammen. Weil das tatsächlich was bringt, wenn man's richtig betreibt... So, wie man's jetzt betreibt, bringt's nicht viel. Das wollen die Leute aber nicht hören. Wenn man heute die Wahrheit über das Krafttraining sagt, werfen sie einem ‹Geschäftsschädigung› vor... Die Leute werden belogen. Denen wird nur das gesagt, was geschäftsfördernd ist. Nehmen Sie nur den Handel mit kaseinhaltigem Eiweiß. Jeder weiß, daß das Zeug extrem schädlich ist, wenn man's über längere Zeit nimmt; jeder weiß, daß es in der Herstellung billig ist. Aber mit Hilfe eines schönen Schwarzenegger-Fotos wird's den Leuten zu Traumpreisen verkauft. Bei der Käse-Herstellung verwenden die Milchwerke höherwertige Molke – sonst wird der Emmentaler nichts. Der Emmentaler merkt's – der Bodybuilder nicht. Das ist eine Sauerei, was da mit den Leuten gemacht wird.»

Herr Schnell, Sie haben ja vorn in Ihrer Empfangshalle auch die schönen bunten Fitneß-Illustrierten liegen, die dieses unseriöse Geschäft betreiben. Sie selbst profitieren doch auch davon...

«Das muß ich zugeben: Daß die Leute, die ich eigentlich nicht mag, im Endeffekt für mich arbeiten. Die Bewegung, die die angefacht haben, kommt mir finanziell zugute, obwohl mir das nicht recht geheuer ist. Mir würde es besser gefallen, wenn ich andere Kunden hätte. Früher sind mehr Kunden gekommen, die etwas wissen wollten, die etwas verstanden. Heute kommt jemand und fragt: Wie krieg ich am schnellsten den und den Muskel. Ich kenne Studiobesitzer, die kaufen für ihr Studio eine minderwertige Maschine und für ihr eigenes Training eine gute...»

Und Sie verkaufen beide...

«Das ist vielleicht nicht richtig. Ich baue auch eine Serie Maschinen mit Steckgewichten (für die ‹Faulen›) – da geh ich immer ganz schnell dran vorbei. Ich mag die gar nicht anschauen. Ich genier mich irgendwie... Das Geschäft hat ein Eigenleben; das hat eine Macht. Der Schwarzenegger hat mir vor zwanzig Jahren mal gesagt: ‹Du siehst das ganz falsch. Die Leute kaufen doch freiwillig. Wenn jemand zu dumm ist, ist das seine Schuld. Jeder muß auf sich selbst aufpassen.› Damals war der Schwarzenegger noch keine zwanzig Jahre alt. So gescheit war der damals schon... Aber ich möchte nicht mit ihm tauschen. Die schauen immer ziemlich mißmutig drein, die Brüder...»

Er kennt den «Arnold» in sich selbst; er mag ihn nicht besonders. Ich würde sagen: Josef Schnell lebt irgendwo zwischen den Polen: Arnold Schwarzenegger und Galileo Galilei. Daß er darum weiß, ist seine Stärke.

Das Wesen der Kraft. Experimente mit alten und neuen Maschinen

Im repräsentativen Konferenzraum steht sie: Josef Schnells Experimentiermaschine. Er hat es endlich geschafft, mich von seiner Lebensgeschichte ab- und zu seinem Ur-Anliegen hinzubringen.
Die Maschine ist im Prinzip so ähnlich konstruiert, wie Josef Schnell seinen Lebensweg begreift: Man arbeitet permanent gegen einen Widerstand an.
Technisch gesehen besteht sie aus einem Trainingsgerät – ähnlich denen, wie sie in den Fitneß-Studios für die «Bein-Curls» bereitstehen – und einem Mikrocomputer, der so programmiert ist, daß er den Verlauf der

«Kraftkurve» graphisch darstellen kann. Man setzt sich auf den Stuhl, drückt mit den Unterschenkeln gegen den elektrisch gesteuerten Hebel – und kann, wenn alles funktioniert, auf dem Bildschirm ablesen, wieviel Kraft man am jeweiligen Punkt des Bewegungsablaufs verausgabt. Es funktionierte nicht in jener Nacht. Ich vermutete, daß irgend etwas mit der Programmdiskette nicht in Ordnung wäre. Josef Schnell konnte das nicht akzeptieren. Er zerlegte als erstes den Blechkasten, unter dem die Elektronik und Mechanik der Maschine verborgen sind. Man konnte sehen, daß er die Mechanik liebt und die Computer haßt. Er ist ohne Zweifel ein sehr «technik-zentrierter» Mensch, aber nur die «alte» Technik interessiert ihn wirklich. Möglich, daß er eines Tages computergesteuerte Trainingsmaschinen bauen wird – aber er wird daran mit ebensolcher Verachtung vorbeigehen wie an den Maschinen mit Steckgewichten...

Nachdem es mit der programmierten «Kraftanalyse» nicht klappen wollte – Schnell hatte inzwischen, nachts um halb eins, einen Mitarbeiter nach einer anderen Diskette suchen lassen sowie den Programmierer angerufen –, besann er sich auf die alten didaktischen Mittel. Er zeichnete einen Muskel an die Tafel – mit unterschiedlichem Querschnitt, danach Diagramme, Kraftkurven, Trainingspläne. Was ich von alldem verstand, gipfelt in dem Satz: Kraft ist nicht trainierbar. Für einen Hersteller von

Kraftmaschinen immerhin ein bemerkenswerter Satz, wie ich fand. Zwar kann man den Umfang eines Muskels vergrößern – aber seine Kraft nimmt nicht zu, sondern, im Gegenteil, ab einem bestimmten Muskelquerschnitt wieder ab. Daß Kraft nicht von der Dicke der Muskeln abhängt, hat Schnell in langen Testreihen nachgewiesen, die er mit den unterschiedlichsten Versuchspersonen (von der schmächtigen Büroangestellten bis zum Zehnkampfsuperathleten) an seiner Maschine durchgeführt hat: Die Muskelprotze hatten nicht durchweg die meiste Kraft. Was man trainieren, steigern kann, ist letztlich so etwas wie die «geschickte Anwendung» der vorhandenen Kraft (deren «Menge» zuallererst genetisch bestimmt ist) oder eine Art «effektives Verfahren». Kraft ist, anders ausgedrückt, im Prozeß der körperlichen Leistungssteigerung der am wenigsten oder gar nicht beeinflußbare Faktor.

Das klingt alles sehr plausibel, dachte ich – und müßte einen nicht weiter beunruhigen (nach dem Motto: Alles ist eben eine Sache der Definition); was aber Josef Schnell so maßlos ärgert (und was ihn zu seinen aufwendigen Experimenten und Beweisführungen anstachelt), ist, daß mit dem falschen Versprechen Geschäfte gemacht werden, aus dem Krafttraining resultiere Kraft, aus dem Verzehr von Kraftpillen oder Kraftdrinks resultiere Kraft... Wo doch Kraft in den Menschen entweder «drinsteckt» oder nicht! Und was ihm womöglich noch mehr «stinkt»: Daß der falsche «Kraft»-Begriff auch noch mit der «Stärke» eines Menschen in Verbindung gebracht wird. Dazu hat Josef Schnell in seinem Leben nun wirklich spezifische Erfahrungen gesammelt.

«In den Fitneß-Studios werden
Selbstbezug und Körperthematisierung
bei Unverbindlichkeit sozialer
Bindungen und Verpflichtungen
zur Institution.»
(Rittner/Mrazek)

Aus: Gerd Würzberg; «Muskelmänner. In den Maschinenhallen der neuen Körperkultur»
rororo mann 8208, erschienen 1987

Rüdiger Kremer

morgens schon
begann diese zerfahrenheit
irgend etwas zu tun
nur um den tag hinter sich zu bringen
aufstehen und quer durch das zimmer gehen
vom fenster zum spiegel
und wieder zurück
ausweichen dem eigenen blick
die zimmertür öffnen
ohne hinauszugehen
auf den stillen dämmrigen flur
oder ans fenster gelehnt nach draussen sehen
in die blätter im wind
ausgestreckt auf dem bett liegen
in der plötzlichen angst vor geräuschen
anrauchen gegen die angst
oder lesen
wörter aneinanderreihen zeile um zeile
beruhigen sich die gedanken
nach einer weile
und nach und nach den sinn der wörter begreifen
: bekanntschaften habe ich viele gemacht
gesellschaft habe ich nicht gefunden
setzt wieder die unruhe ein

Aus: Rüdiger Kremer; «die Zeit in W.» (23)

Matthias Frings

Herz

Liebe / Beziehung(en)

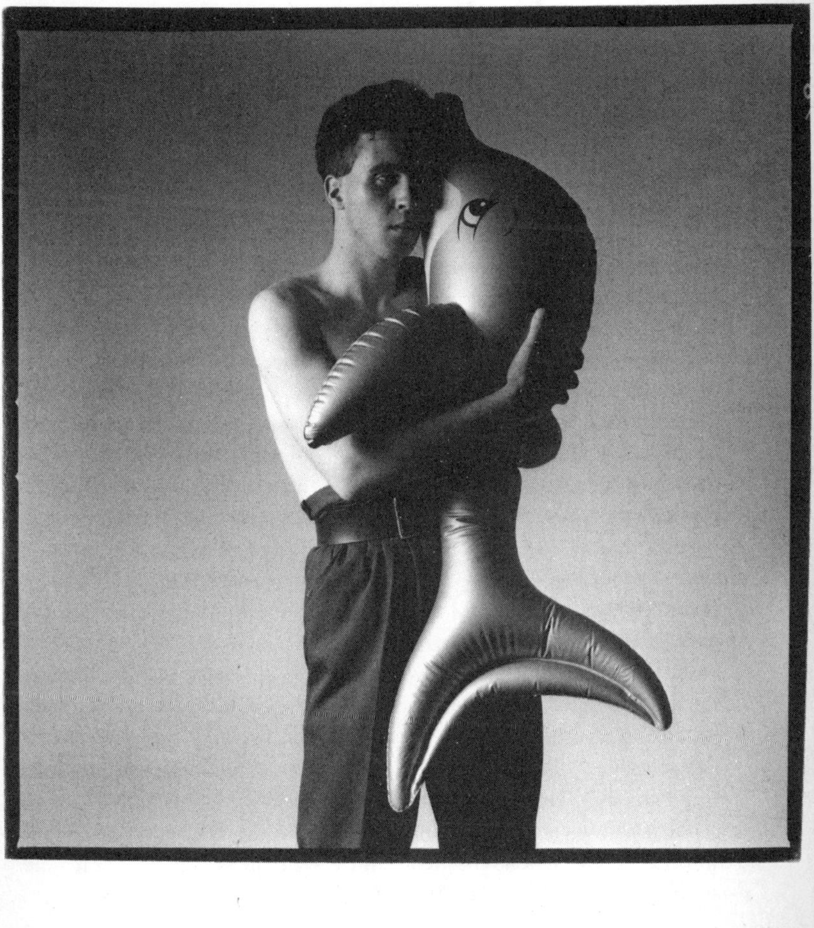

Das *Herz, Herz haben* – das gilt für beide Geschlechter. Ein Mann mit Herz ist Kompliment, nicht Vorwurf. Und merkwürdig doch, daß kaum eine andere übergeschlechtliche Metapher in ihrer symbolischen Repräsentanz so eindeutig weiblich ist.

Bei den Teenies, die sich ihrer stürmischen Liebe für Symbole gottlob noch nicht schämen, wird das ganz deutlich. Nehmen wir die bunten Schulhefte, die bedruckten Federmäppchen, die Schultaschen, T-Shirts, Aufkleber; schauen wir, was sie während des Unterrichts mit abwesender Miene auf Tische und Heftränder kritzeln. Bei den Mädchen sind es Herzchen – als Brosche und Ohrring, auf Kleiderstoff und Briefpapier; rot, knallig, prall. Ein Junge mit herzverziertem T-Shirt wäre immer noch ein ungläubiges Gelächter wert. Jungs haben Fußbälle und Krokodile auf ihre Polohemden genäht. Ihre Sticker zeigen Rummenigge, Heavy Metal-Bands und Nena. Worte finden sich auf ihren Löschblättern – *geiler Hengst, pimpern, viken* –, und sie malen neben Riesenbusen und weitaufgerissenen Mösen Autos und Flugzeuge, immer noch. Jahre später darf sie sich weiterhin mit Herzen umgeben; vielleicht ist ihr Anhänger herzförmig, mit Steinen eingefaßt, oder ihre Brille, ihre Badewanne. Stellen Sie sich bitte den Präsidenten des Sparkassen- und Giroverbandes mit einem Onyxherz am Ringfinger vor – nein, der Mann darf nur auf *eine* Weise Herz tragen: als Tätowierung. Dort, auf den Unterarmen, Bizeps und Brüsten steht es allerdings nicht allein, nie rot und rund und fertig. Entweder verkündet ein geschwungenes Band *«I love…»*, oder in seiner Mitte ist *Monika* oder *Britta* zu lesen. Oder, dritte und beliebteste Spielart, ein spitzer Pfeil bohrt sich ins Herzinnere und tritt an der anderen Seite wieder aus. Alle drei Varianten erweitern das Herz, das reine Gefühl um die sexuelle Dimension; die blau verewigte *Monika* fügt dem Herzen das Fleischliche hinzu.

Das Herz ist vielleicht weniger Zeichen der Liebe als Demonstration des Glaubens an Gefühle. Natürlich glauben auch Männer an das Gefühl, darüber können auch Spielzeugraketen, Computerkurse und Regierungssprecher nicht hinwegtäuschen – nur zeigt man es nicht. Die Zurschaustellung des Gefühls wäre Eingeständnis schwankender Wirklichkeiten und interpretierbarer Wahrheiten. Sie gefährdet somit den Mythos männlicher Zielorientiertheit, der nur in ungebrochener Perfektion, einem glänzenden Chrompfeil gleich, die Unantastbarkeit der Macht behauptet. Gefühle selbst machen «stark», auch und gerade die Gefühle eigener Minderwertigkeit, aber ihre Demonstration schwächt, weil sie Angriffsflächen bietet, weil sie das allenthalben Geahnte formulier- und kritisierbar macht.

Das Patriarchat könnte auch als Geschichte der geschickten (Aus-) Nutzung männlicher Emotionen und Erotik beschrieben werden. Ohne die libidinösen Bindungen der Männer aneinander, die das Zusammenrücken, Erstarken, Wehrhaftmachen erst ermöglichen, kann auch eine Technologie der Macht nicht auskommen. Betrogen sind natürlich die Männer: Die halbbewußten Emotionen schweißen sie nur dann in der erforderlichen produktiven Weise zusammen, solange sie sie nicht kennen, keine Worte dafür haben, solange sie scheinbar reflex- und instinktmäßig handeln. Die *bewußte* Emotion fragt irgendwann nach einem *Warum*, nach Zweck, Nutzen und dem Stand der Zufriedenheit – das dumpfe Gefühl nicht. Es handelt, ohne zu wissen warum, und es läßt sich behandeln.

Das Leben der Männer ist ein Konglomerat von aggressiver Machterhaltung und Leiden am Druck, unter den man sich selbst gesetzt hat. Es gibt diverse Möglichkeiten, damit umzugehen: den Druck herunterspielen und seine Bemeisterung zur männlichsten aller Tugenden erklären; die emotionalen Entbehrungen als Preis der Macht betrachten; wehklagen und an den Symptomen der (Selbst-)Unterdrückung laborieren oder die Belastungen auf das System zurückführen, das sie produziert.

Männer unter sich – das ist kollektives Lecken der Wunden, die sie sich gegenseitig beigebracht und, in den letzten Jahren, von den Frauen eingehandelt haben.

Man redet miteinander, politisiert, lacht. Eine Weile lang läßt man die Welt (fast) Welt sein; Egon versteht Erwin und Patrick Stephan. Frauen kommen vor, oft. Als Kellnerin oder vorbeiflanierender Reiz, in detaillierten Erlebnisberichten oder als Phantasiegebilde, in Witzen oder seelentiefen Seufzern. Doch sie bleiben merkwürdig wesenlos, irreal, unfaßbar. *Die Frauen* bilden eine Art unsichtbare Front, etwas, das man kollektiv beschreiben und abhandeln kann. Reale Frauen kommen in Männerrunden kaum vor; Sex- oder Eheprobleme, Verliebtsein oder Einsamkeit – das erzählt man nicht im großen Kreis. Hat man wirklich etwas auf dem Herzen, wird irgendwann im Laufe des Abends der *beste Freund* beiseite genommen. Wie die Frauen beim gemeinsamen Abwasch, reden die Männer gern beim Pinkeln. Dort sind sie sich eigentümlich nah. Der

Körper ist entspannt und läßt fließen, nebeneinander stehen zwei Gleiche und reden. Die schöne Selbstverständlichkeit dieser Situation ist, zurückgekehrt in die Runde, nicht länger aufrechtzuerhalten.
Frauen treffen sich, um miteinander übereinander zu reden; sie brauchen dazu keine Begründung. Männer haben es da schwerer. Selbstverständlich wollen auch sie miteinander reden, selbstverständlich brauchen auch sie Unterstützung, Trost und Verständnis. Aber das ist *Gefühlsduselei* und *Weiberkram* – so muß man sich Vorwände schaffen. Die einen spielen Schach, die anderen Skat, man joggt und segelt, spielt mit Eisenbahnen und Drachen, geht zu Feuerwehr und Schützenverein, singt und diskutiert. Weil alles, was Männer tun, einem Programm folgen muß, werden auch in der Freizeit Ziele gesetzt. Gemeinsamkeiten und Gespräche gelten nun eher als Abfallprodukt der durchstrukturierten Situation. Männer wissen um diesen kleinen Trick, und Frauen vermuten nicht zu Unrecht, daß es beim Kartenabend nicht eigentlich ums Kartenspiel geht.
Tun sich Männer ohne hinreichende Begründung zusammen (*wir treffen uns, weil wir uns mögen*), öffnen sich Tür und Tor für finstere Spekulationen. Das Fehlen einer übergestülpten Rechtfertigung kann nur eines bedeuten: Homosexualität. (Die latente Angst vor der «Mißverständlichkeit» der Situation hatte bisher nur für Männerrunden gegolten, kaffeetrinkende Frauen konnte und wollte niemand ernst nehmen. Jetzt aber, wo man weiß, daß Frauen nicht nur über vitaminschonende Methoden des Dünstens von Gemüse reden, macht sich zunehmende Irritation breit. Und schon kursieren mit ironischer Heiterkeit vorgetragene Geschichten, daß die «Weiber es doch wohl miteinander machen».)
Die Rituale der Männer beobachtend, weiß man oft nicht, ob man lachen oder weinen soll. Ihre Angst vor dem Ausdruck von Gefühlen und ihre Homophobie haben ein ganzes Arsenal von Zeichen geschaffen, deren Durchsichtigkeit geradezu rührend anmutet. Jede Geste ist Understatement, spielt die ihr zugrundeliegende Emotion herunter.
Wir kennen das: Die *alten Freunde* treffen sich nach langer Zeit wieder; ein Strahlen in den Augen, die Freude unübersehbar, aber die Körper wissen sich nicht zu geben, sind kantig in ihren Bewegungen, ungeschickt. Ein fester Händedruck, die freie Hand auf die Schulter des Freundes gepreßt oder die ruckhafte Umarmung mit Schulterklopfen. Die Berührungen gleichen in der Kehle steckengebliebenen Lauten, die weder vor noch zurück können. Und wenn es gar nicht mehr anders geht, löst sich der Gefühlsstau in stilisierten Raufereien; ein Boxhieb in die Luft,

spielerische Abwehr, ein Ruckeln und Taumeln, bei dem die Hände ziellos landen.

Je intellektueller die Männer, desto unkörperlicher die Begegnungen; Händeschütteln, Kopfnicken, nichts darüber hinaus. Auch die bewußte Hinwendung zum Mit-Mann bei den «neuen Männern», das Streicheln, Umarmen und Betatschen, hat längst den Charakter flüchtiger Konvention angenommen. Diese Gesten folgen Ansprüchen, nicht Gefühlen. Die proletarischen Männer haben es da leichter. Schaut man sich zum Beispiel eine Gruppe von Jungrockern an, zeigen sie ihren Zusammenhalt auch auf der Ebene der Körper. Permanent wird angefaßt und geboxt, gebalgt, «geknutscht» und gegrapscht. Stundenlang stehen sie eng umschlungen am Tresen, in der freien Hand jeweils eine Bierflasche. Dies alles ist erlaubt, solange die Gesten im Bereich der *Kameradschaft* bleiben und nicht zur *Zärtlichkeit* ausarten. Deshalb die innige Umarmung und, gleich danach, der schmerzhafte Griff an die Eier. «Du alte Sau», rufen sie dann und lachen.

Alkohol gehört dazu, ohne Bier oder Wein kein Männerabend; Männer bei Kaffee und Kuchen sind albern. Eine Droge muß her, die angespannten Energien zu lockern. Alkohol öffnet die Tür zu den Gefühlen. Mit zunehmendem Konsum steigt die Bereitschaft, über sich zu reden. Probleme kommen auf den Tisch; ja, das verstehen die anderen, kennen sie aus eigener Erfahrung. Man nickt und redet, bedauert und läßt sich bedauern.

Natürlich lieben sie diese diffusen Nächte. Nicht wenige Männer scheinen es geradezu darauf anzulegen, im Schutz des Alkohols alle Schleusen zu öffnen und ordentlich loszuheulen. Da sitzen sie dann an ihren besten Kumpel gedrückt und lassen sich trösten. Wenigstens der Rausch bietet einen begrenzten Freiraum, sich für eine Weile des Drucks zu entledigen. Gegenüber der Männerideologie, die sich bis in die letzten Fasern der Persönlichkeit festgesetzt hat, muß jeder Mann ein Versager bleiben; den komplexen Anforderungen kann keiner ohne Einbruche standhalten. Und so ist der Rausch, das Baden im Gefühl, eine Art Selbstreinigung, ein Absondern der Emotion. Damit man sie los ist.

Männer sind das eigentlich sentimentale Geschlecht. Es fällt ihnen schwer, mit Gefühlen umzugehen, denn das schlösse ein Handeln mit ein. So ist man einfach gefühlsselig, versichert sich gegenseitig, daß man noch welche hat, und reibt sich an Schmerz und Unvermögen, ohne Konsequenzen daraus zu ziehen. Aus der alltäglichen Verkrampfung bricht die Verzweiflung hervor, das Gefühl, möglicherweise alles falsch ge-

macht zu haben, ein verlogenes Leben zu führen. Aber am nächsten Morgen ist alles wieder gut; ein Alka-Seltzer, man reißt sich am Riemen, nimmt sich zusammen. Bis zur nächsten Woche.
Der Kamerad, der Freund, hat verstanden, ihm geht es ähnlich. Vor allem aber ist auf seine Diskretion Verlaß. Die Risse im Gebälk werden außerhalb der Männerrunde sorgsam wieder gekittet, die Gruppentherapie hat funktioniert. Nicht umsonst gehören die Männerabende ins feste Repertoire der Männlichkeit. Im Taumel der Gefühle weiß man sich zusammengehörig und braucht doch nicht die treffenden Worte zu finden. Das diffuse Sentiment reicht aus. Hier wird aus der Schwäche Stärke gewonnen und aus wackligen Versatzstücken eine Mauer gebaut.

Egoismus: Selbstsucht, Ichsucht, Eigennutz. So steht's im Duden. Egoismus gehört in die männliche Sphäre. ER muß egoistisch sein, damit er ein Auskommen hat im kalten Kapitalismus. Bandagen angelegt und gekämpft, gerangelt, ausgestochen. Abends dann: *meine* Ruhe, *meine* Kinder, *meine* Zeitung, *meine* Frau. *Mein Schatz,* sagt er nach der Munddusche und hat noch kurz *seinen* Erguß.
Männer sind Egoisten. Der Satz: «Diese Frau ist eine Egoistin» fällt selten. Frauen sind nur dann egoistisch, wenn sie ohne Mann ihre Ziele verfolgen, also keine richtigen Frauen sind, also fast Männer. Frauen heißt man bestenfalls «apart» und schlimmstenfalls «etwas herb», wenn sie mit *ich will* nicht nur die anzuschaffende Joghurtmaschine meinen.
Der legendäre «männliche Egoismus», auch der im Bett, ist in Wirklichkeit ein irreführender Terminus. Was wir unter «männlichem Egoismus» verstehen, nutzt nicht dem Mann, sondern dem männlichen Prinzip. Eigennutz? Es soll dem Selbst nützen? Dieser Egoismus fördert nicht den eigenen Nutzen, nicht die Befriedigung, nicht das Glück, sondern den Sieg auf Kosten der anderen und zum Profit anderer. Die Genugtuung liegt nicht im angepeilten Ziel selbst, sondern seinen Weg bis dorthin unter Ausschaltung aller Konkurrenten gemacht zu haben. Das Ziel selbst ist eher nebensächlich, wird doch bald ein neues gesetzt werden, die eigenen Fähigkeiten in Frage zu stellen und zu neuen Höchstleistungen anzuspornen. Die Steigerung des Profits ist für die abhängig Arbeitenden unabdingbares Nebenprodukt, da mit ihr das sogenannte «persönliche Fortkommen» unlösbar verkettet ist.
Der männliche Egoismus wäre demnach mehr ein politisches denn ein

psychologisches Phänomen. Und ein janusköpfiges dazu, denn durch seine Psychologisierung, also die Verengung des Blickwinkels auf das Ich (jeder kann in unserem Staat etwas erreichen, wenn...), werden die wahren Nutznießer in den Rang natürlicher Gegebenheiten erhoben.
Eigennutz? Wem nutzt, bitte schön, dieses Rangeln und Treten, dieses wie irr um die Existenz reden und schuften? Man muß sie nur genau anschauen, die versoffenen Fernsehredakteure mit ihrem sich selbst demütigenden Zynismus, die um ihren Arbeitsplatz bangenden Bauarbeiter mit der ängstlichen Regel: «Egal, was du auch tust, du mußt immer ein Werkzeug in der Hand halten!» oder die aufstrebenden Manager in ihren psychologischen Seminaren, denen plötzlich klar wird, die etwas laute (oder leise, ordinäre, geradlinige) Ehefrau könne ihr Stolperstein auf dem Weg nach oben sein.
Nun ist die Feststellung, daß alle, Männer und Frauen, zwangsläufig Opfer unseres Gesellschaftssystems sind, ebenso banal wie zutreffend, aber sie umfaßt nicht die volle Wahrheit.
Der Mann schafft sich den konkurrenzlosen Raum, das Heim, die Familie, die Frau, die Kinder. Hier sind seine Sozialstation und sein Psychotank. Das dynamische Prinzip des Berufsalltags soll durch ein ruhendes Kreisen motiviert werden. Hier möchte er unbestrittenes Oberhaupt und Entscheidungsfinder sein. Diesen Anspruch wird er durchsetzen mit Autorität, höflichem Nachdruck oder Gewalt, je nach den erlernten Strategien. Für die Fiktion, wenigstens diesem Mikrokosmos vorzustehen, setzt er sein Selbstbild aufs Spiel. Das Nicht-Nummer-eins-Sein zwischen Vorabendprogramm und Zähneputzen wäre ihm unerträglich; es brächte die Welt ins rechte Lot und spiegelte ihn als das, was er ist: der Gebeutelte. Nein, das ist Sache der Frauen. Die sind gewöhnt an die Machtlosigkeit. Am Hausfrauendasein entzündet sich wenig Phantasie vom «Durchbruch», erst recht nicht an zusätzlicher Berufstätigkeit. Frauen verschlingen jede Woche Millionen Romanheftchen, weil sie realistisch sind und eine Abwechslung brauchen. Wirkliche Romantiker sind die Männer, die glauben, es aus «eigenem Antrieb» zu schaffen, etwas «für sich» zu leisten. Ein mörderisches Wirtschaftssystem erklärt seine Hanseln zu Däumlings-Königen im Eigenheim, und diese kaspern sich in der großen Welt stolzgeschwellt ab, ihrem Ruf gerecht zu werden.
Der Mythos der Männlichkeit ist beeinflußt vom bürgerlichen Ideal des freien Mannes, ein Bild, das sich schon beim oberflächlichen Blick als wohlfeiler Etikettenschwindel entlarvt. Besonders im proletarisierten

Mittelstand sind Spezialisierung, Abhängigkeit und Unselbständigkeit zum Erkennungszeichen der Männer geworden. Ein Mann kann sich *«die Attribute seiner Wichtigkeit, Geltung, Bedeutung durch Werbesprüche versprechen lassen – die reale Erfahrung einer individuellen Bedeutung, eines Sinnbezugs, einer gesellschaftlichen Bindung und Verantwortung fehlt»* (Hazel E. Hazel). Was wir also vorfinden, ist der Mann, der im Namen einer Männlichkeit, die er gleichzeitig mit aller Gewalt verteidigt und unter der er leidet, um den Sinn seiner Existenz gebracht wird. Diese ohnmächtige Erfahrung (und ich vermute, daß im geheimen sehr viele Männer ihr Scheitern mehr oder minder bewußt empfinden) führt zu Kompensationsversuchen in der Freizeit, wo der Mensch noch Mensch, der Mann noch Mann sein darf. Ersatzangebote werden offeriert, die Einsicht in den ganzen Schwindel zu betäuben bzw. erst gar nicht durchkommen zu lassen.

Die Freizeit verspricht eine Rückkehr zum Selbst, die Reparatur der berufsalltäglich lädierten Selbstachtung. Aber auch hier tritt an die Stelle der versprochenen Selbst-Erfahrung ein Scheinangebot: der Konsum. Im gleichen Tempo wie der Mann als Handlungsträger des öffentlichen Lebens als Fiktion entlarvt wird, offeriert die Freizeitindustrie verlorengegangene Sinnzusammenhänge.

Während er sich, eine Lucky Strike im Mundwinkel, in den teuren Fitness-Dress schmeißt, dröhnt aus dem Radio Country-Musik. Wildwest in Wolfenbüttel-Süd. Kriege und Kämpfe werden per Videospiel ausgetragen, aber der Gegner ist eine Maschine, und die gewinnt immer. Je extremer die Versuche, sich durch individuelle Leistung ins «Buch der Rekorde» zu hieven, das heißt, sich als existent zu erfahren, desto unausweichlicher drängt sich die Erfahrung der eigenen Belanglosigkeit auf. Mannsein umschließt heute, vom Fabrikarbeiter bis hin zu den klassischen bürgerlichen Berufen, die Erfahrung von Machtlosigkeit und Abhängigkeit. Da dieser Schiffbruch des «freien Mannes» nicht politisch, sondern individuell gesehen wird, läßt sich selbst daraus noch Kapital schlagen. Die Beschaffung von Scheinbestätigungen über Konsum scheint gerade durch die immer wieder erlebte Nicht-Befriedigung zu erneutem Konsum zu motivieren.

Ein Rollenkonzept, das dem Mann androht, ihn seiner (zweischneidigen) Privilegien zu entledigen, wird es schwer haben, solange nicht in einer möglichen Neudefinition die Chance klar wird, sich der lächerlich aufgeplusterten und einengenden Zwangsjacke zu entledigen. Wirklich zu verlieren gibt es kaum mehr etwas, schlimmstenfalls Illusionen.

Ein Beispiel: Der Machtgestus des Familienvaters, des Herrn über Frau, Kind, Hund und Pantoffel, entspringt auf der ersten Ebene dem Wunsch, wenigstens nicht als letztes Glied in der Hierarchie dazustehen. Flüchtig betrachtet setzt er seine Ansprüche als Handlungsträger und Entscheidungsfinder durch. Ihm gelten Gehorsam, Anerkennung, Aufmerksamkeit, und doch weicht nicht das Mißtrauen, die bezeugte Achtung meine nicht ihn als Person, sondern seine Funktion als Garant familiärer Ökonomie. Der Vorsitz über Frau und Kinder nimmt ihn aber in Wirklichkeit aus dem Leben der Familie aus, sein Machtstatus separiert ihn. Ein radikaler Egoismus, das insistierende Nachfragen nach dem Was-tut-mir-wirklich-Gut?, müßte über das Abhängigkeitsverhältnis Ehemann-Ehefrau stolpern und es als eine der Quellen persönlicher Frustration erkennen. Die ewig zustimmende Ehefrau (deren Loyalität man insgeheim anzweifelt, was erneute Machtproben nach sich zieht) wirft den Mann zurück auf Ohnmachts- und Allmachtsphantasien. Die Chancen seiner Entfaltung, ohnehin nicht gerade zahlreich, werden durch seine Dialogverweigerung zusätzlich beschnitten.

Da wir nicht als Einzelwesen unser Geschick bestimmen, setzt die Befriedigung, die nicht statusgebunden ist, sondern dem Gefühl der (eigenen und fremden) Anerkennung des Individuums entspringt, auch die Anerkennung des anderen, seine Gleichberechtigung, voraus. Das Abwägen der unterschiedlichen Vorstellungen, der Schritt ins Soziale, wird durch einen radikalen Egoismus eher erleichtert denn verbaut.

«‹Mensch›, das meint seine egoistische Natur. Sie bleibt konstant. Aber sie läßt sich sozialisieren und kultivieren; vorausgesetzt, Menschen schaffen sich Formen der Lebensfürsorge, in denen der Egoismus jedes einzelnen sich besser aufgehoben fühlt als unter den herrschenden Bedingungen räuberischen Wirtschaftens. Das Ergebnis, und der Weg dahin, wären Kultur» (Hermann Peter Piwitt).

Die angestrebte Veränderung von Rollenbildern und geschlechtsbedingten Abhängigkeiten trägt ihren Teil dazu bei. Dies ist nicht wenig, da sie, im Gegensatz zu vielen klugen und richtigen Theorien, für jedermann im Alltag nachhaltig spürbar ist. Die Unbedingtheit einer Haltung, die männliche und weibliche Emanzipationsversuche als marginal abtut und lächerlich macht, weil erst durch radikale Eingriffe in unser Gesellschaftssystem Unterdrückungsmechanismen umfassend zerstört werden können, scheinen die Subjekte ihrer Bemühungen recht gering zu schätzen. Nicht nur für Frauen ist es unerträglich geworden, bei der Verwirklichung ihrer Forderungen auf ein ominöses «Später» verwiesen zu werden. Veränderungen im kleinen, wobei immer noch die Frage ist, wie klein denn nun das «Kleine» ist und wie groß das «Große», sind überfällig und machbar.

Unsere Auslegung der Wirklichkeit endet, je älter wir werden, je verwirrter und hungriger nach positiven Sätzen, leicht in der Unausweichlichkeit. So ist sie also, die Welt, und so laufen die Dinge. Ein Stück Papier, Flugticket oder Schiffspassage, genügt, die Sinne neu zu justieren und verwundert festzustellen, daß die Realität eine Frage der Optik ist. Wer immerzu dieselbe Linse benutzt, läuft Gefahr, vorschnell von Tatsachen zu reden. Neu betrachtet, aus gehörigem Abstand oder unter veränderten Bedingungen, löst sich das Wissen in Fragen auf.

Müde der Berliner Begrenzungen, setzte sich ein Freund ins Flugzeug. Ziel: Costa Rica. Dieses Land bewahrt seit geraumer Zeit relativ stabile politische Verhältnisse; seine für Lateinamerika vergleichsweise umfangreichen demokratischen Freiheiten gestatten dem Besucher einen ruhigen Blick in den Alltag. Ist in den angrenzenden Ländern die Aufnahmefähigkeit des Touristen durch die Tatsache ungeheuerlicher Verelendung und politisch-ökonomischer Unterdrückung voll in Beschlag genommen, bietet die relative Ruhe Costa Ricas genügend Muße, das soziale Leben in all seinen alltäglichen Verrichtungen aufzunehmen.

Ein halbes Jahr genügte, den Freund mitsamt seiner mitteleuropäischen Gewißheiten gründlich aus der Fassung zu bringen. Inmitten tobender Beziehungs-Diskussionen abgeflogen, landete er in einer anderen Geschlechterwirklichkeit, die sich gleichermaßen fremd wie vertraut ausnahm. Nichts war hier von Frauenemanzipation zu hören, nichts von anerzogenen Geschlechtsrollen, nichts von einer prinzipiellen Gleichheit zwischen Frau und Mann.

Das Leben war in weibliche und männliche Wirklichkeiten aufgespalten, die Berührungen nur punktuell zuließen. Der Mann arbeitete mit anderen Männern in der *Welt* und verbrachte seinen Feierabend auf den Straßen, Plätzen und in den Kneipen wiederum nur mit anderen Männern. Sie zeigten eine erstaunliche Fähigkeit, miteinander gleichzeitig exzessiv machohaft und emotional, freundschaftlich, vertrauensvoll umzugehen. Diese selbstverständliche Nähe schloß eine spürbare Erotik durchaus ein. Den Wirkungsbereich der Frau begrenzte das *Heim*, dem sie vorstand, dessen Regelmäßigkeiten und Abläufe sie bestimmte. Ihre hauptsäch-

lichen Bezugspersonen waren andere Frauen; man traf sich vor dem Haus, redete miteinander, tauschte Erfahrungen aus, lachte. Sehr wenig schienen Frauen und Männer gemein zu haben außer der ökonomischen Verbindung und der Kinder. Vor allem aber: Jeder schien diese Aufteilung gutzuheißen. Jedem sein Reich (*ungleich verteilt*, wie wir sofort einwerfen würden), in dem die Plätze zugewiesen wurden.
Die Erfahrung zweier separater Geschlechtersphären und das daraus entstandene Weltbild ermöglichten auch für unsere Verhältnisse einen frischen Blick. Finden sich nicht auch bei uns eine «männliche» und eine «weibliche» Welt? Wenn ja: Wie könnte die angestrebte gleichberechtigte Beziehung verwirklicht werden? Wie werden die Realitäten «männlicher» oder «weiblicher» Sicht (Erfahrungen, Prägungen, Gefühle, Sexualität...) ins Spiel gebracht?
Aus einer Untersuchung von Helge Pross geht hervor, daß bundesdeutsche Männer ihre beiden hauptsächlichen Lebenssphären, Beruf und Familie, als ungefähr gleichwertig einschätzen. Zwar halten sie, direkt darauf angesprochen, die Familie für bedeutsamer, aber nach den Wünschen für ihre Söhne gefragt, rangiert «beruflicher Erfolg» ganz oben, während die familiäre Zufriedenheit einen untergeordneten Rang einnimmt. Die wichtigsten Momente eines Männerlebens scheinen sich eher in der Öffentlichkeit des Berufsalltags abzuspielen. Innerhalb der Familie ist ihr Interesse ebenso begrenzt wie die Kommunikation zwischen den Eheleuten. Zwar geben die Männer ein gewisses Interesse für Haushaltsführung und Fragen der Kindererziehung an, in Wirklichkeit aber kümmern sie sich kaum darum. Auch die Auseinandersetzungen zwischen den Ehepartnern spiegeln in Intensität und Themenwahl wenig von der Bedeutung wider, die der Beziehung nach eigener Aussage zugemessen wird. Man redet über alltägliche Belange; Hauptgesprächsthemen und Hauptstreitpunkte sind Kindererziehung und Geld. Kaum geredet wird über Politik und andere Probleme der Außenwelt. «*Der Alltag der Ehe, so zeigen die Auskünfte über Gegenstände von Gesprächen und Streit, hat einen engen Horizont*» (Helge Pross). Wichtiger aber noch: Der Austausch über persönliches Verhalten und Verhaltensmöglichkeiten, also auch über Empfindungen, Weltbild, Selbst- und Fremdwahrnehmung, findet hauptsächlich im Streit statt, er gehört nicht ins Standardrepertoire ehelicher Kommunikation. «*Anscheinend sprechen die Gatten am ehesten dann miteinander übereinander, wenn sie in Konflikte geraten, und nicht in den Situationen und Phasen der Harmonie*» (Helge Pross).
Beobachtet man Frauen und Männer im Zusammensein mit gleichge-

schlechtlichen Freunden/innen, drängt sich meist ein Gedanke auf: Die fühlen sich wohl miteinander.

Ein «Kaffeekränzchen» von Frauen mittleren Alters macht seinen jährlichen Ausflug. Seit Wochen hat man sich darauf gefreut, endlich einmal ohne Anhang zu sein, frei von Kindern und Männern, entledigt der ewig gleichen Pflichten. Keine Männer, die dazwischenreden und ständig alles besser wissen. Man spielt sich Gedanken, Worte, Scherze zu, und jede versteht. Da braucht es kein Erklären, Begründen und Übersetzen. Vergleichbare Erfahrungen treffen sich, ähnliche Erlebnisweisen. Und als bedürfe es nur der Abwesenheit der Männer und ihrer Gebärden, nehmen die Frauen plötzlich die Plätze ein. Sie reden und lachen so laut sie wollen, benutzen die Mitte der Gehwege und wagen sich in Lokale, die sie sonst nie betreten hätten. Gerade bei jüngeren Frauen, die nicht verheiratet sind oder gar nicht daran denken, «eine Familie zu gründen», hat sich das traditionelle «Kaffeekränzchen» erweitert. Der Wunsch, mit Gleichgesinnten zusammenzusein, bleibt nicht länger diffus in Vergnügungen befangen, sondern wird sehr bewußt in privaten und öffentlichen Gruppen genutzt; hier findet man Verständnis, Kraft, Einsicht, Mut – und weiß darum.

Besonders die jungen Männer, noch nicht eingebunden in Ehe- und Familienpflichten, verbringen einen großen Teil ihres sozialen Lebens mit anderen Männern. Sicher, sie haben eine Freundin (oder auch nicht), ein Großteil des Redens hat Frauen zum Inhalt, und doch teilen sie mit Ausnahme der Sexualität ihre wichtigsten Erfahrungen mit Männern. Daraufhin angesprochen, reagieren sie verdutzt. Was das denn heißen solle? Das sei doch nur ein Zufall, nichts von Bedeutung.

Das Leben, dieses «eigentliche» Leben in Ehe oder Beziehung, wo jeder Topf seinen Deckel gefunden hat – beginnt mit einem Paar. Mann und Frau haben sich endlich gefunden (*Geigen, Finale, Abblende*) und sind ZUSAMMEN. Wo die Filme enden, geht das *richtige Leben* erst los. Das Paar gilt als Bestätigung eines Lebenssinns und weist uns in grinsender Verliebtheit oder abgeklärter Altersheiterkeit den Weg. Doch wie sieht es aus, dieses ZUSAMMEN?

Nehmen wir Rolf, der für viele Rolfs und Peters und Stefans stehen mag. Rolf ist 28 und arbeitet nach Abschluß seines Studiums in einer Kneipe, vorübergehend, wie er sagt. Rolf ist ein attraktiver Mann, Typ: dunkler Zigeuner, und die Frauen mögen ihn, weil er Sanftheit *und* Lebendigkeit ausstrahlt. Manchmal hat er eine feste Beziehung, manchmal nicht, und zeitweise geht man halt nur so miteinander ins Bett, *just for fun*. Die

Fixpunkte seines Lebens sind Männer, teilweise Freunde, die er seit Jahren kennt, denen gegenüber er ehrlich sein kann. Ohne Verstellung und Show, denn er braucht ihnen nicht zu imponieren, nur er selbst zu sein. Persönliche und berufliche Probleme bespricht er mit ihnen. Man freut sich zusammen, geht aus, besucht sich, beichtet einander und sucht Rat. Kommt das Gespräch auf Frauen, dreht es sich unweigerlich um Sex. *Wie läuft es in der Beziehung?* und *Mir ist heute so nach Knutschen!* und *Wo kriege ich eine Frau her?* und *Die dort drüben finde ich ganz toll!* und... Ansonsten kommen Frauen kaum vor. Nicht weil diese Runde eine typische Macho-Clique wäre, sie ist es nicht, sondern weil sie sich selbst genügt. Man versteht und weiß sich verstanden.

Es ist spät. Wir sitzen in der Kneipe und sind aufs angenehmste angesäuselt. Ein intimes, offenes Gespräch hat sich entwickelt, bei dem wir uns sehr nahekommen. Plötzlich schauen wir uns an und sind einfach nur froh, daß wir Freunde sind: Eine Ruhe kehrt ein. Rolf legt bedächtig seine Arme um meinen Hals, zieht mich zu sich heran, küßt mich auf den Mund. «Ich glaube, ich liebe dich», sagt er, «aber jetzt brauch ich unbedingt noch eine Frau zum Ficken.»

Überrascht hat mich nicht die Aussage, sondern die schlichte Klarheit dieses Satzes; solcherlei wird oft gesagt, auch wenn es nicht ausgesprochen wird.

Die schönen Einteilungen geraten ins Schlingern. Ein Mann, der sich selbst und den alle anderen ohne Zögern als Heterosexuellen bezeichnen würden, macht einem anderen Mann ein Liebesgeständnis. Wichtige Bereiche seines Lebens teilt er mit Männern. Frauen sind etwas *anderes*, bei ihnen muß er sich um Verstehen und Verständnis bemühen. Was bedeutet hier *homosexuell*, was *heterosexuell*? Die bekannten Definitionen reichen nicht im geringsten an das Leben heran. *Homosexualität* meint weder Schwule noch den Sex zwischen Schwulen; *Homosexualität* ist Gefühl und Verhalten zwischen *Männern*, ist ein Teilbereich männlicher Sexualität. Uns interessieren weniger die Gründe dafür (was wäre gewonnen, wenn wir zum Beispiel wüßten, wie Heterosexualität entsteht?), sondern die Tatsache, daß die vielbesprochene und beschworene Nähe zwischen Männern und Frauen oft nur verbalen, sexuellen oder symbolischen Charakter hat. Nähe kann aber nur erreichen, wer sich der Unterschiede bewußt ist.

Manche, möglicherweise gar nicht so wenige Männer wünschen sich eine Geschlechterordnung, wie sie für Costa Rica beschrieben wurde. Nicht einmal unbedingt, weil sie auf ihren Vorrechten beharren wollen, aber solch «klare Verhältnisse» vermitteln durch ihre Starrheit eine gute Portion Stabilität. Da weiß man wenigstens, woran man sich halten kann; da hat man eine Überzeugung und glaubt daran. Und bei uns? Nichts als Konfusion, Schmerzen und verkrampfte Schultern. Soviel wie nie zuvor wird über Beziehungen geredet, und nie gab es sowenig zu sagen. Zwischen den zuckersüßen Kunstküssen in ‹*Vom Winde verweht*› und der kühlen Bestimmtheit der ‹*Flambierten Frau*› fehlt die Verbindung, das Lebbare.

Wir schauen uns Viscontis ‹*Senso*› an, die Geschichte einer italienischen Gräfin, die sich mit Haut und Haar in einen österreichischen Besatzer verliebt. Obwohl er ein Schürzenjäger und Lügner ist, kennen ihre Leidenschaft und Faszination keine Grenzen. Sie gibt sich hin, ohne Rücksicht auf Tugend, Stand oder «Würde». Sie bettelt und fleht um seine Liebe, die ihr wichtiger ist als alle Sicherheit ihres beschützten Lebens. Der Film ist bombastisch, pathetisch und sehr schön.

Im Kino akademisches Jungvolk. Immer wenn SIE mit tränenerstickter Stimme nach seiner Liebe heischt, brechen die jungen Frauen im Publikum in demonstratives Gelächter aus. Verächtliche Kommentare werden laut. Auch der zeitliche Abstand (der Film kam 1954 heraus) gestattet ihnen keine Gelassenheit. Das alles ist noch viel zu nah, deshalb betonen sie: *So sind sie nicht, das muß einmal in aller Öffentlichkeit festgehalten werden.* Um sicherzugehen. Vor den anderen und vor sich selbst.

Und dann beobachten wir etwas sehr Merkwürdiges: Jedesmal wenn eine bewegende Liebesszene vorbei ist und die Lacher abgeklungen sind, senken sich die weiblichen Köpfe auf die männlichen Begleiterschultern; eine Sekundenidylle. Hier und da sind sogar zarte Küsse zu sehen.

Die «neuen Frauen» und «neuen Männer» sind noch zu sehr Idee, Plan, Entwurf. Da kommen die schwerfälligen Gewöhnungen nicht so schnell mit. Nun sollte man sich davor hüten, die Zeit der vermeintlichen «gefestigten Beziehungen» hochzujubeln, das wäre reaktionäre Nostalgie. Das bürgerliche (Ehe-)Paar hat in dieser Idealität nie existiert. Nach und nach hat auch die Kraft der institutionellen Klammern nachgelassen, die letzte Waffe gegen die tatsächlichen Verhältnisse. Verstört und trotzig ziehen sich viele Männer zurück. Im Bodybuilding-Studio stemmt er vor dem Spiegel Gewichte. Das Blut schießt in die Muskeln; er ist da, lebt ganz für sich. Seine Existenz ist unbezweifelbar. Er wächst, indem seine Muskelmasse sich vermehrt. Der Körper braucht weder Gedanken noch Rechtfertigungen oder Erklärungen, solange das Blut im Kreis läuft. Als elegante Variante gilt der neue Typus des Tänzers vor den mannshohen

Spiegeln der Discotheken. Hier wird aus der Reihe getanzt. Ein Solo ohne Publikum. Harmonie, Rhythmus, Energien werden mit niemandem geteilt. *Dancing King, Maniac... what a feeling!* Auch die jungen und nicht mehr ganz so jungen Schreibkünstler klammern sich an sich selbst, tanzen um sich herum, stemmen ihr Gewicht, solange sie nichts Gesichertes finden. Die Introspektion wird zur Manie, die Orientierungslosigkeit zur Mode.

Ist dieses Verhalten wirklich dem vielbesprochenen *neuen Narzißmus* zuzurechnen, oder haben wir es hier weniger mit dem selbstverliebten Narziß zu tun als mit dem verlorenen Kind Kaspar Hauser? Die Beschäftigung mit sich selbst erfolgt nicht unbedingt aus Einsicht, um besser zu verstehen, sondern ist gegen die Frauen und ihre «Zumutungen» gerichtet. Das seit den siebziger Jahren zu beobachtende stetige Auseinanderrücken der Geschlechter scheint bei Frauen keineswegs die gleiche Panik auszulösen wie bei den Männern. Was hätten sie denn auch zu verlieren? Aus zahlreichen Untersuchungen wissen wir, daß verwitwete und geschiedene Männer sehr häufig in tiefgreifende emotionale Krisen geraten. Ihre Selbstmordrate ist wesentlich höher als die der Frauen, und sie gehen schneller eine neue Bindung ein. Frauen scheinen hingegen in Abwesenheit der Männer erst aufzublühen.

Die allseits (hauptsächlich von Männern!) erhobene Forderung, eine Veränderung der Geschlechtsrollen könne nur durch die Zusammenarbeit von Männern *und* Frauen erreicht werden, ist sicher richtig. Nur scheint es verfrüht, Theorie und Praxis neuer Geschlechtsbeziehungen zu entwickeln, bevor das alte System in allen Konsequenzen aufgedeckt wurde. Eine wirkliche Annäherung der Geschlechter wird sich über das Auseinanderrücken erstellen.

Hier ist es für Männer wichtig, ihr Zurückgeworfensein auf sich selbst positiv und selbstbewußt zu begreifen. Es muß nicht zwangsläufig im Besäufnis oder Kraftsportstudio enden. Die Beschäftigung mit sich selbst, mit anderen Männern und mit der Männerrolle im allgemeinen könnte Verkrustungen aufweichen und grassierendem (Selbstmit-)Leid eine positive Richtung geben.

Seitdem die allseits praktizierte Verletzung und Aushöhlung sexualethischer Postulate in Worte gefaßt werden dürfen und sogar eine (manchmal verwirrende) Vielzahl plausibler Begründungen auf ihrer Seite wissen, hat der Fall traditioneller Wertvorstellungen wie in einer Kettenreaktion weitere «Sicherheiten» mit sich ins Ungewisse gerissen.

Die Auseinandersetzungen über Lust und Bedürfnisbefriedigung, freiere

Sexualität innerhalb und außerhalb der Partnerschaft, stellen nicht nur die Sexualität, sondern auch die Beziehungen ganz allgemein in Frage. Dem Muster folgend, daß Sexualität nur in Beziehungen denkbar sei, mußte ein sich auflösendes Sexualitätsverständnis auch die gesetzte Ordnung der Beziehungen erschüttern. Sexuelle Probleme und Wünsche nach sogenannten Außenbeziehungen werden intensiv diskutiert, oft weit über das erträgliche Maß hinaus. Anliegende Schwierigkeiten interpretiert man als Manko der Beziehung. Eine funktionierende Bindung müsse, so die unausgesprochene Voraussetzung, auch befriedigende Sexualität beinhalten. Verspürt Frau oder Mann Lust auf zusätzliche Sexualpartner, ist das Ausmaß der Befriedigung innerhalb der Beziehung eben zu gering. Auch diejenigen, die sich zusätzliche Kontakte ausdrücklich zugestehen und ihre «offene Beziehung» als neue Errungenschaft feiern, sind vor Problemen nicht gefeit. Jenseits des Anspruchs verkneift man sich tapfer die Tränen der Enttäuschung und des Schmerzes. Kann man sich der Liebe sicher sein, wenn er jedes zweite Wochenende mit einer Freundin verbringt oder sie bei keinem hübschen Mann nein sagen kann?

Die nahtlos übernommene Verknüpfung von *Liebe* und *Sexualität* und ihre fahrlässige Vermengung hat maßgeblichen Anteil am explosiven Konfliktpotential. Da sexuelles Verhalten greifbarer ist, gilt es als herausragendes Barometer der Liebesintensität. Liebe und Sexualität meinen aber durchaus verschiedene Bereiche menschlichen Erlebens, die in engem Zusammenhang stehen, es aber nicht müssen. (Selbst jemand, dem Melone mit Parmaschinken als Spitze des Genusses erscheint, muß zugestehen, daß er es mit zwei unterschiedlichen Zutaten zu tun hat, von denen jede für sich genommen ebenfalls vorzüglich schmeckt.) Es wäre unsinnig, eine Rangfolge aufzustellen; Liebe ist durchaus ohne Sexualität vorstellbar, und eine rein sexuelle Begegnung kann so hinreißend sein, daß es ihr an nichts mangelt. In dem Buch *Männer. Liebe.* habe ich eine assoziative Annäherung an die Begriffe versucht, der ich auch heute wenig hinzufügen kann:

«Sexualität ist Bewegung (Fließen, Stocken, Stürzen, Schleichen ...). Sie hat kein Ziel, verströmt sich gleichzeitig in entgegengesetzte Richtungen und hebt den Unterschied zwischen Anfang und Ende auf, indem sie jeden Schluß gleichzeitig zu einem Neubeginn macht. Ihrer Natur nach gehört sie eher zu den ekstatischen Momenten unserer Persönlichkeit und sperrt sich intellektuellen Ordnungsversuchen. Sie steht dem Ja *näher als dem* Nein *und verwandelt das* Entweder-Oder *in ein* Sowohl-als-Auch.

Der Wunsch nach Liebe erprobt das Erhaschen des Mehr-als-Alles. *Liebe ruht. Ganz im Gegensatz zum Kampf um sie (sogenannte «Beziehungskisten»), der in seinen heftigen Hochs und Tiefs ein wenig von ihrer elementaren Kraft verrät. Sie verweist auf nichts anderes als auf sich selbst und stellt keine Forderungen. Liebe ist manchmal Geschenk, öfter Arbeit (an sich selbst). Sie wird bedroht durch die Angst und stellt sich nur bei deren Abwesenheit ein. Das erfordert die Fähigkeit des radikalen Sich-Öffnens.»*

Die Vermischung der Begrifflichkeiten befördert unter anderem zwei aktuelle Verhaltensweisen, die sich schnell als Sackgasse herausstellen. Zum einen ist uns der (eher traditionelle) Typ Mann vertraut, der sich ständig neu verliebt. Sexualität pur ist ihm zu profan, kalt oder ungeheuer, daß er sie sich gestatten dürfte. So wird aus jeder sexuellen Episode flugs eine kleine «Liebesgeschichte» gebastelt. Eine wirkliche Liebe, die Liebe meint und nicht Sex, rückt ebenso aus dem Blickfeld wie ein positives Annehmen der eigenen Sexualität.

Zum anderen kennen wir den (eher modernen) Mann, der seine sexuellen Wünsche verabsolutiert und jede Beziehung nach ihrer Sexualbefriedigung bemißt. Liebe und Beziehung meinen für ihn zuallererst Harmonie. Da Sexualität oft wetterwendisch ist, sind es auch seine Beziehungen. Die Angst vor der Liebe wird umgedeutet in eine Lobpreisung der Lust.

Die traditionelle Rangfolge, erstens: Liebe, zweitens: Lust, scheint sich langsam, aber stetig umzukehren. Noch bis in die sechziger Jahre galt die Liebe unangefochten als höchstes Gut. Wo sich der moderne Mensch durch entfremdete Arbeit und eine immer stärker empfundene Abhängigkeit von anonymen Mächten entindividualisiert sieht, bietet sich die Liebe als extreme Bestätigung der eigenen Existenz an. Die Liebe mit ihren nachhaltigen Emotionen, Glück, Erfüllung, Nähe, Leiden, Eifersucht, Verzweiflung, versichert den Liebenden scheinbar seiner gefühlsmäßigen Potenz. Der modernen Klage des Gefühlsverlustes gesellte sich alsbald eine weitere hinzu: der Verlust der Liebesfähigkeit.

In dem Maße, wie das Leben im Körper und die Entfaltung der Triebe propagiert wurden, entwickelte sich die Sexualität zu einem weiteren Garanten starker Emotionen, die nun – und dies war die große Neuerung – offen verbalisiert werden durften. Die Intensität der sexuellen Suche nach der orgiastischen Erfahrung wurde zu einem Hauptindikator der Selbstverwirklichung.

«Angesichts (der) drohenden Kasernierung ist die Behauptung des individuellen ICHS *mehr denn je ein unentbehrliches Gegengift. Und nir-*

gends behauptet sich das Recht des individuellen ICHS *besser als in der Erotik. In einer allzu organisierten, allzu gelenkten, allzu mechanisierten Gesellschaft muß die Freiheit des Liebens ein Verteidigungsmittel des Individuums bleiben, ganz so wie die Arbeitergewerkschaft gegen den – individuellen oder kollektiven – Arbeitgeber oder der Arbeiterrat gegen die Panzer der sogenannten Diktatur des Proletariats ... Ebenso wie der Staat eines natürlichen Todes sterben wird, ebenso werden alle Hindernisse verschwinden, die der freien Erotik im Wege stehen»* (Daniel Guerin).

Der Optimismus von Guerin hat etwas Tröstliches. Die Idee der romantischen Liebe sei es, «*die uns voneinander trennt, die uns in kleine isolierte Einheiten aufteilt und die bewirkt, daß wir ein so heftiges Bedürfnis haben, uns auf einen Partner oder eine Partnerin zu spezialisieren, um der Isolierung zu entkommen, in der sich unser Individuum in der bürgerlichen Gesellschaft eingeschlossen findet*» (Daniel Guerin). Dieser romantischen oder leidenschaftlichen Liebe setzt er die «libertäre Kraft» der Erotik entgegen. Nun ist aber gerade der Umgang mit Erotik/Sexualität in ein heikles Stadium eingetreten.

Sexualität innerhalb und außerhalb von Beziehungen erfordert neuerdings eine Begründung. Das der Liebe zugestandene Eigenleben wird der Sexualität verweigert; sie hat sich zu verantworten. Wenigstens die Liebe ist ihrer Verwertbarmachung teilweise entronnen, der Sexualität wird das möglicherweise nicht gelingen. Beziehung heute meint neben dem Konflikt zwischen Liebe und Sexualität vor allem eine neue Gefühlsrationalität; somit würde das «Recht des individuellen ICHS» manipulierbar.

Beziehungen sind nicht mehr statisch zu denken; sie werden in jeder Sekunde tausendmal zwischen dem Widerstand gegenüber jedweder beliebigen sexuellen Verführung und der Verweigerung verhärteter, individualistischer Beziehungsnormen hin- und herpendeln müssen. Oder, positiv ausgedrückt: auf der einen Seite das ungeordnete Schweifen der Erotik, auf der anderen das Beharren auf der Möglichkeit von Entwicklungen:

«*Nur der liebt, wer die Kraft hat, an der Liebe festzuhalten. Wenn der gesellschaftliche Vorteil, sublimiert, noch die sexuelle Triebregung vorformt, durch tausend Schattierungen des von der Ordnung Bestätigten bald diesen, bald jenen spontan als attraktiv erscheinen läßt, dann widersetzt dem sich die einmal gefaßte Neigung, indem sie ausharrt, wo die Schwerkraft der Gesellschaft, vor aller Intrige, die dann regelmäßig von jener in den Dienst genommen wird, es nicht will. Es ist die Probe aufs Gefühl, ob es übers Gefühl hinausgeht durch Dauer, wäre es auch selbst als Obsession. Jene aber, die, unterm Schein der unreflektierten Spontaneität und stolz auf die vorgebliche Aufrichtigkeit, sich ganz und gar dem überläßt, was sie für die Stimme des Herzens hält, und wegläuft, sobald sie jene Stimme nicht mehr zu vernehmen meint, ist in solcher souveräner Unabhängigkeit gerade das Werkzeug der Gesellschaft. Passiv, ohne es zu wissen, registriert sie die Zahlen, die in der Roulette der Interessen je herauskommen. Indem sie den Geliebten verrät, verrät sie sich selber»* (Theodor W. Adorno).

Es gibt kein rechtes Wort dafür. «Vielweiberei» hat mich als Kind sehr inspiriert, es klang nach tausendundeiner Nacht, Harem und Lasterhöhlen – fehlt aber immer noch das weibliche Äquivalent. Trotz oder gerade wegen des strikten Monogamiegebots christlicher Ideologie ist ein mehr oder minder promiskes Sexualverhalten unter der Hand gang und gäbe. Jeder weiß darum; Bücher, Bilder, Lieder beschreiben den quälenden Konflikt zwischen Pflicht und Lust. Vielleicht hat die Scham vor der eigenen «Unzulänglichkeit» (*... das Fleisch war schwach*) ein neutrales Wort verhindert. «Untreue» kennen wir, ein moralisierendes Zentralwort, aber es gehört mehr in geistige denn in fleischliche Kategorien. «Seitensprung» verweist eher auf den Hauptpfad Ehe, als daß es ein eigenständiges Verhalten meinte. Bleibt also noch die kühle Wissenschaftssprache: *Promiskuität*, Sexualität mit häufig wechselnden Partnern.
Nicht ganz zufällig ist Promiskuität eines der Wörter, die der männlichen Homosexualität sehr nahestehen. Ihrem Image nach sind Schwule triebhaft, geil, flatterhaft und hinter jeder Hose her. Nimmt man den negativen Tonfall weg oder deutet ihn als verkapptes Wunschdenken, bleibt die Alltäglichkeit schwuler Sexualpraxis. Weit außerhalb jedweder bürgerlicher Moral sind Schwule nicht nur ihrer Rechte, sondern auch einiger Pflichten enthoben. (Je unspektakulärer Homosexualität übrigens im öffentlichen Bewußtsein wird, desto häufiger müssen sich Schwule für ihr sexuell-soziales Verhalten verantworten. Der schwule Geschäftsmann, der seit fünfzehn Jahren mit einem festen Freund zusammenlebt, gilt eher als Indiz für die «Normalität der Perversion» als der genießende Streuner durch die Nacht.) Ausgenommen aus der bürgerlichen Sexualethik, öffnet sich im schwulen Getto ein Raum zum Ausprobieren

der Lüste jenseits von aufoktroyierten Verhaltensvorschriften, ein Experimentierfeld auf dem Weg zu einem weniger ideologischen Verständnis männlicher Sexualität; vielleicht.

Überall, wo Schwule die Möglichkeit haben, das ist zumeist in Großstädten der Fall, leben sie erheblich promisker als heterosexuelle Männer. Auch und besonders außerhalb des Prostitutionsgeschäfts, das hier, im Gegensatz zur landläufigen Annahme, eine relativ geringe Bedeutung hat. Zweihundert, dreihundert, vierhundert Sexualpartner im Leben sind eher Regel denn Ausnahme. Schwule Subkultur ist zuförderst eine Instanz der sexuellen Anmache. In schwulen Kneipen und Discos trägt kaum ein Blick Bedeutung, ohne nicht auch *diese* Bedeutung zu haben; prüfend, erwartend oder negierend. Jeder weiß und akzeptiert, daß Freizeitvergnügen auch sexuelles Vergnügen meint. Schnell ist man sich einig über ein klares *Ja* oder *Nein* und kann, falls man daran dächte, über das heterosexuelle *Noch nicht, Viel zu früh* oder *Erst als Menschen kennenlernen* nur lächeln. Die grundsätzliche Frage lautet nicht, ob man häufig Sex haben sollte, sondern wo man heute abend jemanden aufreißen kann.

Ein Wochentag, *Dallas* ist zu Ende, und man hat sich genügend mit Sue-Ellen identifiziert, den Spätfilm im Dritten hat man schon zweimal gesehen und zwischen den Beinen kribbelt's. Was tun? Unter der Woche sind die Kneipen leer, also geht man auf die *Klappe*, das sind Pissoirs, in denen Schwule sich traditionell treffen. In manchen Städten sind sie neonhell, in anderen stockfinster, und in einer Stadt haben auf Ästhetik bedachte Schwestern die Leuchtröhren nett mit rosa Farbe besprüht.

Das Angebot betrachten, auswählen und lächeln, sich neben die Person stellen oder sie ansprechen. Vielleicht treibt man es an Ort und Stelle, möglicherweise geht man lieber ein Bier miteinander trinken oder man einigt sich auf das Bett des einen oder anderen. Nicht mehr, nicht weniger.

Falls man in einer größeren Stadt lebt, kann man auch eine der schwulen Saunen aufsuchen. Die Hitze, die Nässe, der ganze wohlige Trott um die dampfende Haut machen den Gedanken an Sex sehr naheliegend. Und siehe da, man ist nicht allein, in den Gängen zwischen den Kabinen wird mit kunstvoll geschlungenen Handtüchern promeniert und geflirtet. Die aufgeladenen Körper wuseln, hier und da werden Signale ausgetauscht, und man verschwindet in einer Kabine. Hinterher eine warme Dusche und ein kaltes Bier und, falls es nett war, ein freundlicher Gedanke an die altrömischen Badehäuser. «Bei uns ist immer

Sommer», sagte der Saunabesitzer und lieferte damit die perfekte Definition einer schwulen Sauna.

Sex, früher ein Wort mit dunklem Zauber, hat einen ähnlich banalen Klang wie *Streichkäse* angenommen, und so ist es nicht verwunderlich, daß in einigen Bars seit ein paar Jahren statt der Erdnüsse oder Salzstangen auf dem Tisch zusätzlich Sex als knabbernde Nebenbeschäftigung geboten wird. Im Keller oder Hinterzimmer – sie heißen natürlich amerikanisch: Back- oder Darkroom – kann man sich zwischen zwei Drinks einen Orgasmus verschaffen. Dunkelheit, tastende Hände, ein Flüstern, Zischen, Stöhnen, klemmende Reißverschlüsse, Glühwürmchenzigaretten. *Ja* ruft einer oder *nicht so fest*.

In dieser Umgebung ein Wort wie «Untreue» oder «Seitensprung» zu denken wäre lächerlich. In dieser Umgebung an die revolutionäre Kraft der Perversion zu glauben hoffnungslos altmodisch.

Nun ist es leicht, hier von Unmoral zu sprechen, den Verfall jeglicher Sitten zu beklagen oder die Verdinglichung von Sexualität zu geißeln. Und doch ist fraglich, was passieren würde, fielen ab sofort alle moralischen Schranken auch für heterosexuelle Männer. Es ist nicht unwahrscheinlich, daß die gestaute, kanalisierte Verantwortungssexualität über alle Ufer treten würde. Man würde allerlei ausprobieren und versuchen, Begriffe dafür zu finden, was man will und was nicht, wovon man nur träumte, weil es verboten war, und was wirklich gelebt werden will. Einleuchtend also, daß heterosexuelle Männer besonders von der Unkompliziertheit schwuler Affären fasziniert sind. Wo sie werben, balzen und reden müssen, immerzu vorgebend, etwas ganz anderes zu wollen, fällt es den Schwulen eher schwer, über etwas anderes als das eine zu reden (und erst recht, etwas anderes zu tun).

Zu Anfang der neueren Schwulenbewegung fühlte man sich verpflichtet, diese schwule «Flatterhaftigkeit» hinwegzuerklären. Weil Schwule genauso normal wie die «Normalen» sein sollten. Also stilisierte man schwule Promiskuität zum Ergebnis jahrhundertelanger Unterdrückung hoch.

Da es für Schwule kein soziales Umfeld gebe, keine Identifikationsmuster und keine institutionalisierten Bindungen, sei es klar, daß ihnen zwangsweise nur Klappen, Parks und die kommerzielle Subkultur der Kneipen bliebe, sich zu finden.

Nun hat sich aber im Laufe der letzten zehn Jahre in den Großstädten eine soziale Vernetzung von Schwulen herausgebildet. Es gibt Schwulenzentren, Projekte, Buchläden, Kinos, Ärzte, Galerien, Theater- und Musikgruppen, Verlage usw. In Berlin zum Beispiel kann man Arbeit und Freizeit ausschließlich mit Schwulen teilen, ohne auf irgend etwas verzichten zu müssen. Trotz dieser funkelnden Subkultur hat sich das sexuelle Verhalten nicht in Richtung auf eine prognostizierte Stetigkeit in Beziehungen entwickelt, sondern den entgegengesetzten Weg genommen. Sex, jetzt noch müheloser zu haben, ist und bleibt angesagt.

Nein, der gesteigerte Lustkonsum scheint mehr mit männlicher als mit einer spezifisch schwulen Sexualität gemein zu haben. Schwule Männer spielen wieder mal die Vorreiter. Aus den USA kam die Kunde von ähnlich sexzentrierten Clubs und Kneipen für Heterosexuelle, und auch bei uns gibt es seit einiger Zeit Etablissements, die auf den Sex der Gäste untereinander (scharf abgegrenzt von jeglicher Prostitution) ausgerichtet sind.

Am Beispiel schwuler Männer lassen sich recht deutlich Plaisir und Probleme zeigen, die sich aus einer moralunabhängigeren Sexualpraxis ergeben.

Zuallererst – und das ist wichtig – erleichtert es ungemein, nicht der verlogenen Verrenkungen oder einer gutgefüllten Brieftasche zu bedürfen, seine Lust zu befriedigen. Beziehungen müssen nicht zu Liebesbeziehungen umgelogen werden, nur um ein wenig Sex zu haben. Ohne großes Federlesens ist Sex spruchreif geworden. Das «große Unbekannte» nimmt greifbare Formen an und verliert, durchaus zum Leidwesen vieler, etwas von seinem Mythos. Ein Flirt, ein Blick, ein Kuß, ein Fick... *und sonst gar nichts.*

Vermissen Sie Probleme? Hier sind sie: Natürlich ist der Umgang mit neugewonnenen Freiheiten in Vieldeutigkeiten befangen. Erfahrungen und Erkenntnisse können sich in unterschiedlichsten und gegensätzlichsten Sätzen niederschlagen; Gefühle stehen uneindeutig nebeneinander; mögliche Richtungen sind noch unklar und verschwommen. Der unkomplizierte, schnelle, säkularisierte Sex produziert eine stattliche Anzahl neuer Probleme. Der lustbetonte Vergnügungsakt führt oft zu Gewöhnung und Sucht. Sexualität verkommt zum billigen Schlafmittel, und das kurze Vergnügen am allerneuesten Sexpartner hilft, die Sorgen des Alltags beiseite zu schieben. Was dem einen Millowitsch und Peter Alexander, ist dem anderen Cunnilingus und ein Dreier. Beziehungen, die über das sexuelle Entzücken hinausgehen, erscheinen plötzlich unmäßig schwer und überfrachtet. Weshalb die so oft belachten «Beziehungskisten», wenn man sie sich ersparen kann?

Und doch bleibt der leise Verdacht, daß es etwas mehr als das offensichtliche Vergnügen geben muß, das laut und schön und bunt ist, aber begrenzt. Intimität, Nähe, Vertrauen und persönliche Weiterentwicklung werden zu gefürchteten Begriffen. Was, wenn die erste Befriedigung auch die erstbeste wäre, sie einen sogar abhängiger machte als das vertraute Sublimationsmodell? Eine intensive Beziehung und erst recht die Liebe oder die «Liebe» oder die *Liebe* machen nun angst. Einer der möglichen Achtziger Jahre-Sätze lautet: Der offene Umgang mit sexuellen Wünschen hat Sex und Liebe aus dem menschenfeindlichen Bereich der Mythen und Ideologien befreit. Ein anderer: Promiskuität ist eine Strategie zur Vermeidung tiefgehender persönlicher Erfahrungen. Ein weiterer: Die zur Befreiung hochstilisierte Promiskuität reduziert zum Lustspießer, macht abhängig und verführbar, politisch wie sexuell.

In den Fünfzigern hatte man wenig Zeit für Sexual- oder Beziehungsfragen. Aufbau hieß die Devise, Sicherung der Existenz, Arbeit, Brot und ein Dach überm Kopf. Unter diesem Dach restaurierte man mühevoll eine neudeutsche Idylle. Das Verlangen nach vertrauten Bildern überstieg bei weitem den Wunsch nach radikalen Neuanfängen. In der Politik wie in allen anderen Bereichen setzte man auf bekannte Konstellationen, gab ihnen aber einen demokratischen Anstrich. Keine Experimente ansonsten, es sei denn, sie waren kosmetischer Natur. Schnell vergessen waren die Leistungen der Frauen während des Krieges und der ersten Nachkriegsjahre. Sie hatten das (Über-)Leben gesichert und «ihren Mann» gestanden, nun aber konnte man zur «natürlichen Ordnung» zurückkehren. VaterMutterKind, jeder an seinem Platz, er auf der Arbeit, sie am heimischen Herd und der niedliche Junge, sein Schwesterchen war gerade unterwegs, spielte mit grünen Blechpanzern und sang dazu: *Auf der Mauer, auf der Lauer sitzt der Konrad Adenauer.* Der Mann war treu, die Frau fürsorglich, und Worte wie *Triebleben* oder *sexuelle Bedürfnisse* hätten allenfalls ein verständnisloses Kopfschütteln ausgelöst. Für *so was* hatte man keine Zeit. Mutti war die Allerbeste. Wegen ihrer Königsberger Klopse.

In den Sechzigern dann – die ersten Reisen nach Italien waren absolviert, ein *Taunus* auf Abzahlung bestellt, ein Fernsehgerät gekauft, und man diskutierte die Anschaffung einer Waschmaschine mit eingebauter Schleuder – fand man endlich Zeit zum Atemholen. Die Wirtschaft florierte, die politischen Verhältnisse nahmen sich stabil aus, die Existenzängste wichen einer behaglichen Fortschrittsgläubigkeit. Der brave Bürger, der jahrelang gearbeitet und Verzicht geübt hatte, konnte nun an sich selbst denken, er durfte sich Gutes tun. Von nun an gönnte man sich

etwas, wurde zum Konsumbürger, auch was die Sexualität betraf. Mutters aufopfernde Hausbackenheit war mit den Jahren öde geworden. In Spanien hatte man «rassige» Frauen gesehen und wünschte sich nun lippenleckend ein wenig Raffinement; o là là. Der Puff durfte ruhig mal 'ne Nummer besser sein, und für Geschäftsleute wurde neben dem dikken Auto die anspruchsvolle Geliebte zum Statussymbol. Der Appetit kam beim Essen: In den folgenden Jahren zeigten die Beziehungsformen und Rollenanforderungen zusehends Brüche. Immer mehr Ehen wurden geschieden, das Wort von der «wilden Ehe» tauchte auf, uneheliche Kinder waren keine Nachbarschaftssensation mehr, Frauen redeten von *Emanzipation*, in Großstädten gründete man Wohngemeinschaften und Kommunen, *warme Brüder* nannten sich öffentlich *Schwule*, grüne Witwen forderten Befriedigung, und die ganzen Uhse/Brummer/Kolle erzielten Millionenumsätze.
Das strikte Monogamiegebot, durch seine stillschweigend gebilligte Verletzung nur gestärkt, hatte trotz allem Halt geboten und Richtung gewiesen. Die lebenslange Einehe war so selbstverständlich wie das Grau des Asphalts gewesen. Jeder hatte seine Orientierung, wußte, was richtig und falsch war. Seitensprünge waren eben nur *Seiten*sprünge und stellten die Sexualorganisation nicht in Frage. Doch in dem Maße, wie das Wort «Seitensprung» altmodisch wurde, lösten sich die Überzeugungen auf. Immer noch sind Ehe und Familie zentrale Werte, aber unterhalb dieses halbherzig verteidigten Postulats wird eine Vielfalt von Beziehungsformen gelebt. Die alte Hoffnung, die Zerschlagung der Familie stelle einen revolutionären Akt dar, hat sich indes nicht bewahrheitet; längst sind im Kapitalismus Plätze für eine neue Beziehungsökonomie vorgesehen. Besonders deutlich ist dies in Ländern wie den Niederlanden zu beobachten, wo in Fragen der staatlichen Wohnungsvermittlung und bei vielen anderen Sozialleistungen neben die Ehe eine *ökonomische Gemeinschaft* getreten ist, die sogar homosexuelle Paare miteinbezieht. Alles ist möglich, solange es kalkulierbar bleibt.
Die Unsicherheit innerhalb der Beziehungen hat zu verstärkter Ich-Bezogenheit geführt. Wenn es schon kaum mehr allgemeinverbindliche Wertordnungen gibt, wird im eigenen Seelenleben als Begründung für soziales und sexuelles Verhalten nach *Bedürfnissen* gefahndet. Sehen wir von der Fragwürdigkeit der Verabsolutierung solcher Bedürfnisse einmal ab, fällt ins Auge, wie sie geschlechtsspezifisch mit höchst unterschiedlichen Erfolgsaussichten ins Feld geführt werden. Promiske Männer zum Beispiel gelten als tolle Hechte, der Frauenverschleiß ist ihnen sozusagen

zweite Natur, und sie dürfen sich nach der Lockerung moralischer Vorschriften endlich austoben. Die Frauen, die sie dazu benutzen, sind ihrerseits immer noch anrüchig und laufen Gefahr, sich als Nutte bezeichnen lassen zu müssen. Allein diese unterschiedlichen Sichten machen Überlegungen zur Promiskuität zum Spiel mit ungleichen Karten.
Bei den Schwulen, Männern wie Frauen, ist das Ausgehen von etwa gleichen Voraussetzungen gegeben. Hier stehen sich zwei gleichwertige Partner gegenüber; Argumente, Ansprüche, Befürchtungen und Erfahrungen gelten für beide, eine notwendige Bedingung für die Diskussion, die im heterosexuellen Bereich, trotz der Erfolge der Frauenbewegung, noch längst nicht gegeben ist.
Wo niemand mehr so recht weiß, wie es weitergeht, kommen die Moden zum Zuge. Plötzlich ist man pansexuell oder Hermaphrodit, pädophil oder Voyeur, bisexuell oder No-Sex-Fan. Vom S/M bis hin zum Sex zwischen lesbischen Frauen und schwulen Männern (der letzte Schrei!) ist in den letzten Jahren so ziemlich alles über uns hereingebrochen, was vorstellbar war. Gegenüber jeder neuen Variante hat sich das Verlangen zu verantworten. Hast du keine erotischen Gefühle zu Kindern? Wo sind deine masochistischen Phantasien? Verspürst du wirklich keine Lust auf anonymen Gruppensex? Forsche nach! Geh in dich! Sei offen und ehrlich! Laß es raus! Und rede darüber, rede!
Sexualität nicht als gegeben hinzunehmen, sie kritisch zu betrachten und genauer zu befragen – niemand kann ernsthaft dagegen sein. Seit wir um die prägende Kraft gesellschaftlicher Vorstellungen auf die scheinbar naturwüchsige Sexualität wissen, gehört das kritische Bewußtsein gegenüber dem eigenen Sexualverhalten zum Einmaleins emanzipatorischen Gedankenguts. Doch je mehr die Lust betont wird, desto geringer wird der Kopf geachtet und nur mehr als Instanz der Verklemmtheit diskreditiert.
Sicher ist es vielgelebte Praxis, aus Angst und Unsicherheit sexuelle Wünsche hinwegzuargumentieren, aber weshalb soll der intellektuelle Eingriff in sexuelles Verhalten a priori negativer sein als die gedankenlose Kopie jeder neuen Sexual-Mode? Das Ablehnen dieser oder jener sexuellen Einladung, weil einem die kontinuierliche, nicht allein auf das Sexuelle begrenzte Beziehung wichtiger ist, ist *auch* denkbar als Zeichen von Reife, nicht nur als Verklemmung. Wer aber dem erweiterten Befriedigungsangebot nicht nur Kopf, sondern auch Schwanz beigesellt, gilt als lächerlich und hoffnungslos altmodisch. Wie die Kids, die nach dem Auszug aus dem Elternhaus erst mal kräftig auf die Pauke hauen, hat sich

gegenüber der repressiven Vätermoral ein gedankenloser Hedonismus breitgemacht.

Wer diesem Blindflug skeptisch gegenübersteht, wird sogleich reaktionärer Moralvorstellungen bezichtigt. Schlimm ergeht es besonders dem, der gern und mit Freuden der Lust frönt – aber nicht um jeden Preis. Als gebe es nur Schwarz und Weiß, Lust und Bewußtsein, Genuß und Verzicht! Als wäre nicht in jedem einzelnen Fall in Kopf und Unterleib nachzuschauen, welches Verhalten, welche Mischung aus Intellekt und Gefühl, angemessen ist. Dies ist kein intellektuelles oder emotionales Verfahren, sondern eine aufmerksame und freundliche Mischung aus beiden, der Versuch, sich ein wirkliches Vergnügen zu machen.

Dies alles ist weniger eine Frage der Moral als des Überlebens im Supersonderangebot der Verführungen und des Bestehens auf eigenen Erfahrungen. Lust und Erkenntnis, beide fragwürdig und befragungswürdig, wollen unter einen Hut gebracht = gelebt werden.

Natürlich stimmt es: Die Angst vor den eigenen Wünschen, das verzweifelte Festhalten am Vertrauten (nennt man es nun Ehe oder offene Zweierbeziehung, Treue oder Vertrauen) und die aggressive Ablehnung erweiterter, weniger reglementierter Formen von Sexualität sind Nachhall einer überholten (Sexual-)Ethik. Das statische Beharren auf einem gesicherten, eindeutigen, kalkulierbaren Verlangen trägt in sich den Keim menschenverachtender Ideologie. Auch der moderne Zwang zur Verbalisierung und zum «Ausdiskutieren» jeglicher Beziehungsmomente und aller damit verbundenen sexuellen Regungen funktionalisiert Sexualität, macht den Menschen verfügbar und paßt exakt in ein politisch-ökonomisches System, das seine Bürger zur reibungslosen Lustfunktion einlädt. Jedes ungeordnete Verlangen, jede nicht auf den Begriff gebrachte Lust, muß hier als Bedrohung angesehen werden, weil sie weder ein Ziel kennt noch produktiv ist.

Natürlich stimmt auch das: Die befreite, als Zeichen fortschreitender Emanzipation gedeutete Lust ist letztlich nichts anderes als die Freiheit, sich verführen zu lassen, die Freiheit des Konsums im begrenzten Angebot. Nicht nur Pornographie, Hilfsmittel, «sexy» Kleidung etc. werden konsumiert, sondern auch Körper. Ist die Ware ansprechend gestylt und lockt mit Befriedigung, bedient man sich im Namen der Bedürfnisdurchsetzung; gegenseitig. Eine Art Reflexsexualität setzt ein. Wie bei den peppigen Hamburgern von McDonald's lockt der oberflächlichste Reiz, der eindeutigste Geschmack, der knalligste Genuß. Und wie

bei den Hamburgern bleibt der Hunger, ein Gefühl des Unbefriedigtseins, zurück. Also noch einen *Big Mäc* reinschieben?
Die postulierte neue Freiheit wird in ihr Gegenteil verkehrt und entpuppt sich als neue, lustbetonte, schillernde und sehr wirksame (weil unbemerkte) Abhängigkeit. Die Horrorvision der *schönen neuen Welt*, die in kritisch-modischen Biertischgesprächen so gern auf neue Technologien und Informationssysteme bezogen wird, hat die moderne *Gefühlstechnologie* völlig außer acht gelassen. Sexualität, Gefühle, Bedürfnisse gelten im großen und ganzen als autonom – eine romantische Sichtweise. Wer die Eigendynamik von Sexualität anerkennt, darf ihre gesellschaftlichen Komponenten nicht leugnen – wie umgekehrt. Als Horrorvision ist auch der «lustbefreite» Mensch denkbar, der sich, seine Ansprüche durchsetzend, in den saisonalen Moden oberflächlicher Befriedigung verliert und diese Außenlenkung noch als Befreiungstat feiert.
Wir befinden uns in einem Übergangsstadium; alte Bindungen und Wertvorstellungen haben tastender Orientierungslosigkeit Platz gemacht. Der «richtige Weg», wenn es ihn denn gäbe, ist nicht auszumachen. Gelebte Sexualität meint heute mehr die Wahl des Elefanten zwischen mehreren Porzellanläden. Beziehungen werden, beim Versuch, Ordnung in die Dinge zu bringen, zum Schlachtfeld.
«Ich glaube, daß die ‹Beziehungs›-Diskussion Teil einer sozialen Anpassungsleistung der Gattung Mensch ist, die auf Grund äußerer, nämlich wirtschaftlicher Zwänge genötigt ist, eine neue Beziehungsökonomie zu entwickeln. Es ist ein Prozeß, der erst beginnt, unsere Gefühle, Beziehungen und sexuellen Erlebnisse so zuzurichten, daß sie immer bewußter, benennbarer und schließlich kalkulierbarer werden, bis uns schließlich nichts mehr umschmeißt oder die Sprache verschlägt... Die Psychoanalyse-Marxismus-Diskussion Anfang der siebziger Jahre hatte noch die ‹Aneignung der inneren Natur des Menschen› als kritischen und aufklärerischen Anstoß verstanden. Dem droht nun das gleiche Schicksal wie der Aneignung der äußeren Natur, nämlich das Verfügbarmachen für die wirtschaftliche Ausbeutung, eine Verwirtschaftlichung der Psyche. Am Beispiel sexueller Beziehungen läßt sich besonders gut zeigen, wie Gefühle diszipliniert und zu einer Kalkulierbarkeit zugerichtet werden, mit der es sich effektiv und zügig leben läßt, ohne Gefahr, von einer Leidenschaft ergriffen zu werden, und mit dem kühlen Vorteil, stets funktional und arbeitsfähig zu sein» (Ulrich Clement).
Vielleicht ließe sich Sexualität so denken:
Das uns so vertraute Modell der Sexualunterdrückung seit dem 17. Jahr-

hundert begreift die Sexualität als eine Wahrheit, unberechenbar und daher die Macht gefährdend. In einem emanzipatorischen Prozeß gehe es nun darum, die Sexualität dem Schweigen zu entreißen, der Beherrschung zu entziehen. Bis in ihre letzten Geheimnisse müsse sie denk- und lebbar gemacht werden; die Praxis einer möglichst umfassend entfalteten Lust entziehe uns dem Zugriff der Macht.

Nun hat diese ebenso gängige wie einleuchtende Deutung einige Haken. Sexualität gehört nicht nur in den Bereich der körperlichen Existenz, ist nicht nur *Leben*, sie steht auch innerhalb der Geschichte, ist aufnehmender und reflektierender Spiegel gesellschaftlicher Verhältnisse. In einer Art Zweigesichtigkeit zählt sie gleichermaßen zu Körper und Bewußtsein. Wie der Atem benötigt sie keinerlei Begründung und Erklärung, sie ist Grund und Effekt der konzentrierten Essenz des Lebens. In ihren Realisationen (Phantasien, Lüsten, Taten) ist sie beeinflußbar und beeinflußt von Deutungen. Sexualität ist nicht nur verschwiegen worden, parallel zu ihrer Verheimlichung begann der gesamte Apparat von Pädagogen, Theologen, Medizinern und, später, Psychoanalytikern jedes noch so versteckte Moment der Sexualitäten aufzuspüren, einzukreisen, zu benennen und zu kategorisieren. Wie der «große, leidenschaftliche Kuß», immer noch Symbol tiefer Liebe, von Hollywood erfunden, sich in der Realität breitmachte, beeinflußten das stetig zunehmende Befragen und Interpretieren der Sexualität ihre so naturhaft vermeinten Ausprägungen und Richtungen. Ergebnis: In unserer Gesellschaft, die wie keine andere vorher den Sex zum zentralen Punkt öffentlichen Interesses erklärt, endet das «Ausleben der Bedürfnisse» in Verfügbarkeit. Weder das Schweigen noch das Reden können uns aus diesem Dilemma befreien; das Schweigen nicht, weil es Erkenntnisse und Erfahrungen verleugnet, das Reden nicht, weil es das Spiel der Kalkulierbarmachung, der Verfertigung einer beherrschbaren neuen Wirklichkeit, spielt.

Wie aber die Lust genießen und nicht von ihr geknebelt werden, wie den Kopf behalten und ihn nicht der Macht zur Verfügung stellen? Das lustvoll bewußte Leben von Sexualität könnte den sich gegenseitig bedingenden und durchdringenden körperlich-geistigen Sphären unserer Existenz folgen. Sich in einer Komplexität verschränkend, *fühlte* das Bewußtsein den Körper, befragte ihn kritisch und ließ ihn doch zu Wort kommen, *dächte* der Körper die Bedingungen und Strukturen seiner produzierten Wirklichkeiten.

Prinzipien, Strategien, Ideologien, so fortschrittlich sie sich auch geben mögen, verfestigen einen Prozeß, der nur durch seine Beweglichkeit und

Durchlässigkeit das Leben nicht verrät. Haltungen, so scheint es, können nur punktuell eingenommen werden; jeder absolut gesetzte Satz spricht entweder dem Körper oder dem Bewußtsein einen unverdienten Bonus zu. Übrig bleiben der Slalom, der wache Blick, das kritische Gefühl. Übrig bleibt der Mut zu neuen, komplexeren Wirklichkeiten, zur Vergeistigung des Körpers und zur Sexualisierung des Bewußtseins.
Also lesen wir zwischen den Zeilen und leben zwischen den Sätzen: Es ist ein modisches Lamentieren, «*die Leidenschaft auf Kosten der Vernunft zu preisen, das Fleisch über den Geist, den durch Drogen erhobenen Geist über den Prosaischen und das Triebleben über die tödliche Verknöcherung zu stellen*» (Susan Sontag).
«*Alle wahre Freiheit ist dunkel und wird unausweichlich mit der sexuellen Freiheit identifiziert, die ebenfalls dunkel ist, wenn wir auch nicht genau wissen weshalb*» (Antonin Artaud).
Treue – ja oder nein? Promiskuität – gefährlich oder erstrebenswert? Es gibt keine Antworten, nur den Eiertanz zwischen Eventualitäten.

Aus: Matthias Frings; «Liebesdinge.
Bemerkungen zur Sexualität des Mannes».
rororo mann 8213, erschienen 1986

Rüdiger Kremer

nichts mehr verschieben
und auch *nicht mehr* gründe zu finden versuchen
keine ratschläge *mehr* annehmen
und nicht noch einmal nachdenken darüber
überschlagen *nichts mehr*
anfangen aufzuhören in diesem augenblick
sich *ganz und gar überlassen*
den windgeräuschen im gleitflug

Aus: Rüdiger Kremer; «die Zeit in W.» (34)

Sven Holm

Der objektive Cowboy

Betrachtungen über männliche Sexualität und Identität

Interessant ist nicht die Sexualität. Sie ist da. Wie das Gelbe vom Ei. Interessant ist, wann und wie Sexualität ihre Form findet. Wie sie sozusagen ein soziales Gesicht bekommt. Welche Konturen etwas hat, das gleichzeitig so kraftvoll und so formlos ist.
Der intensive Einschlag von Anarchismus, der in der Sexualität liegt, ist sowohl grenzüberschreitend als auch – natürlich aus demselben Grund – normsetzend. Sie ist vielleicht nach dem Hunger die Kraft, die den einzelnen am deutlichsten aufbegehren läßt und die Gemeinschaft zur Zurückhaltung veranlaßt. «Verlieben ist eine revolutionäre Bewegung, bestehend aus zwei Personen», so der italienische Soziologe Francesco Albertoni.
Ich kann mich genau erinnern, wie sich die Sexualität – ausdruckslos, ohne Norm – äußerte, als ich etwa elf Jahre alt war.
Ich war ziemlich ängstlich in den Turnstunden. Außer, daß ich schneller als die meisten laufen konnte, war ich nicht besonders sportlich. Ich schaffte es unweigerlich, beim Fußballspielen ein Eigentor zu schießen und die Stange von den Hochsprungständern zu reißen, bevor ein anderer sie auch nur berührte. Ich blieb auf dem Kasten sitzen, über den die anderen sprangen, als ob das fette Lederpolster des Kastens mich magisch anzog, während ich Anlauf nahm. Ich konnte, kurz gesagt, nicht viel Bestätigung in der Welt des Sports holen, konnte mich kaum damit identifizieren.
Aber dann geschah etwas Wunderbares: Das Seil kam in mein Leben. Das Kletterseil, das dicke, graubraune, nach Hanf duftende Seil, das an seiner Aufhängung in den Turnsaal glitt wie eine Seitenkulisse im richtigen Augenblick in die Theaterszene.
Ich fing an, das Seil zu lieben. Wortwörtlich. Es zeigte sich, daß ich ein Meister im Seilklettern war. Man hätte glauben können, daß ich mich allen anderen sportlichen Talenten verweigert hatte, um mich auf das eine zu konzentrieren: Seilklettern.

Und so kletterte ich. Schneller, geschickter als alle anderen. Ich huschte sozusagen nach oben. Meine Turnnote stieg mit. Ebenso die Achtung meiner Kameraden. Aber keiner – auch ich nicht – ahnte, daß die Sexualität als Treibstoff bei meinen Klettereien wirkte.
Es war nämlich so, daß ich, während ich kletterte, einen Orgasmus bekam, und zwar auf wunderbare Weise genau dann, wenn ich an der Decke angelangt war. Nicht bei der Hälfte oder zwei Dritteln der Strecke. Sondern genau bevor ich mit dem Kopf an die Decke knallte. Ich hing da und sah ausgesprochen selig aus. Und das Geheimnis bestand darin, daß ich selig war. Total selig.
Ich habe es übrigens wie ein Geheimnis für mich behalten. Ich ritt auf dieser Orgasmuswelle einige Monate, ohne ein bestimmtes Bild oder eine bestimmte Vorstellung damit zu verbinden. Es war rein und unschuldig und ging über alle sinnlichen Wahrnehmungen hinaus. Und das war besonders eigentümlich, weil es mir zu dieser Zeit sehr gefiel, nackte Frauen zu sehen oder an sie zu denken. Ich habe beides nur nicht miteinander verbunden, obwohl beides bewirkte, daß mein Schwanz steif wurde.
Das mit den nackten Frauen war etwas, das ich teils für mich und teils zusammen mit den andern hatte. Innerlich und äußerlich gleichermaßen. Privat und sozial. Aber das mit dem Orgasmus bedeutete etwas ganz Besonderes. Ich hatte von solchen Gefühlen nie gehört. Mein Erlebnis mußte also – so gut wie – einzigartig sein. Vielleicht ein Fehler in meinem Körper, eine Mißbildung, wenn auch wunderbarer Art, wie eine göttliche Warze. Ich habe wirklich anfangs geglaubt, daß ich als einziger dieses glückselige Gefühl, wie es der Orgasmus war, erlebte. Und ich glaubte, es wäre ein Irrtum. Aber ich habe eigensinnig beschlossen, diesen Irrtum auszunützen. Hemmungslos und heimlich. Wo immer ich konnte, habe ich mit meinen Fähigkeiten im Seilklettern geprahlt und wurde natürlich von den andern Wichtigtuern herausgefordert. Ich gewann auch in der Regel, aber das war mir völlig gleichgültig, weil ich in dem Augenblick, wo ich die Süße des Sieges hätte genießen können, nur in meinem eigenen glänzenden Orgasmus lebte.
Am Abend, wenn ich nicht in den Turnsaal konnte, kletterte ich auf Lichtmasten. Am schönsten war es, wenn das Licht angezündet war und die glühende Birne mir direkt ins Gesicht blitzte, während ich durch den Weltraum flog.
Problematisch wurde es, als allmählich der Samen kam. Das dauerte aber ein paar Monate bis dahin. Ich hatte natürlich schon ein bißchen Feuch-

tigkeit oder Tropfen in der Hose bemerkt, aber ich glaubte, das wäre Schweiß von meiner eifrigen Kletterei. Aber eines Tages lief etwas an meinen Schenkeln runter. Und als ein Kamerad einige Tage später erzählt hat, wie er und ein paar andere entdeckt hätten, daß ich, während ich oben am Seil gehangen bin, einen Ständer und so einen seltsamen Gesichtsausdruck gehabt hätte, habe ich augenblicklich und konsequent mit meinen Klettereien aufgehört.
Man kann sagen, daß ich von der reinen Sexualität herunterfiel und anfing, ein sexuelles Wesen zu werden. Der Trieb war dabei, eine Form zu finden. Oder genauer gesagt: Er war ziemlich verwirrt darüber, entdeckt und bezeichnet zu werden, aber das war schon der Beginn der Suche nach einer der möglichen Einordnungen, die zur Verfügung standen. Der Trieb *wollte* unter allen Umständen weiterleben. Wenn ich ihn auch mit andern in Scham und Lust teilen mußte. Damals wurde die Sexualität zum Schwanz. Und der Schwanz hatte nichts anderes im Kopf als die Möse. Man kann das auch eine Sozialisierung nennen.

Die Sexualität des Kindes

Der Grund dafür, daß ich mir den Orgasmus überhaupt vorstellen konnte als ein wunderbares Gebrechen, das nur mich befallen hatte – und vielleicht ein paar andere, denn das bildete ich mir tatsächlich ein (und ich war überzeugt, daß die genauso behutsam aufgetreten sind wie ich) –, dieser natürliche Hochmut hat natürlich verschiedene Gründe.
Erstens die Tatsache, daß die Sexualität ursprünglich tief egozentrisch ist. Nicht notwendigerweise egoistisch, dazu wird sie meiner Meinung nach erst in dem Augenblick, in dem eine Person sich aus dem einen oder anderen Grund entschließt, sich in der Egozentrik einzuschließen. Also sich entschließt, sie über ihr natürliches Stadium zu verlängern. Doch wird das egozentrische Element immer wesentlich sein, aber die Fülle der Sexualität wird später von ihrer Fähigkeit zur Komplexität abhängig sein, ihrer Fähigkeit, vielschichtig zu sein.
Zweitens kann mein frühzeitiges Erlebnis des Orgasmus darauf bezogen werden, daß (zumindest in meiner Generation) die Belehrung über Sexualität meist eine Drohung enthielt: Sie konnte Schwangerschaft verursachen und war im übrigen mit demselben Organ verbunden, mit dem die Abfallstoffe des Körpers ausgeschieden wurden: dem Pimmel. (Ein

Wort, das eigentümlicherweise immer noch für dieses Organ verwendet wird, selbst wenn es in erigiertem Zustand ganz andere und viel wunderbarere Dinge unternimmt.) Allgemein kann man feststellen, daß das Christentum es geschafft hat, das ganze Vergnügen auf seine Seite zu bringen insofern, als es eine physiologische Tatsache ist, daß man mit demselben Organ liebt und pißt. Das hat den zwei Handlungen eine falsche Gemeinschaft aufgeprägt, aber die Verbindung ist genauso eng wie die zwischen essen und sprechen: Beide Handlungen werden mit dem Mund vorgenommen, ohne daß jemand darauf kommt, sie zu verwechseln.

Mir war also, bevor ich mit dem Seilklettern begann, hauptsächlich eine negative Auffassung von Sexualität eingeimpft worden. Und ich konnte mir nicht vorstellen, daß das enorme Lustgefühl mit diesem Thema zu tun haben könnte. Ich hatte in diesem Zusammenhang nie etwas von Freude, Lust oder Ekstase gehört. Das Erlebnis stand also einzigartig da, der LSD-Trip eines Elfjährigen. Ich betrachte es als Glück, daß ich die Möglichkeit hatte, das Erlebnis anzunehmen statt davon erschreckt zu werden und es abzuweisen – oder bei einer Autorität Hilfe zu suchen. Ich kann mich nämlich erinnern, wie uns der Biologielehrer ein halbes Jahr später belehrte, daß das, was beim Onanieren herausspritzt, die pure Rückenmarksflüssigkeit ist und daß wir keine gesunden und natürlichen Männer werden könnten, wenn wir sie nicht ließen, wo sie hingehört. (Vielleicht ist es nötig, darauf hinzuweisen, daß das 1952 in Oslo passiert ist, obwohl ich mir sicher bin, daß der norwegische schwarze Mann viele Verwandte zwischen Skagen und Gedser gehabt hat – und hat.) Aber ich hatte zu dem Zeitpunkt, an dem der Biologielehrer versuchte, seine Hand schonend über uns zu halten, schon länger richtig onaniert und war mir sicher, daß der Mann total verlogen und falsch war.

Ich fasse zusammen: Mir gelang es, ein paar Monate in reiner und unverstellter Ekstase zu leben, wie ein zweiter Adam, der, selbst wenn der Herr niemals Eva aus seiner Rippe geschaffen hätte, im Paradies herumspaziert wäre und mit einem Lächeln auf den Lippen Äpfel gegessen und seinen Schwanz geknetet hätte.

Die «Deutung» kam erst später dazu. Die männliche Sexualität war wie eine Tracht, die der identitätslosen anarchistischen Sexualität angezogen wurde, was Freud mit treffender Bigotterie die polymorph perverse Sexualität nennt.

Natürlich war die Deutung von vornherein klar, nur der genaue Zusammenhang ließ auf sich warten. Aber in der Verspätung lag der Keim zu einigen besonderen Erfahrungen.

Der objektive Raster

Ich habe mich immer darüber gewundert, daß der größte Teil meines Wissens über Männer von Frauen stammt. Die Männer, die zu dessen Erweiterung beigetragen haben, kann ich an einer Hand abzählen. Und das ist insofern besonders bemerkenswert, weil Frauen, soweit ich weiß, nur neugierig sind, etwas über die sexuellen Verhaltensmuster ihrer Mitschwestern zu erfahren. Sie haben einander für alles.
Unter Männern herrscht eine Art bewaffneter Neutralität, die nicht zuläßt, daß man sich mit allzu offensichtlichen Schwächen bloßstellt. Oder die – umgekehrt – gerade darin besteht, *daß* man sich bloßstellt und sich darin übertrifft, daß jeder sein grenzenloses Chauvi-Verhalten bekennt. Man kann in weit höherem Maße von einem die Grenzen bewahrenden Schutz bei beiden Verhaltensmustern sprechen als von Neugier und Offenheit – selbst wenn in den letzten Jahren sich einiges verändert hat. Oder zu einer Veränderung führen kann.
Durch einen groben Filter gesehen, betrachte ich uns Männer als eine Herde identitätsgeplagter einzelner auf der Jagd auf einem gefahrvollen Terrain, auf dem nur die kargen Kaktuspflanzen der Karriere und der Konkurrenz gedeihen. Um eine Illusion von Gemeinsamkeit zu schaffen, brauchen wir die Frauen. Durch sie versuchen wir, die brutale Landschaft zu lieben – und uns. Denn das Groteske ist ja gerade, daß *sie* uns mehr verbinden – abstrakt und konkret –, als wir uns als Brüder aneinander binden. Die Frauen sind die Oasen, wo wir ausruhen und uns Anregungen für das schöne Leben holen, an dessen Existenz wir uns ja (besonders von der Kindheit her) gut erinnern können. Die Frauen sind das Wasser, das wir trinken, und das Wasser, in das wir uns sinken lassen, um zu baden. Und währenddessen wartet das Pferd (als ob es um etwas Geheimes ginge) irgendwo hinter der Hecke. Ungeduldig, obwohl es das Ziel nicht kennt, stampfend mit den Vorderbeinen, obwohl es zum Umfallen müde ist, und ausgerüstet mit einem nach Leder duftenden abgewetzten Zaumzeug, das in alle anderen Jahrhunderte paßt, nur nicht in unseres.
Ein paar kleine Geschichten aus dem wirklichen Leben können die Situation des Mannes in unserer Epoche verdeutlichen.
Ich erinnere mich an einen meiner männlichen Bekannten, der seine sexuellen Aktivitäten immer mit den Worten begründete: «Ich muß das Zeug ja schließlich loswerden.» Wie man sein Wasser abschlägt und auf der Toilette sein Geschäft erledigt. Er war gefühlvoll und gescheit, aber es

ist die typisch scheinheilige Entschuldigung des Mannes: Der Mann hat eine Flüssigkeit, die er von Zeit zu Zeit ausscheiden muß, während die Frau ihre Flüssigkeit nur ausscheidet, wenn sie erregt wird (vom Mann). Es geht darum, dem Penis die Führung zu überlassen und so um die Verantwortung und das Vergnügen herumzukommen. Es ist wie ein Alpdruck. Das Behalten des Samens. Man macht sich einfach zu einem physiologischen Phänomen, um eine moralische Sonderstellung einnehmen zu können. Genau diese Auffassung begründet das Recht der Männer, gegenüber den Frauen die sexuelle Initiative zu übernehmen.
Ein anderer Mann, den ich kenne, vor kurzem geschieden, kam plötzlich eines Tages mit einer Rechnung an: Er hatte eine Aufstellung gemacht, was ihn jeder einzelne Geschlechtsverkehr gekostet hatte, bezogen auf einen Durchschnitt von ein paar Jahren. Es war eine hohe Summe. Und es war objektiv berechnet. Seine Frau hatte zwischendurch einen Halbtagsjob gehabt, während er tagaus tagein geschuftet hatte. Aber hauptsächlich hatte sie sich um die Kinder gekümmert, weil er oft lange Zeit weg war. Das Objektive – das Körperfremde, das Nicht-Konkrete, um nicht zu sagen: die Nicht-Liebe – hatte ihn gepackt, und er hatte im Laufe einer Woche die Rechnung aufgestellt: Jeder Geschlechtsverkehr hatte ihn zwanzigmal soviel wie bei einer Nutte gekostet. Statistisch gesehen und über den Zeitraum von ein paar Jahren. Selbst wenn das Beispiel absurd ist, ist es auch bezeichnend: Wenn der symbolische Kontakt zwischen dem traditionellen Mann (der Männerrolle) und der traditionellen Frau(enrolle) zerbricht, ist das wie ein Krieg zwischen zwei fanatischen Nachbarstaaten: Alle Mittel werden verwendet, und die Sanktionen werden objektiv begründet. Politik und Penis verschmelzen.
Von dem gleichen «objektiven Raster» handelt die nächste Geschichte. Hier geht es um ein jüngeres Paar, das sich sowohl ideologisch wie in der Praxis weitgehende sexuelle Freiheit zugestand. Aber die Eifersucht kommt oft von hinten, wenn zwar nach außen alles in Ordnung ist, aber beide Teile ihre liebe Not haben, mit ihren Fangarmen zurechtzukommen – zumindest dann, wenn es einmal für einen von ihnen keinen anderen Arm gibt, um sich hineinzuwerfen. Interessant ist dabei nicht, daß die Eifersucht auftaucht – interessant ist die verschiedene Sprache von Frau und Mann. Bei ihr war es einfach ein Gefühlsausbruch der Verzweiflung oder Trauer oder Verlorenheit. Bei ihm war es eine genau geführte Aufstellung der größeren oder kleineren Fehler, die sie bei ihren Rendezvous beging: welche Nacht sie eine halbe Stunde zu spät heimkam, an welchem Tag sie (vermutlich aus verliebter Zerstreutheit) ver-

gessen hatte abzuwaschen, obwohl sie an der Reihe gewesen wäre etc. Er führte ein richtiges kleines Büchlein mit Uhrzeit und Ursachen und Wirkungen, und das präsentierte er ihr an dem Tag, an dem er glaubte, daß *diese* Beziehung nun lange genug gedauert hätte. Da haben wir noch einmal den objektiven Cowboy mit dem Revolver im Gürtel.

Hinein in sich selbst

Es fragt sich, ob die Männerrolle überhaupt mit welcher Sexualität auch immer zu kommunizieren vermag. Ob der Mann sich immer in gewisser Weise «hinauslehnen» muß aus der Rolle, um seine erotischen Botschaften am Hintereingang zu überbringen. Vielleicht hat es auch traditionelle Gründe, daß der Mann eine zerrissene, gespaltene Sexualität lebt; das Einmalbumsen und die Wochenendliebe. Blitzschnell aus der Schale heraus, um ein bißchen vom Guten zu bekommen – und genauso schnell wieder hinein.

Man hat in den letzten Jahren mit anderen Rollen experimentiert. Die Ergebnisse waren zum Teil jämmerlich. Es gibt erstaunlich viele Häuser und Wohnungen, wo zur Zeit starke, emanzipierte Frauen am Schreibtisch sitzen, während sich der Mann im Zimmer nebenan aufhält, mit leuchtend schlechtem Gewissen und mit vorgebundener Schürze. Eine Drehung um 180 Grad, und die Stellung ist genauso festgelegt.

Es wundert mich überhaupt, daß der Mann sich verpflichtet gefühlt hat, die Rolle der Frau zu übernehmen, um seine Verklemmungen und seine mangelnde Hingabe zu lösen. Ich glaube, man sollte eine andere Richtung einschlagen. Nicht hinüber in den andern Part, sondern hinein in sich selbst. Weit hinein, bis zur Kindheit. Ich glaube, es ist die große, unbeschwerte, neugierige und umfassende kindliche Sexualität, die der Mann versuchen sollte wieder in sich aufzubauen. Die vielgestaltig perverse Sexualität. Was nicht bedeutet, daß er infantil werden soll, aber daß er das Erotische als Erfüllung des ganzen Körpers und des Bewußtseins erleben soll. Und daß dieses Erlebnis des Lebens sich auch auf anderes beziehen kann als Beischlaf und Liebeswerbung: zum Beispiel auf Freundschaften, Gespräche, gemeinsames Essen, auf Kinder und alte Leute, auf Kunst und Natur, ja sogar auf Arbeit und Politik, die zwei Bereiche, die der Mann mit großem Fleiß zu seiner privaten, objektiven Domäne gemacht hat.

Bevor mir Kopf und Herz mit guten Ratschlägen überlaufen, will ich aufhören und einen männlichen Vorbehalt als Bremsklotz einsetzen: Einige werden sagen, daß ich allzu positiv von den Frauen gesprochen habe. Ich habe vielmehr skeptisch von den Männern gesprochen und positiv über das Frauenbild der Männer. Daß die Frauen selbst eine Meinung darüber haben, dem bin ich an dieser Stelle ausgewichen. Aus objektiven Gründen. Ist das nicht ganz normal für einen Mann?

Aus: Tor Nørretranders (Hg.); Hingabe.
Über den Orgasmus des Mannes.
rororo mann 8216, erschienen 1983

Rüdiger Kremer

die chauffeure
leben im glück
die mützenschirme
beschneiden ihnen
die aussicht
sie sehen die beine der mädchen
und die horizonte
sind ihnen erspart

Brian Easlea

Zwanghafte Männlichkeit: «In mir arbeitet etwas, was ich nicht verstehe»

Solange männliche «Identität» von einem ständigen Sich-beweisen-Müssen abhängt, solange wird das «Tun» der Männer eine Reaktion auf Unsicherheit sein und nicht eine schöpferische Anwendung ihrer Menschlichkeit.
Nancy Chodorow, Being and Doing: A Cross-Cultural Examination of the Socialization of Males and Females

Die männliche Naturwissenschaft, die männliche Alchimie beruht zum Teil auf männlichem Gebärneid, auf dem Wunsch, mit Hilfe männlicher Erfindungsgabe ein Wunder hervorbringen zu können. Doch die Wissenschaftler haben uns alle an den Rand einer totalen planetarischen, genetischen und menschlichen Katastrophe geführt. Verdrängter und nicht ausgelebter Gebärneid ist ein gefährliches Gefühl... Die Männer haben die Zivilisation nach dem Bilde einer immerwährenden Erektion erschaffen – ein schwangerer Phallus.
Phyllis Chesler, Über Männer

Seit offenbar undenklichen Zeiten, aber bestimmt viel zu lange, haben die Männer Frauen und andere Männer unterdrückt. Sie haben sich regelmäßig bekriegt, haben die Frauen des Feindes vergewaltigt und getötet und haben den «eigenen» Frauen, bei Androhung schwerer Strafen, verboten, an einigen ihrer angesehenen Handlungen teilzunehmen, und sich so exklusiv männliche Bereiche vorbehalten. Gewiß, im Laufe der Geschichte haben Männer ihresgleichen und «ihren» Frauen auch Gutes getan, doch soll es in diesem Buch nicht um das Gute gehen. Es soll, ganz allgemein gesagt, um *problematisches* Verhalten der Männer gehen, und davon gibt es leider eine ganze Menge. Da das Ausmaß und die Brutalität dieses problematischen Verhaltens in verschiedenen Gegenden und in verschiedenen Epochen unterschiedlich ausfallen, ist es unmöglich, sich mit der pessimistischen «Erklärung» zufriedenzugeben, in Männern stecke «von Natur aus» etwas Tierisches. Wir müssen also anderswo nach Erklärungen suchen. Ich habe mich bei den folgenden Überlegungen kurz gefaßt, da über die Ursachen problematischen Verhaltens bei

Männern zahlreiche Fachbücher bereits vorliegen und ich möglichst schnell zum zentralen Anliegen dieses Buches kommen will, nämlich der Beschäftigung mit männlicher Wissenschaft und dem atomaren Wettrüsten. (Natürlich dürfen wir nicht übersehen, daß auch einzelne Frauen anderen Frauen und Männern Schlimmes zugefügt haben. Gleichwohl sind es Männer, die kollektive Gewalt in massivem Umfang organisiert und die Frauen systematisch unterdrückt haben. Die Männer, nicht die Frauen, sind das problematische Geschlecht.)

Der unsichere Mann

Feministische und andere Untersuchungen liefern unterschiedliche Erklärungen für unliebsames männliches Verhalten. Besonders plausibel finde ich allerdings das Argument, in Gesellschaften mit traditioneller, geschlechtsspezifischer Arbeitsteilung (also in nahezu jeder Gesellschaft) identifiziere sich der Knabe zunächst zwangsläufig mit seiner Mutter, müsse sich dann aber um eine unweigerlich schwer zu definierende «männliche» Identität bemühen. Diese Identität definiert sich im negativen Sinne darüber, daß die Teilnahme des Mannes an Frauenarbeit gesellschaftlich ebenso rigide verachtet wird wie jede, auch nur partielle Rückkehr des Mannes in eine Situation, die auch nur entfernt an frühkindliche Geborgenheit erinnert.[1]
Infolgedessen wird der Mann typisch weibliche Arbeiten und Verhaltensweisen abwerten, um sich vor verbotenen Wünschen zu schützen. Gleichzeitig kann er durchaus einen verdrängten Haß auf seine Mutter empfinden, weil sie ihm selbst eine zeitweilige Rückkehr zu jener einstigen Geborgenheit versagt, Haßgefühle, die er sehr wohl auf das weibliche Geschlecht als Ganzes projizieren kann. Da der Mann ja ein Mann ist, weil er anstelle von Klitoris, Vagina, Gebärmutter und Brüsten einen Penis besitzt, wird er typisch männliche Tätigkeiten nachgerade zwangsläufig mit der «Stärke» des Penis assoziieren. Da sich der Mann auch, bewußt oder unbewußt, daran stört, wegen Nichtbesitzes einer Gebärmutter in eine schwer faßbare Männlichkeit hineingezwungen zu werden, wird er möglicherweise Frauen um ihre Gebärfähigkeit beneiden, die er einerseits zwar herabsetzen wird, mit derer in seinem eigenen Tun aber konkurrieren und die er sogar zu übertreffen bestrebt sein wird. So gesehen birgt eine geschlechtsspezifische Arbeitsteilung stets den Keim

eines Geschlechterkonflikts in sich, den Keim männlicher Feindseligkeit gegenüber Frauen, die die Frauen mit Feindseligkeit gegenüber den Männern beantworten.
Komplizierter wird die Sache noch dadurch – alle Männer, so heißt es ja, hätten in unterschiedlichem Maße eine angeknackste männliche Identität –, daß der seiner selbst unsichere Mann besonders verwundbar beim eigentlichen «Liebesakt» ist. Sollte er nämlich keine Erektion haben oder (aus seiner Sicht und womöglich auch aus der Sicht seines Sexualpartners) anderweitig versagen, dann wird seinem maskulinen Selbstwertgefühl ein potentiell tödlicher Stoß versetzt. Und «erfolgreicher» Geschlechtsverkehr ist ja noch keine Garantie dafür, daß es beim nächstenmal auch wieder klappt. Überdies gibt es für den unsicheren Mann immer das «Problem», während des Sexualaktes und besonders nach der Ejakulation seine Männlichkeit zu behaupten, denn der Mann, der maskulin wirken will, muß unter allen Umständen ein Verhalten vermeiden, das an ein in den mütterlichen Armen liegendes Kleinkind erinnert. Während dieses Aktes, bei dem es für den unsicheren Mann in erster Linie darauf ankommt, sich selbst und seinem weiblichen Partner seinen unangreifbaren Mannesstatus unter Beweis zu stellen, besteht die Gefahr, daß er versagt und von Angehörigen des in seinen Augen minderwertigen Geschlechts lächerlich gemacht wird. Kein Wunder also, daß Zärtlichkeit nicht immer ein Charakteristikum männlichen Sexualverhaltens ist. Je stärker ein derart unsicherer Mann sich von Frauen sexuell angezogen fühlt, desto größer ist dann die Gefahr, die allein schon ihre Existenz für seinen stets verwundbaren Status als Mann darstellt. Seine Reaktion auf alle ihn sexuell reizenden Frauen wird in immer stärkerem Maße von Feindseligkeit überlagert sein, und der Akt des «Penetrierens» wird nicht ein Mann und Frau «verbindender» Akt sein, sondern eine Zurschaustellung männlicher Stärke – und wehe (ihm und ihr), sein Penis läßt ihn im Stich! Vielleicht wird er alle Frauen in zwei Kategorien einteilen: die «sauberen» Frauen, die er sexuell nicht attraktiv findet, und die «unsauberen» Frauen, die ihn sexuell erregen und seine Männlichkeit allein schon durch ihre Existenz herausfordern. Der unsichere Mann befindet sich also in einem Dilemma: verschließt er sich den Reizen sexuell attraktiver Frauen, dann negiert er seine eigene Männlichkeit. Nimmt er ihre «Einladung» an, dann ist seine Männlichkeit in Gefahr. Ein solcher Mann kann ebensowenig gewinnen wie die Frauen, denen er begegnet, ob «sauber» oder «unsauber». Aus all dem folgt, daß in einer Gesellschaft mit geschlechtsspezifischer Arbeitsteilung eine erhebliche Motivation seitens der Männer besteht, die Frauen

sexuell zu unterdrücken, selbst wenn man annimmt, daß einzelne Frauen verständnisvoll reagieren auf die mißliche Lage, in die ihre Männer infolge der geschlechtsspezifischen Arbeitsteilung geraten sind.[2]

Natürlich gibt es in jeder Gesellschaft Männer mit unterschiedlich ausgeprägter Unsicherheit in bezug auf ihren Mannesstatus, in bezug auf ihren verdrängten «Gebärneid» und mit einer Mischung aus verdrängtem und nicht-verdrängtem Frauenhaß, der zwischen insignifikant und nahezu grenzenlos liegen kann. Der schöpferische Mann mit gering ausgeprägter Unsicherheit wird kreativ sein aus schierem intellektuellem Vergnügen oder aus welchem Motiv auch immer. Er wird für Frauen keine Bedrohung sein. Doch bereits bei einem Symptom von extremer Unsicherheit, Neid und Haß wird der Mann auf eine Fülle «akzeptabler» Strategien zurückgreifen, um sich selbst und den Frauen, denen er begegnet, ein katastrophales Ende zu ersparen. Die Möglichkeit, daß diese Strategien mißlingen, bleibt allerdings bestehen. Das Verhalten von Peter Sutcliffe, dem sogenannten «Yorkshire Ripper», der zwischen 1975 und 1980 dreizehn Frauen umgebracht hatte und 1981 dafür verurteilt wurde, ließe sich als psychotische Reaktion eines Mannes auf ein quasi totales Syndrom von Unsicherheit, Neid und Haß interpretieren. Bei Sutcliffes Prozeß zeigte sich, daß sein erstes Opfer eine Prostituierte gewesen war, die sich über seine mangelnde Erektionsfähigkeit mit spöttischen Worten geäußert und somit seine Männlichkeit lächerlich gemacht hatte. Dieser Spott hatte offenbar alle Dämme reißen lassen, und der wutschäumende Sutcliffe ermordete die Frau mit einem Hammer aus seinem Auto. Fortan suchte er sich Opfer aus, die entweder Prostituierte waren oder ihm «durch die Art, wie sie sich bewegten» als solche erschienen. Das heißt, diese Menschen empfand Sutcliffe nur deswegen als bedrohlich, weil sie Frauen waren, und an ihnen ließ er seine psychotische Wut aus, und zwar nicht mit «weichen» Instrumenten, die ihn im Stich hätten lassen können, sondern mit einem Hammer und einem geschliffenen Schraubenzieher, mit «harten» Instrumenten also. Möglich ist aber auch, daß Sutcliffes erste Opfer nicht Prostituierte waren und er sich nur wegen ihrer spezifischen Angreifbarkeit eine Zeitlang auf Prostituierte konzentrierte. Doch aus welchen Motiven auch immer, seine Taten waren extrem grausam. Interessanterweise erklärte die Prostituierte, in deren Anwesenheit Sutcliffe verhaftet wurde, sie habe fünfzehn Minuten lang, allerdings erfolglos, versucht, ihm eine Erektion zu verschaffen. Wenn der «Yorkshire Ripper», wie es einmal hieß, ein «Pickel auf dem Abszeß» war, dann ist der Pickel das fast unglaubliche Maß an Unsicherheit Neid und Haß, das in einem einzelnen Mann teils verdrängt, teils ganz offen vorhanden sein kann, während der Abszeß das größere oder geringere Ausmaß an Unsicherheit, Neid und Haß darstellt, das in maskulinen Gesellschaften bei fast allen Männern vorhanden ist. In solchen Gesellschaften wird der männliche Eros nur allzuoft einen zwangsläufig destruktiven, ja sadistischen Aspekt haben.[3]

Besteht jedoch die Möglichkeit, daß maskuline Männer mit Unsicherheit, mit extremem Neid und Haß in einer Weise umgehen, die nicht die physische Vernichtung jener Frauen bedeutet, die die Mütter «ihrer» Kinder sind, die für die erwachsenen Männer sorgen, ihre sexuellen Bedürfnisse befriedigen und für die sie, als Söhne, Liebhaber, Ehemänner und Väter, wirkliche Liebe empfinden können? Ganz sicher! Im Krieg kann der Mann feindliche Männer töten (was eine Entladung aufgestauten Hasses ermöglicht), kann anderen Männern gegenüber seine Männlichkeit beweisen, er kann die Frauen des Feindes vergewaltigen und oft auch töten, wodurch er sich selbst, seinen Mitstreitern und seinen weiblichen Opfern seine Männlichkeit demonstriert. Frauen des Feindes zu vergewaltigen und zu töten gibt ihm dagegen die Möglichkeit, seinem angestauten Haß auf die Frauen ganz allgemein freien Lauf zu lassen. Wenn der Krieg den Männern auch ermöglicht, ihren Status als Mann zu bekräftigen, so ist das aus männlicher Sicht immerhin mit einigen Schwierigkeiten verbunden. Der Mannesstatus muß unablässig unter Beweis gestellt werden. Nur im Heldentod auf dem Schlachtfeld findet der belagerte Mann Ruhe und braucht seine Maskulinität nie mehr zu behaupten. Was den Krieg als eine exklusiv männliche Domäne angeht (und das gilt auch für die Jagd), so besteht das zweite große Problem darin, daß er zwar den Gebärneid aufhebt, zugleich aber eine ausschließlich männliche Aktivität ist, die mit der weiblichen Kreativität nicht nur nicht konkurriert und sie auch nicht zu übertreffen sucht, sondern sie negiert. Demgegenüber demonstrieren exklusiv männliche Rituale, deren sich Männer bedienen, um aus Jugendlichen erwachsene Männer zu machen oder einzelne Bereiche der Natur zu beherrschen, sowohl den beteiligten Männern als auch den abseits stehenden Frauen, daß auch der Mann schöpferische, magische Kräfte besitzt: während Frauen Kinder hervorbringen, können nur *Männer* aus Knaben erwachsene Männer machen und können nur *Männer* die Natur beherrschen – oder mit den Göttern (bzw. mit wem auch immer) in Verbindung treten.

Vorwissenschaftliche «maskuline» Gesellschaften

Da bestimmte vorwissenschaftliche Gesellschaften das männliche Dilemma in einer sehr transparenten Form zeigen – ein Dilemma, das im Grunde unversehrt bis in die modernen Gesellschaften transportiert wurde –, dürften, bevor wir uns der männlichen Naturwissenschaft zuwenden, ein paar kurze Bemerkungen zum Geschlechterkonflikt in primitiven Gesellschaften ganz nützlich sein. Ich werde mich zunächst den Mbuti-Pygmäen zuwenden, die im Kongo-Urwald leben und oft als beispielhaft «nichtsexistisch» bezeichnet werden, und anschließend den Munduruca im Amazonas-Dschungel, deren Männer, unlängst noch Kopfjäger, ganz eindeutig «sexistisch» sind.[4]

Bei den Mbuti gibt es geschlechtsspezifische Arbeitsteilung. Während der ersten Jahre kümmern sich ausschließlich die Mütter um die Kinder, die bis zum Alter von drei Jahren gestillt werden. Keine dieser Aufgaben, von der Entbindung bis zum Stillen, kann die Mütter davon abhalten, auch weiterhin an den üblichen Aktivitäten der Erwachsenen teilzunehmen, etwa auf die Jagd zu gehen. Es existiert also eine auffallende Asymmetrie, um nicht zu sagen Ungleichheit. Während die Frau all das, was der Mann tun kann, auch tun kann und tut, ist nur sie imstande, Kinder zu gebären und zu stillen. Wie der Ethnologe Colin Turnbull schreibt, gibt es bei den Männern zweifellos Neid, den sie indes nur partiell mit dem Glauben kompensieren können, daß Geschlechtsverkehr während der Schwangerschaft (die Bereitschaft der Frau vorausgesetzt) zu einem kräftigen Kind führt und die Schwangerschaft vorantreibt. Ein weiteres Kompensationsinstrument ist also vonnöten. Im Alter von zwei Jahren findet ein interessantes Ritual statt. Das Kind, das bislang gestillt wurde und (wie wir hören) den Körper der Mutter «instinktiv» dem des Vaters vorzieht, wird von der Mutter dem Vater übergeben. Von ihm erhält es seine erste feste Nahrung. Die «männliche Mutter» hat also doch ihre Funktion, die allerdings der besonderen Erlaubnis der Mutter bedarf, die ja genausogut imstande wäre, das Kind weiterhin zu stillen und ihm feste Nahrung zu geben. Die Männer sind anscheinend «Frauen zweiter Klasse» und werden, was die Sache nicht besser macht, von Kindern und Jugendlichen oft verspottet, wenn sie auf sexuellem Gebiet nichts «bringen». Das biologische Ungleichgewicht muß also auf sozialem Gebiet wettgemacht werden. Es zeigt sich, daß die Männer sich eine verläßliche Methode ausgedacht haben, wie sie ihren «maskulinen» Wert den Frauen gegenüber behaupten können. Sie, und offenbar nur sie, sind in der Lage, mit dem Urwald zu kommunizieren, und während des Großen Molimo, ihres wichtigsten Rituals, besingen sie den Urwald, begleitet von einer Trompete, die kein Kind und keine Frau je sehen dürfen (obwohl Männer zugeben, daß das Molimo-Ritual in der Vergangenheit von Frauen abgehalten wurde, bis es ihnen von den Männern weggenommen wurde). Die Menschen ohne Gebärmutter und Brüste, aber mit Penis, haben also doch eine Funktion: mit ihren Penissen treiben sie die Schwangerschaft voran, sie geben den Kindern die erste feste Nahrung, und sie allein sind imstande, mit dem Urwald zu kommunizieren. Was könnten da die Mbuti-Frauen schon ohne ihre Männer machen! Es wäre wirklich interessant, zu erfahren, was die Mbuti-Frauen vom Molimo-Ritual der Männer halten, aber der Ethnologe hielt sich als Mann in den Nächten des Rituals natürlich bei den singenden Männern auf, während die (von Scheu ergriffenen?) Frauen und Kinder «isoliert» in ihren Hütten blieben. In seinem Artikel über «Mbuti Womanhood» schreibt Colin Turnbull: «Als Erwachsener lernte ich, daß das Erwachsensein eine Zeit von Konflikten ist, vor allem des Konflikts zwischen Mann und Frau.»[5]

Bei den Mundurucu äußert sich der Geschlechterkonflikt in der Unterdrückung der Frau durch den Mann und darin, daß sich die Frau vehement gegen diese Unterdrückung zur Wehr setzt. Da die Mundurucu von Yolanda und Robert Murphy, einem gemischten Team, beobachtet wurden, sind in ihrem faszinierenden Buch *Women of the Forest* die Meinungen von Männern und Frauen festgehalten. Mundurucu-Frauen verabscheuen den, wie sie glauben, ewigen Kreislauf von Schwangerschaft und Gebären, sie praktizieren Empfängnisverhütung wann immer möglich, und sie stillen ihre Kinder so lange, bis wieder ein Baby zur Welt gekommen ist. Im Gegensatz zu den Frauen zeigen die Männer kein Interesse, wenn ein Kind geboren wird. Obwohl außerehelicher Geschlechtsverkehr üblich ist, kann der Ehemann sicher sein, daß das Neugeborene sein Kind ist, da, wie er glaubt, nur aus dem wiederholten Geschlechtsverkehr zwischen Ehemann und -frau das Material entsteht, aus dem das Kind hervorgeht. Wie auch immer, der Mann widmet sich exklusiven Tätigkeiten. Kriege werden nicht mehr geführt, doch die Jagd bleibt eine *ausschließlich männliche* Domäne, in der sich der männliche Erwachsene beweist. Virilität indes ist eine andere, wenngleich verwandte Sache. Die erwachsenen Mundurucu-Männer sind auf diesem Gebiet stark angewiesen auf die Gutwilligkeit der Frauen und Sexualpartner, die ihre Unterdrücker anscheinend nicht selten wegen ungenügender sexueller Leistungen lächerlich machen. Ein durchreisender Freier erlebte, daß sich die Frauen über die Länge seines Penis abfällig äußerten und ihre eigenen Männer mit der Bemerkung demütigten, der Penis des Besuchers sei aber immerhin lebendiger. Das Maul des Alligators – das ist der nicht gerade schmeichelhafte Name, den die Männer der Vagina geben. Die Männer führen darüber hinaus geheime Mannesrituale durch, bei denen das Karakö-Rohr verwendet wird, die heilige Trompete, die, bei Strafe der Gruppenvergewaltigung, keine Frau erblikken darf. Wie die Mbuti-, so glauben auch die Mundurucu-Männer, daß die heilige Trompete einst der Besitz von Frauen war und daß sie stets Sorge dafür tragen müssen, daß sich keine Konterrevolution ereignet. Nach Ansicht der beiden Ethnologen ist der Karakö-Mythos eigentlich «eine Allegorie der Geburt des Mannes durch die Frau, seiner ursprünglichen Abhängigkeit von der Frau als derjenigen Instanz, die ihn versorgt und ernährt und seine Entwicklung gelenkt hat, eine Allegorie auch der Notwendigkeit, sich aus diesen Fesseln zu befreien und die männliche Autorität unter Beweis zu stellen». Bezeichnenderweise stellen die Ethnologen fest, daß das Karakö-Rohr sowohl männliche wie weibliche Fortpflanzungskraft symbolisiert. «Die lange, rohrähnliche Form des Karakö», so Yolanda und Robert Murphy, «ist ganz deutlich ein Phallussymbol im klassischen Sinn.» Doch das Rohr ist ja auch hohl, und «in seinem Innern wohnen die Geister der Ahnen, so wie im Innern der Frauen das Fortpflanzungspotential der Menschen und der Clans wohnt». Die Frauen ihrerseits sind an den Mannesritualen nicht besonders interessiert, sondern sehr empört darüber, daß sie gezwungen werden, die meiste Arbeit zu tun, und mit Gruppenvergewaltigung rechnen müssen, falls sie die von Männern erlassenen Vorschriften nicht befolgen.[6]

Männer in vorwissenschaftlichen Gesellschaften, so kann man wohl generell sagen, sind bestrebt, ihren männlichen (aus ihrer Sicht also: dominierenden) Status unter Zuhilfenahme geheimer, exklusiver Mannesrituale abzusichern. Ein oft sehr direkter Bestandteil dieser Rituale ist der Aspekt des «Schwangeren Phallus», mit dem die männlichen Teilnehmer demonstrieren, daß sie aufgrund ihrer besonderen phallischen Kräfte ebenso «gebären» können wie die Frauen. So berichtet etwa der Ethnologe V. W. Turner, daß die Ndembu die Beschneidung der siebenjährigen und älteren Knaben als Mittel betrachten, den Knaben von der Unreinheit der Kindheit zu befreien und durch die Entfernung der Vorhaut, die sie mit den weiblichen Schamlippen vergleichen, seine Männlichkeit sichtbar zu machen. Die männlichen Beschneider beträufeln sich dabei auch mit Medizin, die aus einem bestimmten Baum gewonnen wurde, der, wie Turner erklärt wurde, wie ein Phallus oder ein kräftiger männlicher Körper nach oben ragt. Zu einem bestimmten Zeitpunkt während des Rituals müssen die Initianden von ihren Vätern hochgehalten werden oder auf Bäume klettern, um eine Berührung mit der (weiblichen) Erde zu vermeiden; andernfalls würden die Knaben zur Kindheit zurückkehren müssen. Obwohl bei den Ndembu die Knaben nach der Beschneidung zu ihren Müttern zurückkehren, kehren sie als «Männer» zurück, die jetzt das Vorrecht haben, bei den Männern zu sitzen und zum «politisch-religiösen Bereich» der Männer zu zählen. Der Beschneidungsritus weist laut Turner zwar eine Fülle von Aspekten sexueller, sozialer und religiöser Natur auf, läßt sich aber trotzdem «auf eine qualitative Veränderung des Daseins reduzieren... Aus kindlicher Unreinheit [wird der Knabe hineingeboren] in reine Männlichkeit, ...aus einer undeutlichen und amorphen Kindheit in Männlichkeit und Persönlichkeit.»[7]

Ähnliches schreibt auch der Ethnologe L. R. Hiatt in bezug auf die australischen Aborigines, die, aus Unsicherheit darüber, welche Rolle sie bei der Fortpflanzung spielen, und aus Neid über die engen physischen und emotionalen Bindungen zwischen Mutter und Sohn, mit Hilfe ihrer Rituale eine «schicksalhaft bestimmte und gelenkte Zeugung» behaupten und zugleich, im Namen eines «spirituellen Gebots», Mutter und Sohn auseinandertreiben. Der Erfolg dieser Mannesriten, bei denen einmal phallische Macht beschworen, ein andermal weibliche Fruchtbarkeit den Männern selbst zugeschrieben wird, hängt davon ab, inwieweit die Männer imstande sind, sich selbst zu täuschen und (mit Hilfe ihrer Geheimniskrämerei) die Frauen zu mystifizieren und einzuschüchtern. Offenbar gelingt das nicht immer. Eine Frau vertraute der Ethnologin Annette Hamilton an, daß die *Kunapipi*-Zeremonie «Männerquatsch» sei, und fügte diesem nicht gerade schmeichelhaften Ausdruck die Erklärung hinzu, daß «die Männer geheime Zeremonien machen, die Frauen aber Kinder machen».[8]

Und tatsächlich – soweit es bei Mannesritualen darum ging, phallische Kraft und männliche Fruchtbarkeit zu bestätigen und gleichzeitig den Frauen eine untergeordnete Rolle zuzuweisen, hat es dabei immer wieder größere Probleme gegeben. Männer können eben nicht gebären, und zum Ausgleich dafür die Natur beherrschen können sie auch nicht – ihre Rituale funktionieren einfach nicht – und sie müssen stets mit weiblichem Spott rechnen, besonders dann, wenn sexuelle Penetration angestrebt wird. Aber wehe, der Mann sitzt in einer psychologischen Klemme! Seit Urzeiten hat sich am Dilemma des Mannes nichts geändert. Wenn der große Aristoteles auch behauptete, die Frau sei sowohl im Hinblick auf ihre Verstandeskraft wie auf ihre Fruchtbarkeit ein verstümmelter Mann und lediglich unbedeutende Materie, auf die der Samen des Mannes einwirke, so konnte ihm doch nicht entgehen, daß die formative Kraft im männlichen Samen die Widerspenstigkeit der weiblichen Materie nie ganz zu überwinden vermag und im allgemeinen also ebensoviel Kinder weiblichen wie männlichen Geschlechts hervorbringt. Bestrebungen von Männern, den Frauen die Eigenschaft eines bloßen «Gefäßes» zuzuschreiben, haben wohl selbst ihre Urheber nie völlig überzeugt, und Bestrebungen von Männern, die Natur mit Hilfe männlicher Magie zu beherrschen, haben ja nie zu den gewünschten Resultaten geführt. Der Regen wollte einfach nicht kommen, bzw. die Fröste kamen selbst dann noch, wenn sie es nicht sollten.

Die «männliche Geburt der Zeit»

Wenn wir uns nach diesem kurzen Blick auf vorwissenschaftliche Gesellschaften mit der Situation im Europa des sechzehnten und siebzehnten Jahrhunderts beschäftigen, dann fällt unser Blick sofort auf eine sehr interessante und alarmierende Lage. Da gibt es Menschen, hauptsächlich Frauen, die imstande sind, Regen und Frost herbeizuzaubern, freilich nur unter Anrufung und mit Hilfe des Teufels. Wie zu erwarten, setzen die herrschenden Männer alles daran, diese üblen Frauen, die, so der Aberglaube, wegen ihrer unersättlichen, zügellosen Sexualität so oft den Avancen des Satans nachgaben, aus der christlichen Kirche auszustoßen. Diese männlichen Hexenverfolgungen waren ungewöhnlich grausam. «Die europäische Hexenjagd kann nur verstehen», schreibt ein Historiker, «wer erkennt, daß sie ein in der abendländischen Geschichte beispielloser Ausbruch von Frauenhaß war.» Gleichzeitig mit dieser männlichen Attacke auf vermeintlich weibliche Sündhaftigkeit setzte ein konzertierter männlicher Angriff auf die unbeherrschbare Natur ein, die von ihren männlichen Angreifern als weiblich angesehen wurde. Das Hauptproblem bestand für die männlichen Philosophen darin, eine christliche, d. h. legitim männliche Art der Unterwerfung und Beherrschung der Natur zu finden, eine Methode, die, im Gegensatz zu den bislang versuchten Methoden, nicht auf Dämonen angewiesen und wirklich effektiv wäre. Der aus einer vornehmen Familie stammende Francis Bacon behauptete, eine Lösung gefunden zu haben, und rief seine Zeitgenossen auf, «die wahrhaft männliche Geburt der Zeit» (seine Worte) mit ihm einzuleiten und auf diesem Wege «die Herrschaft des Mannes über das Universum» [10] zu erlangen.

Bacons Appell, «die wahrhaft männliche Geburt der Zeit» einzuleiten, war der Ruf nach einer geläuterten natürlichen Magie, die wirklich funktionieren würde, anders als die Theorien eines Agrippa oder Paracelsus, die (Bacon zufolge) in erster Linie an persönlichem Ruhm interessiert gewesen seien, aber schändlicherweise am wenigsten dafür getan hätten. In Bacons Schriften, in denen die verschiedensten Metaphern vorkommen, offenbart sich ausgeprägtes menschliches Mitleid als Motivation. Es existiert freilich noch ein anderes, gegenläufiges Motiv, nämlich ein maskulines Motiv, das sich in militaristischen und aggressiv sexuellen Metaphern zeigt, besonders in der Metapher von der aggressiven Eroberung der weiblichen Natur durch den Mann. Im Grunde fordert der maskuline Bacon die Männer auf, erwachsen zu werden, die Kindheit hinter sich zu lassen und mit Hilfe seiner neuen Methode, durch kollektives, tiefes Eindringen in die Geheimnisse der weiblichen Natur, ihre Virilität unter Beweis zu stellen, um «viele, sehr nützliche Geheimnisse zu enthüllen, die noch im Schoße der Natur ruhen» und zu denen noch kein Mann vorgedrungen ist. Bacons Intention ist nicht nur, über die Natur lediglich *Bescheid zu wissen* (damit begnügen sich unmaskuline Philosophen), sondern sich «ihrer» *zu bemächtigen*. Ständig verspottet er Aristoteles, weil er der Natur gegenüber eine passive Haltung eingenommen und erwartet habe, sie werde sich auf bloßes Ersuchen eines Mannes hin offenbaren. «Ich hatte nicht gedacht, Söhne», schreibt Bacon sarkastisch, «daß wir mit der Natur auf so vertrautem Fuße stünden, daß sie, als Antwort auf einen beiläufigen, flüchtigen Gruß, sich herablassen werde, uns ihre Geheimnisse zu offenbaren und uns ihrer Segnungen teilhaftig werden zu lassen.» Was für Aristoteles gilt, gilt für die griechische «Naturphilosophie» ganz allgemein: «Die Naturphilosophie, die von den Griechen auf uns gekommen ist», so Bacon, «darf nur als Kindheit der Wissenschaft angesehen werden. Sie hat mit den Kindern gemein, daß sie schwätzen, aber nicht zu zeugen vermag.» [11] Und so weiter. Reisen zu entfernten und versteckten Gegenden können mit Gewinn nur von jenen unternommen werden, die sich der experimentellen Methode Bacons bedienen. Nur dann kann und wird die Natur erobert und unterworfen, zusammen mit ihren Kindern versklavt und in ihren Grundmauern erschüttert werden. An alle Söhne, die danach streben, die Natur handelnd zu besiegen und tiefer in sie einzudringen als je ein Mann zuvor, ergeht der Ruf, sich ihm anzuschließen. Diese in Aussicht gestellte Gruppenvergewaltigung der Natur soll die Männer überdies vereinen und den Krieg unnötig machen. «Auch will meine Trompete die Männer nicht antreiben und anstacheln, einander zu bekämpfen, sondern Frieden miteinander zu schließen, sich mit vereinten Kräften auf die Natur zu stürzen, ihre Kastelle und Vorposten zu erstürmen und zu besetzen und die Grenzen des Reiches der Menschen so weit zu verlagern, wie es unserem Allmächtigen Gott in seiner Güte gefällt.» Dem Leser wird versichert, daß Gott der Herrschaft des Menschen über die Natur keine allzu strengen Grenzen setzen werde. Wie der Hohepriester im Tempel Salomons den ehrfürchtigen Reisenden erklärt: «Unser Ziel ist es, die Ursachen und inneren Bewegungen der Dinge zu erforschen und das Reich der Menschen so weit auszudehnen, daß alle nur möglichen Dinge vollbracht werden können.» Alle nur möglichen Dinge zu vollbringen! Diesem neuen Geist abendländischer Zivilisation werden wir noch mehrmals begegnen. Hier soll nur festgehalten werden, daß «alle nur möglichen Dinge» auch magische Erscheinungen beinhaltet, die dem Nicht-Initiierten als veritable Wunder vorkommen, Erscheinungen, deren Materie im Verhältnis zur Größe der Wirkung gering ist. Bacon räumt zwar ein, daß «die Natur aus eigenem Antrieb wenig dergleichen hervorbringt, was sie aber tun wird, wenn man ihr Innerstes einmal eröffnet hat», so die optimistische Prognose, «werden künftige Zeiten erweisen».[12]

Bacon, dieser Patriarch der experimentalen Philosophie, wie er von Henry Power, einem seiner Bewunderer, genannt wurde, plädiert also ganz offen für eine maskuline Wissenschaft – richtiger gesagt eine geläuterte natürliche Magie –, die er, beschrieben in aggressiven Sexualmetaphern, als vereinten, männlichen Angriff auf die weibliche Natur begreift und deren Äußerungen die erfolgreiche männliche Herrschaft über die Natur unter Beweis stellen würden.[13] Im Kontext dieser Baconschen Vision bekommt, wie Evelyn Fox Keller schreibt, die Schlußfolgerung Bruno Bettelheims etwas Zwingendes: «Die aggressive Manipulation der Natur mit Hilfe technischer Erfindungen wurde erst mit der phallischen Psychologie möglich.»[14] Für den Experimentalphilosophen ist die Wahrheit der Schlüssel zur Beherrschung der Natur, eine Wahrheit, die aus der Kenntnis von den wenigen versteckten «Formen» der Natur bestehen würde, welche die Vielfalt der Naturerscheinungen erklären und in einen Zusammenhang stellen würde, eine Wahrheit, die (laut Bacon) «bisher ungetane Dinge ans Licht bringen» würde. Es wäre eine Art von Naturwissenschaft, die, wie Bacon immer wieder betonte, «der Macht des Mannes zu größter Freiheit und Möglichkeit des Handelns und Einwirkens verhülfe».[15] Eine derart machtbringende und machtsteigernde Wissenschaft – einigen wir uns darauf, diese natürliche Magie als Wissenschaft zu bezeichnen – wurde in den frühkapitalistischen Gesellschaften, die Bacons Ruf nach Frieden unter den Männern nicht befolgt hatten, sondern sich immer bessere und effektivere Methoden ausdachten, wie man den Feind umbringen könne, natürlich bereitwillig aufgenommen. Und die Männer in diesen Gesellschaften setzten sich mit der Baconschen Naturwissenschaft logischerweise nicht «kollegial» auseinander, sondern konkurrierten, wie die von Bacon kritisierten Magier der Vergangenheit, miteinander darin, die versteckten Formen der Natur zu enthüllen. Die männliche Naturwissenschaft in kapitalistischen Gesellschaften ist nicht eine aggressive, gleichwohl kooperative männliche Wissenschaft (was vielleicht ohnehin ein Widerspruch ist), sondern eine aggressive, hierarchische, konkurrenzgeprägte männliche Wissenschaft.

Hervorheben möchte ich hier jedoch den männlichen Charakter der vorgestellten neuen Wissenschaft, wie er sich in der durchgängigen Verwendung aggressiver Sexualmetaphern zeigt, die mit dieser Männlichkeit assoziiert werden. Es ist, als würde der männliche Frauenhaß, wie er beispielsweise bei Hexenverfolgungen sichtbar wird, teilweise auf die als «weiblich» aufgefaßte Natur projiziert. Es überrascht nicht, daß in dieser Phase die Metapher von der «Mutter Natur» ausdrücklich verworfen wird, da das sexuelle Penetrieren der «Mutter Natur» einen inzestuösen Beigeschmack hat. «Aus dem Penetrierverbot, das mit dem Bild von der Mutter Erde assoziiert wurde, machte man ein Enthüllungsverbot», schreibt die Wissenschaftshistorikerin Carolyn Merchant. «Nach der Wissenschaftsrevolution beklagt sich die Figur der *Natura* nicht mehr darüber, daß ihre sittsamen Kleider von den Männern zerrissen werden.»[16] Die Mutter Natur, an deren Schürzenzipfeln die künftigen Männer hingen, wird abgeschafft. Männliche Philosophen faßten die Natur nun entweder als lockendes, jungfräuliches, geheimnisvolles und herausforderndes Wesen auf oder machten in ihrem Denken ganz und gar Schluß mit der Natur, die ihnen nur noch als Materie erschien, leblos, unfruchtbar, ohne Geheimnisse und vor allem nicht bedrohlich, aber noch immer weiblich. Diese drastische Methode, sich «Mutter Natur» ein für allemal zu entledigen, indem man sie in ein lebloses, maschinenähnliches

Wesen aus bloßer bewegter Materie verwandelt, lohnt eine eingehendere Betrachtung.

Auf das Engste verknüpft mit dieser erstaunlichen Wandlung des Naturbegriffs ist der französische Philosoph Descartes. «Unter Natur», so sagte er, «verstehe ich nicht eine Göttin oder irgendeine andere Art imaginärer Macht. Ich bezeichne mit diesem Wort die Materie an sich.»[17] Im Gegensatz zu den Aristotelianern, die die Natur als etwas im wesentlichen Organisches betrachteten, und im Gegensatz zu den Anwälten einer natürlichen Magie, die in ihr eine Fülle okkulter Geheimnisse erblickten, bestand für Descartes der Kosmos nur aus dimensionslosem, immateriellem (menschlichem) Geist und einem unendlichen Universum aus Materie, das nur von der Größe, der Form und der Geschwindigkeit seiner Bestandteile geprägt wurde. Diese Naturauffassung ist meiner Ansicht nach wirklich erstaunlich und überdies, von der Intention her, aggressiv.[18] Die Materie wird als etwas Geistloses, Unfruchtbares bezeichnet, das im Grunde über keinerlei interessante Eigenschaft verfügt. Materie ist, bildlich gesprochen, etwas extrem Farbloses und das Leben ein unendlich kleiner Fleck in einem unendlichen, leblosen Universum. Ob Descartes auch der Ansicht war, daß Tiere bloße leblose Automaten seien, ist fraglich, doch viele seiner Anhänger haben gewiß diese Auffassung vertreten, und Descartes selber wurde in diesem Sinne verstanden. «Ich erkenne in Ihnen», schrieb der englische Philosoph Henry More, «nicht nur großen Scharfsinn, sondern gewissermaßen auch die scharfe und grausame Klinge, die es gewagt hat, sozusagen auf einen Streich, praktisch das gesamte Tierreich seines Lebens und seiner Sinne zu berauben und es in Marmorstatuen und Maschinen zu verwandeln.»[19] Mit einem wahrlich gigantischen intellektuellen Schlag hatte Descartes bewußt alles nicht-menschliche Leben im Kosmos zerstört. Er und seine Jünger hatten, in den treffenden Worten des Wissenschaftshistorikers R. S. Westfall, «das Leben selbst aus dem Universum verbannt».[20] Eine solche Vertreibung war, ich wiederhole es, ein aggressiver, in seiner Ungeheuerlichkeit erschütternder Akt. «Wir werden die Herren und Meister der Natur sein», lauten Descartes' berühmte, oft zitierte Worte, doch es wird oft vergessen, welch erstaunliche Verwandlung Descartes sich für die Natur ausgedacht hatte, die einmal als etwas Lebendiges betrachtet worden war.[21] Robert Boyle, der angesehene Philosoph, der den Ausdruck «mechanische Philosophie» einführte, erklärte, daß die Natur nicht mehr «eine Art Göttin» sei, «deren Macht beinahe grenzenlos» ist, sondern eine riesige Maschine, die mehrere kleine Maschinen in sich birgt. Die weibliche Natur ist eine Maschine, die von Männern gehandhabt werden muß. Warum die Maschinen etwas eindeutig Weibliches «erwarben», ist nicht schwer zu verstehen. «Ich betrachte das Gebäude der Welt», so Richard Boyle, «als einen großen... schwangeren Automaten, der eine Maschine ist, die ihrerseits aus mehreren kleineren Maschinen besteht, wie eine Frau, die Zwillinge in ihrem Leib trägt, oder wie ein Schiff, das mit Pumpe, Kanone usw. ausgestattet ist.»[22] Während der Verstand in diesem mechanischen Universum seinen eindeutig männlichen Charakter bewahrte, war die Natur nun ein gehorsamer, geistloser weiblicher Körper bzw. bloß eine weibliche Maschine, über die der siegreiche männliche Verstand letzten Endes, und vielleicht nicht ganz überraschend, die totale Kontrolle gewinnen würde.

Der Verstand ist männlich, und die Natur ist weiblich. So beschrieb Bacon die von ihm propagierte geläuterte natürliche Magie in einer seiner weniger aggressiven Metaphern als eine «keusche und legitime Ehe zwischen Verstand und Natur», deren Vollzug schließlich eine «Rasse von Helden oder Supermännern» hervorbringen werde.[23] Natürlich mußte eingeräumt werden, daß Gott nicht alle Männer mit einem erstklassigen Verstand ausgestattet hatte. Die Mehrheit der Männer, schrieb Henry Power, könne ihren Anspruch auf Rationalität nur mit ihrer äußeren Erscheinung begründen, man könne sie nur im übertragenen Sinne als Männer bezeichnen, denn bestenfalls seien sie Descartessche Automaten.[24] Nach Bacon traf leider zu, daß «das strenge Licht der Vernunft die weichen und wäßrigen Naturen der meisten Männer austrockne und angreife.[25] Anders gesagt, einige Männer waren im Hinblick auf den Verstand nicht viel fähiger als Frauen. Weil Frauen «in jeder ernsthaften Wissenschaft nicht viel weiter vordringen als bis zu einem oberflächlichen Halbwissen», wie es in einem medizinischen Lehrbuch hieß, wurde nachdrücklich empfohlen, daß diejenigen Eltern, die intelligente Kinder haben wollten, «danach trachten sollen, männliche Kinder auf die Welt zu bringen».[26] Selbst die Philosophin Margaret Cavendish erklärte, daß man nicht erwarten dürfe, sie werde ebenso klug schreiben wie ein Mann, da sie ja zum schwachen Geschlecht gehöre, dessen Gehirn die Natur mit den kältesten und weichsten Elementen vermengt habe.[27] Descartes' Schüler Nicolas Malebranche teilte die vorherrschende Auffassung, der weibliche Verstand reiche nicht aus, um zum Kern der Dinge vorzustoßen, und lieferte die Begründung gleich mit – weil seine Gehirnfibern «weich und zart» seien, ganz im Gegensatz zum männlichen Gehirn, dessen Fibern sich durch erstaunliche Festigkeit auszeichneten.[28] All das hieß nur, daß es schon völlig in Ordnung sei, wie Aristoteles 2000 Jahre zuvor argumentiert hatte, daß das vernünftigere der beiden Geschlechter, also die Männer, über das weniger vernünftigere, also die Frauen, herrschen sollte.

Wenn Frauen im Europa der frühen Neuzeit für etwas bekannt waren, dann nicht für ihre geistigen Fähigkeiten, sondern für sexuelle Unersättlichkeit. Die neue Philosophie kann als neuerliches Beispiel einer exklusiv männlichen Domäne angesehen werden, die sicher ist vor der Welt der Frauen, ihrer «Unreinheit», ihrer Sexualität und ihren beängstigenden Kräften. «Die schreckliche Angst der Männer vor den Frauen, der Glaube, daß sie dunkle und geheimnisvolle Taten vollbringen», schreibt der Mediävist Jeffrey Russell, «ist ein altes, geradezu universelles Phänomen und muß deswegen von der Geschichte des männlichen Unbewußten her verstanden werden.»[29] Die Ansicht, ein geistig erfülltes, schöpferisches Leben des Mannes lasse sich mit sexuellen Aktivitäten nur schwer vereinbaren, war durchaus verbreitet. «Der Zeugungsakt und die daran mitwirkenden Körperteile sind so ekelerregend», schrieb Leonardo da Vinci, «daß der Natur die menschliche Gattung abhanden käme, wäre da nicht die Schönheit der Gesichter und der Schmuck der Handelnden und der verhaltene Impuls.» «Zum Glück aber», so Leonardo, «vertreibt die geistige Leidenschaft die Sinnlichkeit.»[30] Auch Albrecht Dürer forderte, der Zeichenschüler solle von den Frauen ferngehalten werden und dürfe sie unter keinen Umständen nackt sehen oder sie berühren. «Nichts schwächt den Verstand mehr als Unreinheit», warnte er.[31] Der Arzt Thomas Browne sprach davon, wie schön es wäre, wenn die Menschen sich wie Bäume vermehren könnten, «ohne diese Verrenkungen und die niedrige Art der Vereinigung: es ist die törichtste Handlung, die ein weiser Mann in seinem Leben überhaupt begehen kann».[32] Descartes ersehnte und erschuf in seiner Gedankenwelt ein aus reinem Verstand bestehendes Universum, welches die Materie vollständig beherrschte, wogegen Newton empfahl, man solle, um Keuschheit zu erlangen, all seine Energie auf geistige Tätigkeiten konzentrieren. Obgleich man das Gebären als Hauptaufgabe der Frau betrachtete, glaubte man auch hier, daß alle schöpferischen Kräfte im männlichen Geist wohnten und letzten Endes in der Schöpferkraft Gottvaters. Geistig und schöpferisch waren Frauen überflüssig. Diejenigen Philosophen, die die *Emboitement*-Theorie vertraten, behaupteten, daß im Anfang Gott alle Formen von Leben erschaffen habe, die es je geben würde, daß in den Eiern eines jeden Weibchens einer jeden Gattung winzig kleine, aber völlig ausgestaltete Nachkommen enthalten seien, deren Weibchen wiederum noch kleinere, aber immer noch voll ausgestaltete Wesen enthielten und so fort. «Ich würde sagen», schrieb Malebranche, «daß die Weibchen der ersten Gattung vielleicht zusammen mit all jenen derselben Gattung erschaffen wurden, die von ihnen geboren wurden und die sie bis ans Ende unserer Tage gebären werden.»[33] Doch selbst wenn Gottvater der eigentliche Erzeuger war und obwohl Frauen aufgrund ihrer einzigartigen Eigenschaften als «Gefäße und Ernährer» noch immer eine biologische Notwendigkeit waren, so versetzte die neue Philosophie die Naturphilosophen in die Lage, ihre Virilität zu demonstrieren – indem sie mit ihrem männlichen Geist tief in die Geheimnisse der Natur eindrangen und indem sie mit Hilfe der Technik in wirklich massivem Umfang in die Natur eingriffen.

Der Ausdruck «Geheimnisse der Natur» ist bezeichnend. In der gegen Mitte des 17. Jahrhunderts erschienenen englischen Übersetzung von Giovanni della Portas *Magiae naturalis* werden die weiblichen Geschlechtsteile ausdrücklich «die Geheimnisse» genannt, und der Ausdruck «Eindringen in die Geheimnisse der Natur» bekommt von daher etwas entschieden Männliches.[34] Die neue Philosophie war in der Tat eine männliche Philosophie. Einer ihrer Protagonisten, Thomas Vaughan, brüstete sich sogar, er stehe kurz davor, das Siegel der Natur zu brechen und sie nackt der Welt vorzuführen, wobei er von Henry More, einem späteren Mitglied der Royal Society, mit der Bemerkung zurechtgerückt wird, er habe leider nichts von männlichen Leistungen gelesen, sondern nur von erotischen Phantasien.[35] Der erste Sekretär der Royal Society, Henry Oldenburg, erklärte selbst, das Ziel der Society bestehe darin, eine aus soliden Erkenntnissen über die Natur bestehende «Männliche Philosophie» zu errichten. Diese Natur sei nicht mehr die «Mutter Natur», sondern eher die Geliebte der Philosophen, um die man, so Oldenburg, «mit Unerschrockenheit und Beharrlichkeit» werben müsse als der sichersten und wirksamsten Methode, sie zu gewinnen. In seiner *History of the Royal Society* schloß Thomas Sprat sich der Auffassung Oldenburgs an. Die Natur sei eine Geliebte, «die sich am ehesten dem Entschlossenen und Unerschrockenen hingibt». Der aristotelische Ansatz sei ganz und gar zu verwerfen, ermahnte Joseph Glanvill (auch er Mitglied der Royal Society) seine Kollegen, denn «wenn Aristoteles das Antlitz der Natur unter einem Schleier versteckt gefunden hätte, so hätte er den alten nicht entfernt, sondern ihr einen neuen gemacht». Man wolle Taten sehen und keine Worte. Taten seien schließlich männlich und

Worte weiblich, meinte Oldenburg und fügte hinzu, daß die wahren Söhne der Wissenschaft diejenigen seien, die sich mit den bekannten Wahrheiten nicht zufriedengeben und danach trachten, «vom Vorhof der Natur bis in ihre innersten Gemächer einzudringen».[36] Ein Mitglied der Royal Society erinnerte beim Tod Robert Boyles daran, daß Boyle, wann immer er mit «unnachgiebiger Materie» zu tun gehabt habe, sie dazu habe bringen können, «all ihre intimsten Geheimnisse zu verraten». (Wir sehen abermals: Der Geist ist männlich, und die Materie ist weiblich.) Boyle selbst hatte mit Seneca gesagt, «daß ich die Natur nicht dann erkenne, wenn ich ihr Äußeres erblicke, also das, was sich dem öffentlichen Blick darbietet, sondern wenn ich tief in ihr Inneres eingedrungen bin». Isaac Barrow, der Lehrer Newtons, erklärte, daß das Ziel der neuen Philosophie darin bestehe, «das Verborgene der Natur zu enthüllen und ihre dunklen Geheimnisse zu lüften», was seinem besten Schüler später ja gelang – immerhin zur Genugtuung seines Bewunderers Edmond Halley, der Newton schrieb, wie stolz die Welt auf einen Mann sei, der «so tief in die verborgensten Geheimnisse der Natur einzudringen vermag».[37] So also wurde die neue Philosophie von Praktikern und Bewunderern verstanden.[38]

Eine von Ludmilla Jordanova vorgelegte Untersuchung über Naturwissenschaft und Medizin im 18. Jahrhundert macht die gleiche, ganz und gar maskuline Ausrichtung der zeitgenössischen Naturphilosophen deutlich. Hingewiesen wird auf eine Fülle sexuell gefärbter Metaphern, welche die Natur als eine Frau erscheinen lassen, die die männliche Wissenschaft zu entblättern, zu entkleiden und in die sie einzudringen hat. Expliziten Ausdruck fand diese Vorstellung, so Jordanova, schließlich in einer in der Medizinischen Fakultät von Paris aufgestellten Statue einer jungen Frau, die, den Kopf leicht geneigt, barbusig, im Begriff ist, ihren Schleier abzulegen. Die Statue trägt die Inschrift «Die Natur, der Wissenschaft sich offenbarend».[39] Zu Beginn des 19. Jahrhunderts erklärte Sir Humphrey Davy, der spätere Präsident der Royal Society, daß der Wissenschaftler, wie immer motiviert durch das Streben nach Ruhm, dabei sei, eine Macht zu erlangen, die wirklich schöpferisch genannt werden könne, eine Macht, die es ihm erlaube, auf die Natur *einzuwirken*, anstatt ihre rätselhaften Geheimnisse bloß zu *verstehen*. Im Hinblick auf die Physik pflichtete Davy Bacon bei, daß das Verhältnis zwischen Griechen und den Modernen nicht viel anders sei als das zwischen Kindern und Männern. Vor allem beeindruckt war Davy vom «scharfsinnigen Verstand Voltas», dessen Entdeckung, wie ein stetiger elektrischer Strom erzeugt werden könne, ein Schlüssel sei, «der einige der rätselhaftesten Geheimnisse der Natur zu enthüllen verspreche». Die intimsten Details der weiblichen Natur würden nun endlich den Wissenschaftlern zur Kenntnis gebracht. Laut Davy sei dieser Zweig der Wissenschaft allein während seiner Zeit immer stärker und mächtiger geworden, sei aus kindlicher Hilflosigkeit herausgetreten und, wenn nicht zu voller Mannesstärke, so doch zu jugendlicher Frische und Verheißung herangewachsen.[40] Die Untersuchungen über den elektrischen Strom und seine Auswirkungen wurden mit einem Interesse aufgenommen, das dem Echo ähnelte, mit dem man ein Jahrhundert später auf die Erforschung der Radioaktivität reagierte, eines Phänomens, das noch intimere Details der weiblichen Natur zu enthüllen versprach als der elektrische Strom. Doch darüber mehr in Kapitel 2. Vor dem Mann der Wissenschaft, so Davy, liege unerforschtes, für die Philosophen vielversprechendes Land, ein Land, wie er in einem Vortrag über die naturwissenschaftliche Ausbildung von Frauen ausführte, zu dessen fruchtbaren Savannen und großartigen Gebirgslandschaften die unerschrockenen Wissenschaftler noch nicht vorgestoßen seien. In bezug auf die Chemie lebendiger Organismen seien die Aussichten noch viel besser: «Von dem Schleier, der diese geheimnisvollen und edlen Prozesse umgibt, ist lediglich der Rock hochgehoben worden», so Davy, «und der großartige Anblick ist noch unbekannt.»[41]

Nach diesen kurzen Verweisen auf einzelne Aspekte des Selbstverständnisses männlicher Wissenschaft während zweier Jahrhunderte, von Sir Francis Bacon bis hin zu Sir Humphry Davy, möchte ich mich der historischen Periode zuwenden, in der ein Buch konzipiert und veröffentlicht wurde, das zu den, wie ich meine, scharfsinnigsten Analysen der Implikationen männlicher Naturwissenschaft zählt, die je geschrieben wurden – nämlich *Frankenstein oder Der Moderne Prometheus* von Mary Wollstonecraft Godwin Shelley. Auf diesen Roman stützt sich meine Analyse der männlichen Naturwissenschaft und des atomaren Wettrüstens. Mary Shelley war offenbar der Ansicht, daß sich der Menschheit mit dem elektrischen Strom eine Fülle neuer und erregender Möglichkeiten eröffnete. Vor allem die Elektrizität könne sich womöglich als Schlüssel zum Geheimnis des Lebens erweisen. Keine andere Entdeckung könne das Zwanghafte der männlichen Naturwissenschaft deutlicher herausstellen, und sie wird von Mary Shelley denn auch entsprechend herausgestellt. Das Geheimnis des Lebens bleibt Gott sei Dank (gerade noch) verborgen, doch die «Mysterien des Atoms» werden enthüllt, und eine kurze Inhaltsangabe von *Frankenstein* wird die ungeheure Weitsicht demonstrieren, die Mary Shelley in diesem berühmtesten ihrer «Schauerromane» offenbart hat.[42]

Frankenstein oder Der Moderne Prometheus

Obwohl *Frankenstein* ein vergleichsweise kurzer Roman ist, werde ich den Inhalt nicht vollständig referieren, sondern nur auf jene Aspekte hinweisen, die meiner Ansicht nach für ein Verständnis männlicher Wissenschaft am wichtigsten sind und die in dramatisch-literarischer Form die Hauptargumente dieses Kapitels wiederholen.

Der Roman fängt damit an, daß Kapitän Walton aus einer nordrussischen Gegend an seine glücklich verheiratete Schwester schreibt, unter deren «liebevoller und weiblicher Fürsorge» er als Junge ein zurückgezogenes Leben geführt hatte. Wir entnehmen seinen Briefen, daß er sich auf einer gefährlichen Entdeckungsreise zum Nordpol befindet, die seine Schwester, wie er einräumt, von Anfang an mit bösen Ahnungen verfolgt hatte. Warum aber hat Kapitän Walton, ein Mann ohne Freunde, auf jenes Leben in Ruhe und Luxus, das ihn erwartete, verzichtet? Weil er, wie es in seinen Briefen heißt, durch die erhofften Entdeckungen zu Ruhm kommen will, etwa durch die Entdeckung eines Landes, aus dem Schnee und Frost verbannt sind, oder aber durch die Entdeckung des Geheimnisses des Magnetismus, die der Menschheit von unschätzbarem Nutzen wäre. Ist dic Hoffnung auf Ruhm aber eine hinreichende Erklärung seiner leidenschaftlichen Entschlossenheit, den Tod zu riskieren? Offenbar nicht, denn er vertraut seiner Schwester an: «In meinem Innern arbeitet etwas, was ich nicht verstehe», etwas, was ihn, wie er sagt, aus den ausgetretenen Pfaden der Menschheit herausreißt und auf die wilden Meere und in gefährliche, eisige Polargegenden treibt.[43]

Dort, im ewigen Eis (wo sonst!), stößt der verwunderte Walton denn auch auf einen gewissen Viktor Frankenstein, den er an Bord nimmt und zu dem er freundschaftliche Gefühle entwickelt. Er erzählt Frankenstein, der allmählich wieder zu Kräften kommt, von seiner Entschlossenheit, auf der Suche nach Erkenntnissen, die es nur am Nordpol gebe, alles aufgeben zu wollen – Besitz, Hoffnung, ja sogar das Leben. Er bringt den schweigsamen Frankenstein dazu, seine eigene schreckliche Geschichte eines leidenschaftlichen Strebens nach Erkenntnis zu erzählen, eines Strebens, das furchtbarerweise in der Vernichtung all derjenigen endete, die ihm am liebsten waren – seines jüngeren Bruders Wilhelm, der treuen Justine, seines besten Freundes Clerval, seiner Frau Elisabeth und schließlich seines Vaters. Die Suche nach Erkenntnis hatte für Frankenstein mit der Vernichtung seiner eigenen Welt geendet. Er beschließt, Walton zu erzählen, wie es zu dieser furchtbaren Tragödie gekommen war.

Frankensteins Vater hatte sich nach seiner Heirat aus dem Berufsleben zurückgezogen und beschlossen, seiner Frau bei der Erziehung der Kinder zur Seite zu stehen. Das erste Kind war Frankenstein, dann kam die Adoptivtochter Elisabeth, dann noch zwei Söhne. Der junge Frankenstein war nicht an humanistischer Bildung interessiert, sondern viel mehr an den Geheimnissen von Himmel und Erde. Schon immer hatte er eine brennende Sehnsucht verspürt, in die Geheimnisse der Natur einzudringen. Er ist fasziniert von den Schriften des Cornelius Agrippa, trotz der väterlichen Verachtung für den berüchtigten Magier, er sehnt sich nach dem Ruhm, den die Entdeckung des Steins der Weisen und des Elixiers des Lebens verspricht, vor allem das letztere hat es ihm angetan, da bloßer Reichtum nichts ist verglichen mit der Entdeckung der Geheimnisse des Lebens. Männliche Wissenschaft versus weibliche Natur – das Bild ist deutlich. «Der gelehrte Wissenschaftler hatte den Schleier, welcher das Antlitz der Natur verhüllt, ein wenig gehoben», so Frankenstein, «doch ihre unsterblichen Züge waren ihm noch immer wunderbar und geheimnisvoll... Aber es gab Männer, welche tiefer vorgedrungen waren und über größeres Wissen verfügten.» Die Bemühungen eines modernen Wissenschaftlers, der ihm die damals bekannten Gesetze der Elektrizität erklärt, führen dazu, daß Frankenstein die Theorien eines Agrippa, Albertus Magnus oder Paracelsus mit Ernüchterung betrachtet und, in seiner Überzeugung, daß man die wirklich bedeutenden Dinge nie wird erkennen können, beschließt, die Naturphilosophie aufzugeben. Dieser Entschluß, so erzählt er, sei seinem Schutzengel zu verdanken: «Sein Sieg wurde durch ein ganz neues Glücksgefühl, durch einen Frieden der Seele, angekündigt.» Doch der Sieg des weiblichen Engels war nur vorübergehend.[44]

Als Siebzehnjähriger beschließt Frankenstein, an die Universität Ingolstadt zu gehen, doch kurz vor seiner Abreise – in der Tat ein schlechtes Omen – stirbt seine Mutter, die die scharlachkranke Elisabeth gepflegt und sich dabei angesteckt hatte. Elisabeth, die den aufbrechenden und nun mutterlosen Frankenstein beschwört, ihr oft zu schreiben, ist schon so weit genesen, «daß sie ihrem Gespielen und Freund die letzten fraulichen Handreichungen erweisen kann». Auf der Universität ändern sich Frankensteins Ansichten abermals. Während die alten Meister (wie er findet, zu Recht) Unsterblichkeit und Macht erstrebt hatten, geben sich die modernen Wissenschaftler mit nutzlosen Realitäten zufrieden. Monsieur Waldmann, der Naturforscher, vertritt allerdings eine andere Auffassung.

«Die Lehrmeister früherer Epochen», so ruft er, «haben, indem sie das Unmögliche gewollt und versprochen, im Grunde nichts erreicht. Demgegenüber verheißen uns die Gelehrten der heutigen Zeit sehr wenig. Sie wissen ja, daß die Umwandlung der unedlen in Edelmetalle ein Ding der Unmöglichkeit, daß das Elixier des Lebens eine Chimäre ist. Die Naturforscher von heute, deren Hände lediglich vom Schmutze befleckt scheinen und deren Augen nichts anderes kennen als das Mikroskop und den Schmelztiegel – sie haben die wahren Wunder vollbracht! Sie dringen bis in die verborgensten Tiefen der Natur ein und zeigen, wie es in ihrem Innern zugeht. Sie schwingen sich empor zu den Höhen des Himmels... Sie haben sich neue, nahezu unbegrenzte Kräfte dienstbar gemacht. Sie gebieten den Donnerschlägen des Himmels, vermögen es, die Erde erbeben zu lassen und spotten der Welt des Unsichtbaren mit deren eigenen Phantomen.»

Die Naturforscher von heute dringen bis in die verborgensten Tiefen der Natur ein und zeigen, wie es in ihrem Innern zugeht! Alle Zweifel, die Frankenstein an der Nützlichkeit der neuen Philosophie hatte, sind nunmehr beseitigt. «So vieles also ist schon errungen worden», ruft Frankensteins Seele, «ich aber will noch mehr, noch weit mehr erreichen – voranschreitend auf dem bereits vorgezeichneten Pfade, will ich der Menschheit bislang unbekannte Wege erschließen, will noch unbekannte Kräfte entdecken und der Welt die tiefsten Geheimnisse der Schöpfung offenbaren.»[45]

Und so widmet Frankenstein sich mit Herz und Seele der von ihm erwählten Wissenschaft. Zwei Jahre lang fährt er nicht nach Hause, und in dieser Zeit gelingen ihm einige kleinere Entdeckungen, die ihm viel Anerkennung an der Universität einbringen. Dann macht er sich an die große Aufgabe, das Prinzip des Lebens zu entdecken. Nach Tagen und Nächten unermüdlichen Arbeitens entdeckt er nicht nur das Wesen der Fortpflanzung, sondern auch eine Methode, der leblosen Materie Leben einzuhauchen. «Nach so viel mühseliger Arbeit», erinnert er sich, «sogleich auf dem Gipfel meiner Wünsche anzukommen, war der schönste Lohn meiner Plackerei.» Was will er nun tun? Nichts weniger als das: ein menschliches Wesen erschaffen, ein männliches Wesen von gigantischen Ausmaßen, das bei seiner Geburt schon ausgewachsen ist. Wie sehr würden dieser mutterlose männliche Erwachsene und seine Nachkommen ihren männlichen Schöpfer bewundern! Denn Frankenstein sagt sich, daß kein Vater so sicher mit dem Dank seiner Kinder rechnen könnte, wie er ihres Dankes sicher sein durfte. Und so setzt Frankenstein seine sexuelle Penetration der weiblichen Natur fort, ein Eindringen, dessen Ergebnis die Geburt eines gigantischen erwachsenen Mannes sein wird, für die er keiner Frau bedarf. «Mit atemlosem, gespanntem Eifer verfolgte ich die Natur noch in ihre geheimsten Tiefen... Ein unwiderstehlicher und beinahe wahnwitziger Impuls trieb mich vorwärts. Ich schien alle körperliche und seelische Empfindung in Verfolgung dieses einen Ziels verloren zu haben.» Zwei Jahre arbeitet er mit dieser Besessenheit, er besucht nachts Friedhöfe, um dort zusammenzutragen, was er für die Erschaffung seines menschlichen Riesen benötigt. «Oft wandte sich meine menschliche Natur voller Abscheu von meiner Beschäftigung ab», erzählt er Walton. Angetrieben von einer immer stärkeren Besessenheit, dabei Freunde und Familie vernachlässigend und blind für die Schönheiten der sommerlichen Natur, bringt er sein Vorhaben zum Abschluß. «Ich wollte alles hinausschieben, was mich an meine menschlichen Bindungen erinnerte, bis das große Vorhaben, welches meine sämtlichen bisherigen Gewohnheiten aufgezehrt hatte, zu einem endgültigen Abschluß gebracht war.»[46]

Und so geschah es denn auch. Doch sein rastloses Streben nach den verborgenen Geheimnissen der Natur führt zur Geburt eines entsetzlichen Wesens. Kaum fängt das Monster an, zu atmen und sich zu bewegen, wird sein Schöpfer von Schrecken gepackt. Der stolze Vater kann den Anblick dieser mutterlosen Kreatur nicht ertragen und ergreift die Flucht. In jener Nacht träumt er von einer durch die Straßen Ingolstadts wandelnden Elisabeth. Als er sie aber küßt, verwandelt sie sich in den Leichnam seiner Mutter. Sein «Unterbewußtsein» will ihn offenbar immer wieder daran erinnern, was er getan hat. Eingedrungen ist er nicht in eine «erlaubte», bereitwillige Natur (wie es bei seiner Elisabeth der Fall gewesen wäre), sondern ganz im Gegenteil, er hat die «Mutter Natur», die seine Vorgänger schon im 17. Jahrhundert für tot und begraben erklärt hatten, inzestuös geschändet. Er erwacht schweißgebadet aus seinem Alptraum und spürt, wie das Monster ihn berühren will. Abermals entzieht er sich einer Berührung seines Geschöpfs und entflieht. Zu der Heftigkeit und Lieblosigkeit, mit der er in die Mutter Natur eindringt,

kommt nun auch seine totale Zurückweisung der unglückseligen Nachkommenschaft.[47]
Es folgt ein schwerer Nervenzusammenbruch, aber Frankenstein wird, nachdem sein Freund Clerval eingetroffen ist, wieder gesundgepflegt. Ein Brief von Elisabeth zeigt ihm, welche Zufriedenheit sie daraus gewinnt, glückliche, fröhliche Menschen um sich zu sehen, obwohl sie doch belanglose Dinge tut. Der genesende Frankenstein lernt, die Schönheiten der Natur und die fröhlichen Gesichter von Kindern wieder zu schätzen. Er liest persische, arabische und indische Lyrik in der Originalsprache. «Welch ein Unterschied zu der männlich-heroischen Dichtung der Griechen!» sagt er zu Walton. Doch dann kommt der niederschmetternde Brief von seinem Vater: Wilhelm ist ermordet worden. Nachdem Justine, das treue Dienstmädchen, das man fälschlicherweise des Mordes verdächtigt hatte, verurteilt und hingerichtet ist, begegnet Frankenstein dem Monster, von dem er schon die ganze Zeit wußte, daß es Wilhelm umgebracht haben muß. Und so, wie die Begegnung zwischen Frankenstein und Walton in einem Eismeer stattfindet, so tritt Frankenstein schließlich seiner eigenen monströsen Schöpfung gegenüber, umgeben von Eis und riesigen nackten Felsen, in einer Landschaft von grauenvoller Trostlosigkeit.[48]
Das Ungeheuer vermag seinen Schöpfer, der sich seiner Ausgeburt entledigen will, umzustimmen und ihm seine Geschichte zu erzählen. Es ist eine lange Geschichte, doch der entscheidende Punkt ist der, daß sich die mutterlose Kreatur zwar danach sehnt, zu lieben und geliebt zu werden, daß ihre entsetzliche äußere Erscheinung bei den Menschen, denen sie begegnet, aber nur Furcht und Ekel hervorruft und daß ihre Versuche, auf die Menschen zuzugehen und freundlich zu sein, nur Gewalt provozieren. Mühsam erlernt das Monster Sprechen und Schreiben und erfährt aus Frankensteins zurückgelassenen Notizbüchern von der Art seiner Herkunft und von dem Wohnsitz der Frankensteinschen Familie. Daraufhin begibt sich das Monster nach Genf und ermordet Wilhelm in einem Wutanfall. Es bittet Frankenstein nun, ihm eine Gefährtin zu erschaffen, und verspricht dafür, den Weg der Menschen nie wieder zu kreuzen. Der schaudernde Frankenstein sieht eine gewisse Berechtigung in diesem Wunsch und erkennt, daß er ja väterliche Pflichten hat. Und da er nicht imstande ist, seinen ihm überlegenen Gegner zu vernichten, erklärt er sich, zur großen Freude des Monsters, bereit, ihm eine Gefährtin zu erschaffen.
Nachdem er mehrere Monate damit verbracht hat, das Problem der Er-

schaffung einer Frau gründlich zu studieren (keine leichte Sache!), fährt er auf eine der unzugänglichen Orkney-Inseln, ein besseres Stück nackten Felsens, wo er sein furchtbares Vorhaben ein für allemal zu Ende bringen will. Aber während bei seinem ersten Experiment eine Art leidenschaftlicher Besessenheit ihn das Schreckliche seines Tuns nicht hatte wahrnehmen lassen, packt ihn jetzt der Ekel. Könnte die Frau nicht vieltausendmal bösartiger sein als ihr Gefährte? Und wer garantiert ihm, denkt Frankenstein, daß das männliche Ungeheuer seine Freundin nicht ebenso verlassen wird, wie er, Frankenstein, seine Elisabeth verlassen hat? Während er alle möglichen Argumente bedenkt, die ihm als Vorwand dienen könnten, sein Versprechen zu brechen, blickt er auf und sieht das Monster am Fenster stehen und ihn beobachten. Er blickt in ein von Bosheit und Verrat entstelltes Gesicht. Seine eigenen Gedanken auf das Monster projizierend, reißt er die fast fertiggestellte Frau in Stücke. Das Ungeheuer ist verzweifelt und zornig, und die Tragödie nimmt ihren weiteren Verlauf. Das Ungeheuer ermordet Clerval und Elisabeth und lockt den ihn verfolgenden Frankenstein dann in die Polargegend (wo er Walton begegnen wird), wobei es sorgfältig darauf achtet, deutliche Spuren zu hinterlassen und sogar Proviant für seinen immer entkräfteteren Verfolger zurückzulassen.[49]

Der Roman nimmt ein dramatisches Ende. Waltons Schiff ist im Packeis eingeschlossen, mehrere Matrosen sind der extremen Kälte bereits zum Opfer gefallen, und die Übriggebliebenen drängen Walton, im Falle des Freikommens wieder südlichen Kurs zu nehmen. Frankenstein, dessen Jagd auf das Monster noch immer nicht beendet ist, versucht Kapitän Waltons Leute in einem heroischen Appell dazu zu bewegen, den nördlichen Kurs beizubehalten. Der Wunsch, sich seiner Ausgeburt zu entledigen, ist eine ebenso verrückte Obsession wie der anfängliche Wunsch, das Monster überhaupt zu erschaffen.

«Was begehrt Ihr von Eurem Kapitän?» fragt Frankenstein. «So leicht laßt Ihr Euch also von Eurem Pfade abbringen! Habt Ihr nicht selber von einer glorreichen Fahrt gesprochen? Was aber hat sie zu einer glorreichen gemacht?... Der Umstand, daß Ihr Gefahr und Tod, welche Euch umgaben, so tapfer überwunden! Ihr solltet späterhin als Wohltäter der Menschheit gerühmt werden... Und nun aber, im Angesicht der ersten Gefahr... schreckt Ihr zurück und wollt zufrieden sein, als Memmen zu gelten, die nicht genug Stärke aufgebracht, der Kälte und der Gefahr zu trotzen? Ach, als die Ärmsten gewahrten, daß es draußen kalt sei, kehrten sie an ihre warmen Feuerstellen zurück. Und zu diesem Ende all diese Anstrengungen?... Oh, daß Ihr doch Männer wäret, nein, mehr noch denn Männer! Bleibt Eurem Vorsatze und seid unerschütterlich wie der Felsen. Dies Eis ist lange nicht so fest, wie Eure Herzen es sein könnten... Kehrt nicht zu Euren Lieben zurück mit dem Brandmal der Schande auf Eurer Stirn. Kehrt heim als Helden, die gekämpft und gesiegt!...»

Doch umsonst, die Matrosen bestehen darauf umzukehren, und Kapitän Walton, dessen Hoffnung durch Feigheit enttäuscht wurde, gibt nach. Das Eis bewegt sich schließlich, das Schiff hat die Gefahr überstanden, und die Südroute ist jetzt völlig eisfrei. Die Besatzung bricht in Jubel aus. Frankenstein will von Bord gehen, um die Jagd nach dem Ungeheuer wiederaufzunehmen, bricht auf dem Krankenlager aber zusammen. Sein letzter Rat an Walton («Sucht Euer Glück in der Beschaulichkeit und geht allem Ehrgeiz aus dem Wege, und wäre es auch nur der augenfällig unschuldige, Euch als Wissenschaftler und Entdecker hervorzutun!») provoziert einen letzten quälenden Gedanken. «Allein, warum sage ich all dies? Bin ich selbst in diesen Hoffnungen gescheitert, mag doch einem anderen mehr Glück beschieden sein.» Das Ungeheuer erscheint dann auf dem Schiff und beweint den toten Frankenstein. Es sei, so erfährt Walton, unfähig gewesen, dem brennenden Verlangen nach Rache zu widerstehen: «Zwar wußte ich, daß ich drauf und dran war, mir die tödlichsten Qualen zu bereiten. Allein, ich war ja nicht mehr Meister, ich war der Sklave eines inneren Antriebs, den ich verabscheute und doch nicht von mir weisen konnte... So ward mir der Vollzug meiner dämonischen Bestimmung zur unstillbaren Leidenschaft. Und nun bin ich am Ende.» Wie in Frankenstein und seinem Freund Walton, so arbeitete auch im Innern des Monsters etwas, was es nicht begriff. Dieses Wettrennen zwischen den beiden Männern – wobei Frankenstein von dem «flüchtenden» Monster Hilfe erhielt, wann immer er zurückzufallen drohte – hatte beide verzehrt. Erst als mit dem Tod Frankensteins der Wettlauf zu Ende ist, bricht dem Monster das Herz, es hat keinen ausreichenden Grund mehr, am Leben zu bleiben, und so verspricht es in seinem Schmerz Kapitän Walton, seinem verdammten Leben im Polareis ein Ende zu machen. Es könne, befleckt von Untat und zernagt von Reue, nur im Tod Ruhe finden.[50]

Anmerkungen

Erscheinungsort, wo nicht anders vermerkt, ist London.

1 Vgl. besonders Nancy Chodorow, *The Reproduction of Mothering. Psychoanalysis and the Sociology of Gender* (California UP, 1978). Eine interessante Besprechung und Diskussion in: Elizabeth Long, *Telos*, 43 (Frühjahr 1980) und Judith Lorber/Rose Laub Coser/Alice S. Rossi/Nancy Chodorow, «On The Reproduction of Mothering. A Methodological Debate», *Signs* 6 (Frühjahr 1981). Zum Problem der Männlichkeit vgl. Paul Hoch, *White Hero, Black Beast. Racism, Sexism and the Mask of Masculinity* (Pluto, 1979).

2 Vgl. die Diskussion in: Easlea, *Science and Sexual Oppression*, Kap. 2, S. 30–44, 54–59.

3 Vgl. besonders Wendy Hollway, «I just wanted to kill a woman» Why? The Ripper and Male Sexuality», *Feminist Review*, Nr. 9 (Oktober 1981), S. 33–40. In einer Diskussion der Darstellung von Gewalt gegen Frauen in der zeitgenössischen Literatur schreibt Anne Boston (Literaturredakteurin des *Cosmopolitan*) in *The Bookseller* (15. Mai 1982), S. 1865: «Das Ausmaß an Rache, die von männlichen Autoren in der Phantasie an ihren weiblichen Figuren genommen wird, ist erschütternd... Es passiert immer wieder, daß ich völlig schockiert ein Buch fallen lasse und mich (bestimmt naiverweise) frage, wie um alles in der Welt die Männer sich so etwas einfallen lassen können? Hassen sie uns wirklich so sehr?» Vgl. auch Jessica Benjamin, «The Bonds of Love. Rational Violence and Erotic Domination», *Feminist Studies* 6 (1980), S. 144–74. Eine Diskussion der Ansichten von Freud und Marcuse in bezug auf die beiden vermeintlich «instinktiven» Triebe Eros und Thanatos in Easlea, *Science and Sexual Oppression*, Kap. 1.

4 *Science and Sexual Oppression*, Kap. 2, S. 44 ff., S. 51 f.

5 Colin M. Turnbull, «Mbuti Womanhood», in Frances Dahlberg (Hg.), *Woman the Gatherer* (Yale University Press, 1981), S. 210.

6 Yolanda and Robert Murphy, *Women of the Forest* (Cambridge UP, 1974), S. 94.

7 V. W. Turner, «Three Symbols of Passage in Ndembu Circumcission Ritual», in M. Gluckman (Hg.), *Essays on the Ritual of Social Relations* (Manchester UP, 1962), S. 144, 161, 173.

8 Vgl. L. R. Hiatt, *Secret Pseudo-Procreation Rites among the Australian Aborigines*, in L. R. Hiatt/C. Jayawardena (Hg.), *Anthropology in Oceania* (Brighton: Angus & Robertson, 1971), S. 80, 88; vgl. auch L. R. Hiatt, «Queen of the Night, mother-right, and secret male cults», in R. H. Hook (Hg.), *Fantasy and Symbol. Studies in Anthropological Interpretation* (New York: Academic Press, 1979). Zum Phänomen des Gebärneids vgl. besonders Margaret Mead, *Male and Female* (1950; Harmondsworth: Penguin, 1967), S. 110 f.

9 Vgl. Mary A. C. Horowitz, «Aristotle and Woman», *Journal of the History of Biology* 9 (1976), S. 183–213.

10 H. C. Erik Midelfort, «Heartland of the Witchcraze. Central and Northern Europe», *History Today* (Februar 1981), S. 28. Vgl. Francis Bacon, «The Masculine Birth of Time or The Great Instauration of the Dominion of Man over the Universe», in Benjamin Farrington, *The Philosophy of Francis Bacon* (Liverpool UP, 1970). Eine besonders aufschlußreiche Diskussion von Bacon und der neuen Wissenschaft bei Evelyn Fox Keller, «Baconian Science: A Hermaphroditic Birth», *The Philosophical Forum* 11 (1980), S. 299–308.

11 «Thoughts and Conclusions», in Farrington, S. 92; *The New Organon*, 1. Buch, Aphorismus 109, in J. Spedding u. a., *Works of Francis Bacon* (1879–1890), Band IV, S. 100; «The Refutation of Philosophies», in Farrington, S. 129; «Thoughts and Conclusions», S. 83.

12 *De Augmentis Scientiarum*, 4. Buch, Kap. 1, in Spedding (Anm. 11), Band IV, S. 373; *The New Atlantis*, in Spedding, Band III, S. 156; *The New Organon*, 2. Buch, Aphorismus 51, in Spedding, Band IV, S. 245.

13 Henry Power, *Experimental Philosophy* (1664; New York: Johnson Reprint, 1966), S. 82.

14 Bruno Bettelheim, *Symbolic Wounds. Puberty Rites and the Envious Male* (Thames & Hudson, 1955), S. 136, zitiert von E. F. Keller (Anm. 10) und Norman O. Brown, *Life against Death. The Psychoanalytic Meaning of History* (Sphere, 1968), S. 245. Bettelheim fährt fort: «Man beachte auch, daß das phallische Stadium mit seiner Aggressivität (entsprechend auch der Angst vor Vergeltung), seiner Überbewertung des Penis im besonderen und der Männlichkeit im allgemeinen mit einer Angst vor dem Penisverlust einhergeht.»

15 Bacon, *The Advancement of Learning*, 2. Buch, Kap. 7, in Spedding (Anm. 11), Band III, S. 357.

16 Carolyn Merchant, *The Death of Nature. Women, Ecology and the Scientific Revolution* (Wildwood House, 1982), S. 189.

17 J. Collins, *Descartes' Philosophy of Nature* (Oxford: Blackwell, 1971), S. 26.

18 Vgl. beispielsweise die Diskussion in Monica Sjöö/Barbara Mor, *The Ancient Religion of the Great Cosmic Mother of All* (Trondheim, Rainbow Press, 1981), bes. S. 70.

19 Zitiert bei L. D. Cohen, «Descartes and Henry More on the Beast Machine», *Annals of Science*, 1 (1936), S. 50.

20 R. S. Westfall, «Newton and the Hermetic Tradition», in A. G. Debus (Hg.), *Science, Medicine and Man in the Renaissance* (Heinemann, 1972), S. 184.

21 Descartes, *Discourse on Method* (Indianapolis/New York: Liberal Arts Press, 1956), S. 40.

22 T. Birch (Hg.), *The Works of Robert Boyle* (London, 1772), Band V, S. 532 und 179.

23 Farrington (Anm. 10), S. 131, 72, zitiert in E. F. Keller (Anm. 10), S. 301.

24 Henry Power, auszugsweise in Marie Boas Hall (Hg.), *Newton and Newton's Laws* (New York; Harper, 1970), S. 127.

25 Bacon, in Spedding (Anm. 11), S. 127.

26 *The Compleat Midwifes Practice Enlarged* (London, 1659), zitiert in Hilda

Smith, «Gynaecology and Ideology in Seventeenth-Century England», B. A. Carroll (Hg.), *Liberating Women's History* (University of Illinois Press, 1976), S. 103.

27 Margaret Cavendish, «From the World's Olio», in Joan Goulianeros (Hg.), *By a Woman Writ* (Indianapolis/New York: Bobbs-Merrill, 1973), S. 55.

28 N. Malebranche, Recherche de la Vérité (1673), in G. Rodis-Lewis (Hg.), *Œuvres de Malebranche* (Paris, 1962), Bd. 1, S. 267.

29 Jeffrey B. Russell, *A History of Witchcraft. Sorcerers, Heretics and Pagans* (Thames and Hudson, 1980), S. 116.

30 Edward MacCurdy (Hg.), *The Notebooks of Leonardo da Vinci* (Cape, 1954), Bd. 1, S. 94 und 64.

31 W. M. Conway (Hg.), *The Writings of Albrecht Dürer* (Peter Owen, 1958), S. 172.

32 Thomas Browne, *The Religio Medici and Other Writings* (Dent, 1931), S. 65.

33 Malebranche wird zitiert in C. U. M. Smith, *The Problem of Life* (Macmillan, 1976), S. 266.

34 Derek J. de Solla Price (Hg.), *Natural Magic* (1658; Basic Books, 1957), 9. Buch, Kap. 28 und 29. Frdl. Hinweis von Keith Hutchison.

35 Vgl. Easlea, *Witch-Hunting, Magic and the New Philosophy*, S. 132ff. Eine zeitgenössische Version dieser Kritik an «nichtssagender» Forschung liefert der Psychologe Paul Meehl: «Unterdessen hat unser emsiger Forscher... eine lange Veröffentlichungsliste produziert und ist zum ordentlichen Professor ernannt worden. Was seinen Beitrag zur bleibenden Gesamtheit des Wissens angeht, so hat er kaum etwas geleistet. Seine Position ist eigentlich die eines potenten, allerdings unfruchtbaren intellektuellen Don Juan, der auf seinem fröhlichen Pfad eine lange Reihe von geschändeten Mädchen zurückläßt, aber keinen lebensfähigen wissenschaftlichen Nachwuchs»; zitiert in Michael J. Mahoney, *Scientist as Subject. The Psychological Imperative* (Cambridge/Mass.: Ballinger, 1976, S. 151).

36 «Publisher to Reader», in R. Boyle, *Experiments and Considerations Touching Colours* (1664); A. R. Hall/M. B. Hall (Hg.), *The Correspondence of Henry Oldenburg* (University of Wisconsin Press, 1965–73), Bd. 4, S. 77; Sprat, *History of the Royal Society* (1667, Routledge, 1959), S. 124; Glanvill, *The Vanity of Dogmatizing*, mit einer Einführung von Stephen Metcalf (1666; Brighton: Harvester Press, 1970), S. 162; Oldenburg, Bd. 1, S. 113.

37 *Diary and Correspondence of John Evelyn* (1859), Bd. 3, S. 348; T. Birch (Anm. 22), Bd. 2, S. 8; I. Barrow, *The Usefullness of Mathematical Learning* (1774; Frank Cass, 1970), S. XXIX, XXX; H. W. Turnball u. a., *The Correspondence of Isaac Newton* (Cambridge UP, 1959–77), Bd. 2, S. 474.

38 Zitiert von Gad Freudenthal, «Early Electricity between Chemistry and Physics», in J. L. Heilbron (Hg.), *Historical Studies in the Physical Studies* (University of California Press, 1981), Bd. 11, Teil 2, S. 229. Eine umfassendere Darstellung des männlichen Charakters der wissenschaftlichen Revolution im neuzeitlichen Europa in Easlea, *Science and Sexual Oppression*, Kap. 3.

39 Ludmilla Jordanova, «Natural Facts: A Historical Perspective on Science and Sexuality», in Carol P. MacCormack/Marilyn Strathern, *Nature, Culture, Gender* (Cambridge UP, 1981), S. 45 und 54; vgl. auch Merchant, *The Death of Nature* (Anm. 16), S. 189ff.

40 John Davy (Hg.), *The Collected Works of Sir Humphrey Davy* (1839–40), Bd. 8, S. 275, 282, 276.

41 *Ebd.*, S. 177, 175.

42 Ich habe die 1969 (bei Oxford UP erschienene) Ausgabe von *Frankenstein* benutzt, der die 1831 veröffentlichte Ausgabe zugrunde liegt. Zur Erstausgabe von 1818 und den erheblichen Änderungen, die Mary Shelley für die Ausgabe von 1831 vorgenommen hat, vgl. James Rieger (Hg.), *Frankenstein* (University of Chicago Press, 1982). Rieger schreibt (S. XVIII) in bezug auf die Erstausgabe, daß «Percy Shelley an dem ganzen Buch so intensiv mitgearbeitet hat, daß man nicht so recht weiß, ob man ihn als Lektor oder als kleineren Mitarbeiter betrachten soll». Meine Frankenstein-Lektüre sehr beeinflußt hat der Aufsatz von Peter Dale Scott, «Vital Artifice: Mary, Percy, and the Psychopolitical Integrity of Frankenstein», in George Levine/U. C. Knoepflmacher (Hg.), *The Endurance of Frankenstein. Essays on Mary Shelley's Novel* (University of California Press, 1979). Eine völlig andere Deutung gibt Ellen Moers, «Female Gothic: The Monster's Mother», *New York Review of Books* 21 (21. März 1974), S. 24–28, abgedruckt in Levine/Knoepflmacher, a. a. O. Ich muß mich bei Ian Miles bedanken, der mir schon vor Jahren sagte, was für ein guter Roman *Frankenstein* ist.

43 *Frankenstein*, S. 20ff.

44 *Ebd.*, S. 39, 40, 42.

45 *Ebd.*, S. 44, 47, 48.

46 *Ebd.*, S. 52, 54, 55.

47 Man fühlt sich unweigerlich erinnert an das Thema von Carolyn Merchant, *The Death of Nature* (Anm. 16).

48 *Frankenstein*, S. 69, 97.

49 *Ebd.*, S. 166.

50 *Ebd.*, S. 214, 215, 217, 219.

Aus: Brian Easlea; «Väter der Vernichtung.
Männlichkeit, Naturwissenschaftler und der nukleare Rüstungswettlauf.»
rororo mann 8206, erschienen 1986 – vergriffen

Rüdiger Kremer

die forscher
begeben sich in das eis
sie ziehen flaggen auf
und verkommen
stolz

Helmut Ostermeyer
Zärtlichkeit

Die Systeme der Lieblosigkeit

Die Menschheit treibt dem Abgrund zu. Die Vernichtungskräfte können alles Leben vielfach auslöschen. Auch ohne Krieg werden Erdreich, Luft und Wasser immer giftiger. Wenn nicht Einhalt geboten wird, werden sie eines Tages vergiftet sein. Schon sterben Wälder und Meere. Der Mensch, der sich zum Herrn des Erdballs aufgeschwungen hat, droht alles Leben der Erde mitzureißen in seine atomare oder chemische Endkatastrophe.

Die Kräfte, die das Leben aufbauten in Geduld, Freiheit und Zärtlichkeit, können das Leben nicht mehr schützen gegen die Mächte der Lieblosigkeit. Die Welt des Menschen ist nicht mehr die Erde der Liebe. Andere Maximen als die, denen der Mensch sein Leben verdankt, regieren die Stunde. Statt Zärtlichkeit Gewalt und Machtstreben, statt Freiheit Zwang und Herrschaft, statt Geduld Hetze und Leistung.

Wir können uns eine Welt aus Liebe nicht mehr vorstellen, sie übersteigt unsere Einbildungskraft. Die Veränderungen haben nicht nur die Erde, sie haben uns selbst und unser Denken und Fühlen umgestaltet. Wir halten Gewalt für natürlich und glauben an den Sieg des Stärkeren. Stärker ist, wer das schärfere Schwert, den schnelleren Colt oder die meisten Atomraketen hat. Weil sie Erfolg zu versprechen scheinen, beten wir Stärke und Gewalt an. Die Welt der Liebe, die aus der Erdgeschichte abzulesen ist, tritt uns nicht als Lehre der Vergangenheit, sondern als Schwärmerei und Phantasterei entgegen, als verstiegene Utopie, die gegen die bestehenden Verhältnisse keine Chance hat.

Wir leugnen, daß eine Welt aus Liebe möglich sei. Wir verspotten und verfolgen ihre Parteigänger als Spinner und Chaoten. Wir ergreifen Partei gegen die Liebe und für die Gewalt. Wir kreuzigen Christus, wir treiben Romeo und Julia in den Tod und erklären Wilhelm Reich für geisteskrank. Warum tun wir das? Macht Gewalt mehr Freude als Liebe? Haben wir verlernt zu lieben?

Was ist geschehen? Wir müssen nicht glauben, der Kapitalismus sei schuld, die Technik, die Industrie, der Nationalismus, die Militärs oder die Medien. Sie haben die Kräfte der Zerstörung nicht erfunden, sie vergrößern sie nur und machen sie dadurch zur erdbedrohenden Gefahr. Am Werke sind diese Kräfte schon seit Tausenden von Jahren – jedoch vermochten sie ohne die kapitalistisch-technologische Übersteigerung das Leben auf der Erde nicht in Gefahr zu bringen. Wie konnte diese Gefahr aufkommen? Was ist vor sich gegangen? Womit fing es an, daß der Mensch die zärtlichen Gesetze des Lebens und Liebens verriet und vergaß? Viele einschneidende Veränderungen gab es in der Menschheitsgeschichte. Schritt für Schritt entfernten sich die Menschen von der Natur und ersetzten sie sie durch eine Kunstwelt, die aus sich nicht lebensfähig ist, wenn sie glaubt, über den Gesetzen des Lebens zu stehen. Die drohende Weltkatastrophe ist die Antwort des Lebens auf diesen Hochmut.

Vielleicht war schon die Erfindung des Pflugs der erste Schritt fort von der Natur. Solange die Menschen sich als Jäger und Sammler von Tieren und Früchten des Feldes und Waldes ernährten, waren sie Teil der gewachsenen Schöpfung, die sich aus sich selbst speist und dadurch im Gleichgewicht bleibt. Sie verhielten sich nicht anders als die Tiere: Sie benutzten ihre Stärke und Gewandtheit, um sich von den Hervorbringungen der Natur zu nehmen, was sie zum Leben brauchten. Alle taten das, und deshalb waren die Menschen vor der Natur gleich. Die Natur und ihre Jagdgründe gehören jedem und keinem. Der Ackerbau ändert das. Nicht mehr die Natur bestimmt das Wachstum, gewaltsam reißt der Mensch mit der Pflugschar die Pflanzendecke auf, damit er säen kann, was nach seinem Willen wachsen soll. Der Mensch wird vom Empfänger zum Erzeuger der Früchte.

Einer der ersten großen Errungenschaften des Menschen haftet die Gewalt an. Der Mensch reißt die Erde auf, um den Samen hineinzusenken. Er entscheidet, was wächst, und ihm gehören die Früchte. Er eignet sich an, was er gesät hat, und um das zu können, muß er sich auch das Feld aneignen, wo er gesät hat. Das Eigentum entsteht an den Früchten und am Acker; die Menschheit spaltet sich auf in Besitzende und Besitzlose, die Menschen sind nicht mehr gleich auf der Erde, sie sind nur noch gleich vor Gott. Das Eigentum muß verteidigt werden gegen die Nichteigentümer: Das Schwert folgt dem Pflug, es ist eine Überspitzung des Pflugs. Der Pflug dringt in die Erde ein, das Schwert in den Menschen.

Pflug und Schwert leiten eine neue Zeit ein. Bisher war alles von selbst gewachsen. Die Pflanzen nahmen mit dem Platz vorlieb, den sie fanden;

nur der Same keimte, dem das Geschick Raum schenkte. Tiere und Menschen nahmen mit der Nahrung vorlieb, die die Natur für sie bereithielt. Erst der ackerbauende Mensch zwingt dem Werden seinen Willen auf, indem er Gewachsenes zerstört, beseitigt und unterpflügt.
Vergegenwärtigen wir uns, daß die Erde die große Mutter war, also ein Frauenwesen, so können wir verstehen, daß auch die Beziehung des Mannes zur Frau anders wurde. Das neue Verhältnis, das er zur großen Mutter gewinnt, färbt auf die kleinen Mütter ab. Gewalt zieht ein in die Geschlechtlichkeit. Liebe und Zärtlichkeit weichen, nachdem der Mann lernte, die Mutter Erde aufzureißen. Wie die Erde muß die Frau den Samen des Mannes aufnehmen, ob sie will oder nicht. Wie die Früchte des Feldes beansprucht der Mann die Früchte des Leibes. Die Kinder sind seine Kinder, und damit sie es ganz sind, ist die Frau seine Frau. Das Eigentum beschränkte sich nicht auf den Acker und seine Früchte, es ergriff Frau und Kinder.
Schwert und Pflug begründen und verteidigen den männlichen Besitzstand. Sie werden zu Symbolen der Männlichkeit und zu Leitbildern der Herrschaft des Mannes über die Erde und die Frauen. Der Phallus ahmt sie nach, und das Zepter, das Herrschaftssymbol, wird dem Phallus nachgebildet. Jetzt ist ein neuer Begriff von Kraft und Stärke in der Welt. Kraft beweist sich nicht mehr durch Liebe, durch Lebensfülle und Schöpfertum; nicht der ist stark, der andere Menschen in Liebe zärtlich beleben und beglücken kann – kurz: nicht das wachsende Leben ist stark –, stärker ist der Tod, mehr Kraft hat die Gewalt, das Schwert siegt über die Zärtlichkeit. Von nun an ist stärker nicht, wer besser leben, sondern wer besser töten kann.
Das wird zur neuen Gewohnheit des Menschen. Der Krieg wird zum Vater aller Dinge. Die Menschen wollen nicht mehr lieben, sie wollen stark sein. Die Stärke dringt vom Leben in die Phantasie vor. Charles Darwin mißt der Stärke in der Evolution zuviel und der Liebe zuwenig Gewicht bei. Hollywood dehnt die menschliche Kraftprotzerei in den Weltraum aus. Die Sterne führen Krieg. Der gestirnte Himmel wird zum Tummelplatz der Friedlosigkeit.
Der nächste Schritt führt von der Aneignung zur Anhäufung. Die Früchte des Feldes wandern als Vorräte in die Kornkammern der Herrscher. Wer die Nahrung besitzt, gewinnt Macht über die Hungrigen. Die Herrschaft leitet sich aus dem Besitz ab. Wer leben und essen will, muß dienen und gehorsam sein. Die Menschen werden zu Arbeitern und Soldaten, die Besitz und Macht des Herrschers vermehren. Armeen von

Untertanen, Sklaven und Söldnern schuften und kämpfen für ihn. Was sie schaffen oder rauben, gehört dem Herrscher. Die Macht, die ihm aus dem Besitz zuwächst, vermehrt sich automatisch, weil alle Arbeit für ihn getan wird.

In die Beziehung zwischen Mann und Frau kehrt nun auch Verachtung ein. Der Despot, der die Massen geringschätzt, weil er göttergleich über sie erhaben ist, wird zum Vorbild. Dem großen Tyrannen im Reich eifern viele kleine Tyrannen in der Familie nach, wo sie die Unterdrückung weitergeben an Frau und Kinder. Weil die Männer die Frauen verachten, erklären sie Liebe und Zärtlichkeit zur Sünde. Erst dadurch wird Liebe zur Sexualität erniedrigt. Die Frau sinkt von der Hüterin des Hauses und Herdes zur Trägerin von Sünde und Sexualität. Das Niedere wird ihr zugeschoben, der Mann ist für das Höhere geschaffen – für den Geist –, die Frau steht für den Körper und sein niedriges Begehren. Der Mann läßt sich zur Frau herab und macht ihr daraus noch einen Vorwurf.

Die Herrschenden fangen an zu lügen, um am Ruder zu bleiben. Der Herrscher ernennt sich zu Gott oder seinem Statthalter, zum Hüter der Gerechtigkeit und zum Wahrer von Frieden und Ordnung. Damit erhebt er sich über die Menschen. Um sich Geltung zu verschaffen, greift er zu Täuschung, Einschüchterung und Dressur. Das Märchen von Gottvater und Vatergott, dem Vorbild allen Herrschertums, wird den Menschen eingeflößt. Es ertränkt und vergiftet die Menschen, lange ehe sie imstande sind, sich mit dem Verstand dagegen zu schützen. Der Zweifel wird zum Verbrechen an sich. Denken ist nur im Rahmen der Lüge erlaubt.

Am Ende wird der Mensch an sich selbst irre. Er ist nichts gegen den strahlenden Herrscher und die Vatergötter. Er wälzt sich vor ihnen im Staube, fällt auf die Knie, macht Bücklinge oder steht stramm. Er verachtet sich selbst in seiner Erbärmlichkeit. Wie soll er noch lieben, da er sich selbst nicht mehr bejaht? Wenn er sich selbst verachtet, verachtet er die Frau, die sich ihm hingibt, um so mehr.

Seitdem hat sich nicht mehr viel geändert. Die Menschen sind der Macht des Systems unterworfen, sie glauben an den Vorrang der Gewalt vor der Liebe, auch wenn die Macht ungreifbar zu werden beginnt. Sie löst sich von der Einzelperson des Herrschers und verteilt sich auf Cliquen und Zentralen. Die Machtausübung verästelt sich und wird undurchsichtig. Das Zentrum der Macht ist nicht mehr zu orten, es entsteht ein System aus vielen Machtschwerpunkten, die miteinander paktieren. Die Macht geht auf Apparate über; Bürokratien, Konzerne, Komplexe entstehen.

Ihre Herrschaft ist unangefochtener als die des Despoten, sie brauchen nur ausnahmsweise Brachialgewalt anzuwenden, im Alltag genügen Verordnung und sanfter Zwang. Strukturelle Gewalt arbeitet mit sozialen Sanktionen, Vollziehbarkeiten, Psychoterror und Körperdrill.
Eine neue Gefahr entsteht daraus, daß die Machtapparate ein Eigenleben entwickeln und unkontrollierbar werden. Sie verfolgen eigene Interessen und verlieren das Ganze aus den Augen. Sie gehen ihren Gang, und es sieht so aus, als ob sie nicht einmal mehr ihren Chefs gehorchen. Die Bürokratien besorgen oft nicht das, was sie sollen, sondern mästen sich als Schmarotzer am Ganzen. Das Wettrüsten, für das der militärisch-industrielle Komplex verantwortlich ist – eine Interessengemeinschaft zwischen Wirtschaft, Militär und Geheimdiensten –, bedroht uns mit dem dritten Weltkrieg, der das Ende der Menschheit sein wird, das angeblich keiner will.
Die Lüge wird ins Unglaubliche gesteigert, sie erklärt Tod zu Sicherheit und Naturzerstörung zu Wohlstand. Atomraketen dienen dem Frieden, wenn sie ein Gleichgewicht aufrechterhalten, das nur noch künstliche Gehirne ausrechnen können, weil es das Gleichgewicht des Nichts ist, das kein Gewicht mehr hat. Vergiftete Flüsse sind Zeichen des Wohlstands. Sie beweisen die Leistungsfähigkeit unserer chemischen Industrie, ohne die wir verhungern müßten. Und radioaktive Rückstände verkünden strahlend den Sieg des Menschen über die Materie durch Verwandlung von Stoff in Energie. Alles dient der Freiheit und dem Fortschritt. Laßt uns der holden Freiheit genießen, vergessen wir die Atomsprengköpfe, die auf uns gerichtet sind, und verschließen wir die Augen vor den Jahrtausendgefahren tödlicher Strahlungen.
Sind wir verloren? Es gibt eine Gegenbewegung. Sie ist zu allen Zeiten der Menschheitsgeschichte am Werk gewesen. Sie lebt von der Liebe. Nie hat die Liebe sich ausrotten lassen. Liebende Menschen bauen ihr Leben nicht auf Gewalt. Sie richten sich nicht nach dem Sieg des Stärkeren. Streitfragen werden nicht von den Starken gegen die Schwachen entschieden, nicht von den Herrschenden gegen die Unterdrückten, sondern von allen betroffenen Menschen gemeinsam im Geiste der Gleichberechtigung und der Verbundenheit. Das demokratische Prinzip ist der politische Ausdruck dieses Geistes der Zärtlichkeit in Familie und Gesellschaft. Es ist überliefert aus der Urdemokratie der Liebenden und Arbeitenden, in der die Menschen wahrhaft und nicht dem Namen nach gleich waren.
Die Erfolge der Gegenbewegung sind mal größer und mal geringer gewe-

sen. Im Bereich von Familie und Privatheit bleiben sie unsichtbar. Aber selbst in einer scheinbar patriarchalisch verfaßten Familie kann der Geist der Liebe walten.
Ihre sichtbaren Erfolge errang die Demokratie in Gesellschaft und Politik. Sie verfocht gleiche Rechte für alle und schuf Verfassungen, mit denen sie diese Rechte sogar bescheinigte. Allerdings konnte sie nicht verhindern, daß sie sich mit dem Bazillus der Gewalt und des Vorteils infizierte, je mehr sie vordrang in die Breite der Gesellschaft und die politische Anerkennung. Die Revolutionen bauten wieder auf, was sie gestürzt hatten, manchmal sogar Schlimmeres. Die Rechtsgarantien in den wohlklingenden Verfassungen wurden zum Bestandteil der Lüge, niemand kann dauernd mit dem Grundgesetz unter dem Arm herumlaufen.
Der Erfolg der demokratischen Bewegung in der Gegenwart ist begrenzt. Sie hat mehr Einfluß auf die Darstellung als auf die Verteilung und Ausübung der Macht. Die Herrschaft bleibt, nur der Name ändert sich. Heute heißt er Demokratie. Das demokratische Prinzip erreicht nur noch, daß die Lügen bestimmte Inhalte aufnehmen müssen: die Symptome sind nicht durch Gewalt legitimiert, nicht durch Geld, Polizei, Militär, sondern durch die Zustimmung der Bürger. Staatsmänner, Konzernherren und Generäle haben nichts anderes im Sinn als Wohlstand und Frieden für die Völker. Dafür und für nichts sonst sorgen sie sich Tag und Nacht.
Das bekommt die Menschheit tagtäglich mit Engelszungen vorgeflötet und mit dem Holzhammer eingepaukt: «Unsere tägliche Mattscheibe gib uns heute.» Die demokratische Bewegung hat nur dann Chancen, wenn sie die Lüge entlarvt. Die Lüge lähmt, weil sie die erwünschten demokratischen Verhältnisse als schon vorhanden vorgaukelt. Die Verhältnisse sind *doch* so!, will sie uns glauben machen, obwohl wir es seit Brecht besser wissen. Wir sehen die Wahrheit, wenn wir die Augen öffnen: eine vergiftete Welt, unglückliche, süchtige, kranke, arbeitslose, hungernde Menschen und den drohenden letzten Atomschlag.
«In einer Welt der Lüge wird die Lüge nicht einmal durch ihren Gegensatz aus der Welt geschafft, sondern nur durch eine Welt der Wahrheit» (Frank Kafka).

Zärtlichkeit und Politik

Wir müssen die Systeme der Lieblosigkeit abbauen und das Leben wieder auf die Grundlagen stellen, auf denen es ursprünglich gewachsen ist. Das ist klar, aber so klar das Was, so unklar ist der Weg. Niemand hat ein Allheilmittel.

Der Vorsatz «wir wollen lieben» nutzt nicht, wenn wir das Lieben verlernt haben und am Lieben gehindert werden. Das hat Erich Fromm vergessen. Die Systeme der Lieblosigkeit versperren uns das Reich der Liebe nicht nur von außen, sie haben sich auch in unser Denken und Fühlen eingenistet und uns so geformt, daß wir Lieblosigkeit für normal halten.

Die Aufforderung «laßt uns zärtlich sein» hilft nicht weiter, wenn wir nicht wissen, was Zärtlichkeit ist. Das technologische Denken hat uns so durchdrungen, daß wir meinen, Zärtlichkeit sei ein bewußt gesteuertes Verhalten, mit dem sich etwas erreichen lasse, und nicht die Abkehr von bewußter Verhaltenssteuerung und die Rückkehr zum Lebenswissen der Körper.

Über den Ruf «zurück zur Natur» ist schon genug gespottet worden. Er ist über zweihundert Jahre alt und wurde laut, lange bevor sich die Menschheit von der Natur so weit entfernt hatte wie wir. Daß dieses Zurück unmöglich ist, weiß jeder, denn ohne technische Produktion, die Tochter des Pflugs, würden nicht nur 15 Millionen Menschen im Jahr verhungern, sondern Milliarden, und dort, wo es Winter gibt, würde der Rest erfrieren.

Es gibt kein Zurück. Die Forderung des Lebens heißt nie rückwärts auf eine frühere Stufe, sondern vorwärts auf eine spätere. Also müssen wir auf dem Wege fortschreiten, den wir eingeschlagen haben, auch wenn er in den Abgrund führt? Haben wir nur die Wahl zwischen dem Abgrund vor und dem hinter uns?

Wenn wir die Entwicklung des Lebens von den einfacheren zu den verfeinerten Lebewesen beobachten, so können wir eines der wichtigsten Evolutionsgesetze erkennen: die spätere Entwicklungsstufe muß auf der früheren aufbauen. Tut sie das nicht, so hängt sie in der Luft wie ein Dach ohne Haus. Was bedeutet das? Kein vielzelliges Lebewesen vermochte zu existieren ohne die Fähigkeit des Einzellers zur Zellteilung, keine Pflanze ohne Fähigkeit, Kraft aus Licht, kein Tier ohne die Fähigkeit, Wärme durch Atmung zu gewinnen. Nachdem die Natur Hören und Sehen erfunden hatte, gaben die neuentwickelten Tiere das nicht mehr auf. Sie

hätten sich ohne diese Fähigkeiten nicht behaupten können gegen die Tiere, die es konnten. Die Natur benutzt alles Gegenwärtige als Fundament für das Zukünftige.
Nicht anders verhält es sich mit der Fähigkeit zu instinktivem, spontanem und körpergesteuertem Verhalten: Die Menschen müssen sie beibehalten, wenn ihre neue Gabe, Verhalten auch durch Geist und Vernunft zu lenken, ein Fortschritt sein soll. Wenn der Geist sich die Lenkung allein anmaßt, so ist das nicht ein Aufbauen auf der früheren Entwicklungsstufe, in der die Körper sich allein zurechtfanden, sondern ein Bauen auf Sand. Es ist keine Bereicherung des Lebens, sondern eine Verarmung, keine Weiterentwicklung, sondern eine Sackgasse. Der Intellekt ist eine neue Fähigkeit des Menschen: Er eröffnet über die Augenblicksreize des Körpers hinausweisende Perspektiven. Damit ist er zunächst eine echte evolutionäre Errungenschaft, denn er kommt zu dem Vorhandenen hinzu. Setzt er sich aber über die Meinungen des Körpers hinweg, so ist er – evolutionär gesehen – kein Fortschritt, sondern ein Rückschritt, weil er ein vorhandenes Instrumentarium der Lebensorientierung verkommen läßt und damit auf eine Fülle von Informationen verzichtet, die der Mensch braucht, um nicht zum Zerstörer des Lebens zu werden, des eigenen wie des fremden.
Wir müssen also neben den neuen Errungenschaften des Geistes – Planung, Technologie, Bewußtheit – die alten des Körpers festhalten: Spontaneität, Zärtlichkeit, Verbundenheit. Wir müssen alles vereinen. Wir verwerfen damit nicht das Bewußtsein, wir erweitern es. Wir mißachten nicht die Körperteile, wir machen sie bewußt. Wir erkennen im Körper das Fortwirken der zärtlichen Lebensprinzipien und besitzen mit dem Geist ein Mittel, diese Prinzipien zur Bewußtheit zu steigern.
Wir mißbrauchen den Geist nicht mehr als Widersacher des Körpers. Geist ist nicht das Leben, das ins Leben schneidet, wie Gottfried Benn sagte. Was ins Leben schneidet, ist der Tod. Das Leben schneidet nicht, es fügt sich zärtlich und kooperativ ins Gewachsene.
Damit gehen wir nicht zurück in ein Zeitalter der Dumpfheit. Wir sagen uns nur von dem Irrtum los, der Geist stehe über den Gesetzen des Lebens, die die Gesetze der Körper sind. Wir erkennen diesen Irrtum als Gefahr, denn er hat uns die Systeme der Lieblosigkeit beschert. Wenn wir den Irrtum bereinigen, ist das kein Rückschritt, sondern Voraussetzung, die Richtung des evolutionären Fortschritts wiederaufzunehmen. Das ist ein Weg zur Natur, aber nicht zurück, sondern vorwärts zu einem neuen Bund.
Wenn wir uns für diesen Weg entscheiden, müssen wir lernen, auf die

Wegweiser zu achten. In welche Richtung müssen wir gehen, um zum Körper zu gelangen und zur Erde? Sollen wir Bodybuilding treiben und den Rasen mähen? Wie können wir den allmächtigen Systemen der Lieblosigkeit beikommen? Hat es Sinn, mit Zärtlichkeit gegen Atomraketen zu streiten?

Die Aufgabe ist so gewaltig, daß sie unlösbar scheint. Das nimmt Hoffnung. Der Verstand rechnet uns vor, daß ich als einzelner keine Chance habe, den Ablauf der Systeme aufzuhalten und umzulenken, indem ich die Mitmenschen von ihren Irrtümern befreie, die sie Leben und Tod verwechseln lassen. Aber das Leben spricht anders. Wenn wir uns selbst befreien, können andere das auch. Ich bin nicht für die anderen verantwortlich, ich brauche nicht für ihre Befreiung zu sorgen. Jeder kann nur sich befreien. Eine Befreiung durch andere ist eine scheinbare. Freiwerden ist eine Handlung, die mir niemand abnehmen kann, ebensowenig wie das Atmen, Fühlen und Sprechen. An der Unwissenheit hierüber sind Aufklärer, Reformer und Revolutionäre gescheitert. Sie haben geglaubt, den Menschen die Freiheit oder die Menschen zur Freiheit bringen zu können. Aber Freiheit läßt sich nicht anders herbeiführen als Liebe: Wenn sie kommt, dann als Geschenk des Lebens und nicht als Produkt von Planung. Der Aberglaube an die Allmacht von Technologie und Manipulation lockt die Befreier in eine Falle. Sie versuchen, Freiheit durch Mittel herzustellen, die zu Unfreiheit führen. Sie versuchten die ‹Erziehung› zur Mündigkeit (Adorno) oder die ‹Einübung› des Ungehorsams (Ulrich Sonnemann). Sie nehmen die Menschen an die Hand, um sie auf den Weg der Freiheit zu bringen, aber erst wenn sie die Menschen loslassen, können diese den Weg finden.

Das Freiwerden fängt damit an, nicht mehr auf andere zu hören. Keiner kann mir sagen, was ich fühle. Das kann ich nur selbst feststellen. Nur wenn ich auf mich und in mich höre, habe ich die Chance, die Wahrheit des Körpers zu erkennen. Sie verbindet mich mit dem Leben der Erde. Das ist der erste Schritt zu allen anderen Wahrheiten.

Wenn ich mich entschließe, zuerst auf mich zu hören, so opfere ich damit nicht das Gespräch. Die Stimme des Körpers ist die Stimme des Lebens in Verbundenheit und Frieden. Sie kapselt mich nicht ab gegen die Mitmenschen, sondern verweist mich an sie. Sie drängt mich heftiger zu Nähe und Austausch als eine aufgepfropfte Moral der Nächstenliebe. Ich liebe meine Mitmenschen, weil mein Körper und also ich selber es will, und nicht, weil ich es soll. Wenn wir uns dem Körper überlassen, brauchen wir kein Gebot zur Nächstenliebe.

Wenn ich auf den Körper höre, so opfere ich nicht den Geist. Die offene Wahrnehmung des Körpers ist empfänglich für die Informationen des Intellekts. Sie verschließt sich nicht seinen Meinungen, aber sie unterwirft sich ihnen auch nicht. Sie prüft und nimmt an oder verwirft. Sie läßt eine objektivere Instanz urteilen: die Gefühle. Sie sind unbestechlich, weil sie dem Leben verantwortlich sind und nicht irgendeinem System. Sie müssen darauf achten, daß das Leben weitergehen kann, alles im Gleichgewicht bleibt und das Lebendige zu seinem Recht kommt. Ihr Urteilen überschreitet die Reichweite des Geistes, der nur Bruchteile der Wirklichkeit erkennen kann. Sie sind immun gegen Überzeugungszwänge und Blendwerk, weil sie in den Lebensströmen verwurzelt sind. Damit werden sie nicht zum Widersacher, sondern zum Bundesgenossen des Verstandes, denn sie stärken seine Selbständigkeit und Widerstandskraft gegen Täuschung und Fremdbestimmung.

Wer jetzt meint, er solle an den Körper glauben wie an einen Gott, hat noch nicht richtig verstanden. Der religiöse Glaube fordert den Verzicht auf die rationale Überzeugung und die Unterwerfung unter Aussagen, die sich durch nichts beweisen als ihren Anspruch auf Absolutheit. Die Wahrheit des Körpers dagegen beweist sich mit Gesundheit, Freude und Zärtlichkeit. Christus ist dieser Wahrheit nahe gewesen, aber seine Überlieferer haben ihn nicht verstanden. Sie haben das Himmelreich, einen ‹Zustand des Herzens› (Friedrich Nietzsche), draußen gesucht statt drinnen. Deshalb gibt es mehr zerrissene als fröhliche Christenmenschen.

Wie erreiche ich es, die Stimme des Körpers zu hören? Ich muß zuerst erkennen, daß und wodurch sie zugeschüttet worden ist. Das Wissen allein genügt aber nicht. Es weist nur die Richtung, in die ich graben muß. Der Spaten, mit dem ich graben kann, ist die verlorene Erinnerung.

Wenn einem Kind etwas verboten oder genommen wird, wonach es körperlich verlangt, so empfindet es Schmerz, Wut, Angst und Verlassenheit, aber es darf sie nicht zeigen, da die Erwachsenen stärker sind und deshalb Recht haben. Es muß nicht nur die natürlichen Wünsche des Körpers, sondern auch noch den Zorn über ihre Mißachtung in sich vergraben, denn sonst ist es ein böses Kind und wird nicht mehr geliebt.

Das haben wir alle durchgemacht. Wir wollten liebe und geliebte Kinder sein, deshalb nahmen wir zur festgesetzten Stunde die Flasche statt der Mutterbrust, deshalb hörten wir auf zu schreien, wenn wir Hunger oder Durst hatten und einsam waren oder im Bett angebunden oder im Laufstall eingesperrt. Wir waren hübsch still und lutschten am Daumen oder am Nuckel, damit die Eltern nicht schimpften. Wir machten pünktlich ins Töpfchen, machten uns draußen nicht schmutzig und interessierten uns nicht für den Popo und das Pipi der anderen Kinder und der Eltern erst recht nicht, und unsere eigene Blöße hielten wir bedeckt, denn wir lernten uns schämen.

Das alles taten wir für die Liebe der Eltern. Ohne sie konnten wir nicht leben, und deshalb war sie alle Opfer wert und deshalb glaubten wir, wir brächten die Opfer gern. Schmerz, Zorn und Kummer kamen aus dem Körper, weil er seinen Gefühlen nicht folgen durfte – aber wir hörten nicht hin. Die anderen waren wichtiger, und wir hörten nicht mehr auf den Körper.

Wir alle haben das durchgemacht, nicht nur die, deren Eltern streng oder grausam waren. Schon die übliche Formung, die Eltern den Kindern geben, damit sie unter den bestehenden Verhältnissen zurechtkommen, entfremdet uns dem Körper und macht uns taub für seine Stimme. Wir achten auf das, was die anderen sagen, und verlernen, uns selbst zu verstehen. Der Körper möchte in sich hineinlauschen. Dort weiß er den Ursprung von Zärtlichkeit und Verbundenheit, den Quell aller freudigen und liebenden Gefühle. Hören wir nicht mehr hin, so schütten wir den Ursprung zu. Nun kann der Quell nicht mehr fließen, und es kommt zu Stauungen und Deichbrüchen.

Der Körper wird zum Störenfried in einer Welt der Anpassung, aber die Anpassung wird auch zum Störenfried in der Welt des Körpers. Die Anpassung will uns zwingen, uns nach fremdem Willen zu richten, der sich Ordnung nennt oder gar Liebe. Die Liebe der Eltern wird als Machtmittel eingesetzt; ohne dieses Mittel könnte die Anpassung nicht siegen, denn im Körper ist das Leben, und das Leben ist stärker als die Macht. Nur die Liebe kann es zwingen. Wir opferten die Liebe des Körpers für die Liebe der Eltern. Haben wir damit Liebe gewonnen oder verloren oder beides? Wo ist die wahre Liebe? Warum tun die Eltern so etwas?

Die Eltern sind ihrem Körper entfremdet, weil auch sie Eltern hatten, die sie für die Gesellschaft erzogen haben. Die Jahrtausende der Körperfeindlichkeit lassen sich an den Kindern aus. Diese haben die verhaßten gesunden und lebendigen Körper, aber sie sind klein und wehrlos, sie können besiegt und gebrochen werden. Sie werden gezwungen, die Liebe, die sie suchen, einzutauschen gegen die, die sie finden. Statt quellender Zärtlichkeit gibt es dosierte Zuwendung, statt der wallenden Ströme einen Strahl aus der Leitung. Diesen verwechseln wir mit Liebe,

wir nehmen ihn für das Ganze, weil wir vom Meer der Liebe nichts mehr wissen.
Wenn es uns gelingt, das Meer zu erahnen und über seinen Verlust zu trauern, so gewinnt unsere Sehnsucht ein Ziel. Am Leitfaden der Körpergefühle können wir die Richtung finden. Die Gefühle leben noch immer vom Atem des Meeres trotz seiner Ferne; in den Gefühlen ist der Körper er selbst geblieben. Sie weben und wirken in den Regungen des Geschmacks und in den Empfindungen von Lust und Schmerz. Folgen wir ihnen, so können uns der Reichtum der Zärtlichkeit und die orgastische Wahrheit zuteil werden. Nur die Körper können uns diese Glücke schenken, kein planender Geist und kein angestrengter Wille.
Irgendwann einmal schimmert uns im Körperleben die Wahrheit auf, wenn wir wachsam sind. Folgen wir ihr, so finden wir, worum wir betrogen worden sind. Wir entdecken, daß Eltern und Autoritäten Widersacher sind, die uns am Körperglück hindern. Wir müssen die Entscheidung gegen den Körper rückgängig machen. Wir haben sie nicht frei getroffen. Sie ist uns aufgezwungen worden. Sie verpflichtet nicht. Wir müssen uns Wut und Zorn gegen Eltern und Autoritäten erlauben, die als Agenten des Systems der Lieblosigkeit unsere Körpergefühle zugeschüttet haben. Das fällt uns nicht leicht. Was verdanken wir ihnen nicht alles! Wir fürchten uns, in den geliebten Eltern und den verehrten Autoritäten Feinde von Liebe und Wahrheit zu sehen. Wir wehren uns, ein Leben lang der falschen Wahrheit aufgesessen zu sein, obwohl wir die richtige in uns tragen. Es kann nicht sein, daß wir es falsch gemacht haben! Wir haben uns doch solche Mühe gegeben!
Wir wehren uns aus Eitelkeit. *Wir* sollen geirrt und *unsere* Eltern Schlechtes getan haben? Das kann uns nicht passieren! Wir glauben an unsere Unfehlbarkeit, an die Güte unserer Eltern und die Vernunft des Systems. Wenn der Körper nicht mitspielt, hat er unrecht. Woher soll er es auch wissen? Wir lassen die Magengeschwüre wegschneiden, wir trimmen den Kreislauf auf die rechte Drehzahl, wir beschmieren uns mit Salben und schlucken Tabletten, Tropfen und Psychopharmaka. Den großen unerklärlichen Kummer ertränken wir im Suff oder vernebeln ihn mit der Mattscheibe oder sublimieren ihn im kreativen Konsum. Wir backen, werkeln und töpfern. So kommen die meisten gerade noch klar.
Nur eine Minderheit wird kriminell, depressiv, impotent oder pervers, nur ein Teil geht zum Psychotherapeuten, und nur ganz wenige werden so behandelt, wie Alice Miller es beschreibt: Der Therapeut ergreift

Partei für das in ihnen unterdrückte und mißhandelte Kind. Viele Therapeuten ergreifen Partei für die Eltern und führen so die Anpassung auf subtilste Weise zu Ende. Die wie von Alice Miller behandelten Patienten haben die Chance, die Empfindungen von Schmerz, Enttäuschung und Wut nachzuerleben, die die Eltern auslösten, als sie die Bedürfnisse der Kinderkörper unterdrückten, jene Empfindungen, die die Kinder nicht zulassen durften bei Strafe des Liebesentzugs und Existenzverlusts. Sie haben diese Chance, weil die Begleitung des Therapeuten ihnen Mut und Kraft gibt, den bedrohlichen Empfindungen ins Auge zu sehen. Wenn sie das tun, überwinden sie den Schrecken, und wenn der Schrecken aufhört, wird Raum für neues Leben in dem bisher verschlossenen Körper. Die uralten Körpergefühle, das Sehnen nach Zärtlichkeit und Angenommensein in Wärme und ohne Bedingungen, können erlebt und ausgelebt werden. Zum erstenmal im Leben. Der Körper tritt in seine Rechte und entfaltet seine Wahrheit der Zärtlichkeit und orgastischen Echtheit.

Es wäre allerdings entmutigend, wenn der Weg zum Körper nur über die Couch der wenigen Psychoanalytiker führte, die für das Kind Partei nehmen. Dann müßten wir uns in lange Wartelisten eintragen. Andererseits können wir die von Alice Miller aufgezeigten Gesetzmäßigkeiten des seelischen Lebens nicht verleugnen. Wir können die Gegenwart nicht gewinnen, ohne die Vergangenheit zu bewältigen! Wenn wir die Wahrheit finden sollen, müssen wir der ganzen Wirklichkeit ins Auge schauen und können die Vergangenheit nicht aussparen. Die Wahrheit muß vollständig sein. Das ist die Lehre des Körpers. Wir müssen die Gesetzmäßigkeiten anerkennen, denen wir unterworfen sind. Wir lassen uns ja auch überzeugen, daß wir der Schwerkraft unterliegen. Wer das leugnet, fällt auf die Nase. Genauso geht es allen, die den Weg zur Wahrheit des Körpers abkürzen wollen. Sie stürzen in die Fallgruben der Vergangenheit.

Vielleicht kann auch der Begleiter oder die Begleiterin, die Mut zur Wahrheit machen, der liebende und geliebte Mensch sein? Was den Therapeuten auszeichnet, der die Partei des mißhandelten Kindes ergreift, ist ja weniger die analytische Technik als die Bereitschaft, den Patienten anzunehmen. Der Therapeut verhält sich wie ein Liebender: zärtlich verstehend. Warum sollen Liebe und Zärtlichkeit weniger wirksam sein, wenn sie von einem anderen Menschen als dem Therapeuten kommen?

Dies ist keine Aufforderung zur Laienanalyse, sondern ein Versuch, die Nähe zur Wahrheit des Körpers zu nutzen, die liebende Menschen erreichen können. In der totalen Zärtlichkeit geben die Körper tausend Aufschlüsse und Hinweise. Hier ruht ein Schatz an Gesundheit und Erkenntnismöglichkeit. Mit Gefühlen können Erinnerungen aufsteigen; die Gefühle bringen sie mit aus den Tiefen, die die Wahrheit bergen. Das ist eine Möglichkeit; es gibt keine Methode zu lehren, um sie zu nutzen. Die Liebe ist methodenlos. Worauf es ankommt, ist zu wissen, daß es Wege zur Wahrheit gibt, die nicht durch das Nadelöhr der psychoanalytischen Couch führen. Es muß allen überlassen bleiben, einen Weg zu finden; es braucht niemand zu verzweifeln, wenn kein vernünftiger Psychotherapeut zu finden ist.

Wir brauchen die Hoffnung nicht aufzugeben. Eine Garantie gibt es nicht, aber es ist auch nichts vergeblich. Auch wenn es uns nicht gelingt, die Wunden zu heilen, die wir tragen, verbessern wir unser Leben, wenn wir anfangen, auf uns selbst zu hören statt auf andere. Wenn wir das tun, helfen wir auch unseren Kindern. Wir schalten die unbewußten Zwänge aus, die dafür sorgen, daß wir die uns von den Eltern zugefügten Mißhandlungen ungewollt an sie weitergeben. Diese Zwänge lassen sich weitaus leichter aufheben als die Verstrickungen, in denen wir selbst stecken. Wir bedienen uns nämlich, um die Kinder zu verformen, des Vorwandes der Erziehung. Wir maßen uns an zu wissen, was für Kinder gut oder schlecht sei und wie Kinder zu sein haben. Wir bilden uns ein, daß das, was wir den Kindern antun, notwendig sei und förderlich. Es ist nicht schwer, das alles als Wahnvorstellungen zu entlarven und als Ideologien, die die Mißachtung des Kindes rechtfertigen. Sie entspringen dem geheimen Neid auf die Gesundheit des Kindes. Angeblich fördern wir das Kind, aber in Wirklichkeit zerstören wir seine Körperlichkeit, seine Empfindungsfähigkeit und später – in der Schule – seine Lernfähigkeit. Wenn wir auf unseren Körper hören, hat die Erziehung ausgespielt. Dann ist nur noch der Wunsch zum Wohltun da.

Hier schließt sich ein Kreis. Die Zerstörung der Welt beginnt mit der Mißachtung des Kindes. In der Erziehung des Kindes zur Anpassung an ein lebensgefährliches und liebloses Gesellschaftssystem fällt die erste Entscheidung gegen den Körper und sein Leben. Damit wird die naturwüchsige Zärtlichkeit unterdrückt, bevor sie sich entfalten kann. Die Menschen müssen unglücklich werden, weil sie nicht zärtlich sein können. Sie leiden und wollen deshalb leiden machen. Nur darum schicken sie sich an, die Welt zu zerstören.

Die Hinwendung zu Liebe und Zärtlichkeit ist keine Flucht in Innerlichkeit und Privatheit und kein Verzicht auf Politik, sondern deren neue

Grundlage, ohne die künftig keine Politik mehr zu machen ist. Denn was hilft es, wenn ich Freiheit und Gleichheit predige und unterdrücke doch meine Frau oder Freundin? Was hilft es, wenn ich gegen Kapitalismus und Profit zu Felde ziehe und nehme doch teil an der Plünderung der Erde? Was hilft es, wenn ich gegen Krieg und Rüstung protestiere und schlage doch meine Kinder?

Die Studentenbewegung scheiterte an sich selbst. Sie ging von der Theorie aus und im Theorienstreit unter. Die Bewegung, die von der Liebe zur Erde ausgeht, wächst ständig. Sie ist eine Bewegung für den Schutz des Lebens und der Natur, für die Erhaltung des Ökosystems Erde und für den Frieden der Menschen. Sie braucht keine Theorie, denn sie fußt auf der Wirklichkeit.

Die Lebensbewegung, die sich mal mehr als Umweltschutz- und mal mehr als Friedensbewegung versteht und darstellt, immer aber als Alternative zum militärisch-kapitalistischen Industriesystem, ist die Tochter der wiederentdeckten Zärtlichkeit. Zärtlichkeit erschließt die Verbundenheit zu den Menschen und zur Erde. Sie nimmt Partei für das Leben aus dem Gefühl heraus und nicht bloß wegen einer Theorie. Sie muß sich gegen ein System stellen, das das Leben zerstört. Sie wird nicht schweigen, solange das geschieht. Deshalb wird sie nicht zugrunde gehen wie die Studentenbewegung. Die Theorielosigkeit ist ihre Stärke.

Die Besinnung auf Liebe und Zärtlichkeit gibt der Lebensbewegung eine neue Dimension. Der Mensch wird sich bewußt, mit seinem innersten und intimsten Leben Teil des Ökosystems Erde zu sein. Die Ökologie bemächtigt sich der Sexualität und findet das Prinzip der Zärtlichkeit der Körper. Auf ihm beruht die Einheit von Mensch und Natur. Die lebensspendenden Kreisläufe sind das Ergebnis dieser Zärtlichkeit, sie sind ohne Zärtlichkeit weder in Gang zu setzen noch zu halten.

Mit den Abspaltungen nimmt es ein Ende. Der Mensch braucht sich nicht von der Natur abzuspalten als ein übernatürliches, weil geistiges Wesen, und er braucht keinen wichtigen Teil seiner selbst, die Sexualität, von sich abzuspalten als Sünde, Schmutz oder tierisches Erbe. Vielmehr ist alles in einer Weise von der Zärtlichkeit und Fühlsamkeit der Körper erfüllt und belebt. Der Fortbestand des Lebens ist von ihnen abhängig und nicht von technologischer Planung. Die Körper verbinden, die Planung trennt.

Ob das Leben vor den tödlichen Planungen noch zu retten ist, ist ungewiß. Es gibt keine Garantie, aber es ist auch nichts vergeblich. Die herr-

schenden Mächte greifen schon zur Gewalt. Sie setzen Knüppel, Tränengas und Stacheldraht ein gegen die Freunde des Lebens oder gar Kriegsschiffe gegen die Lebensschützer von Greenpeace. Auch die Christen im alten Rom wurden verfolgt. Trotzdem haben sie gesiegt; leider haben sie später das Christentum zur Kirche gemacht. Die Lebensbewegung wird sich dagegen zu schützen haben, daß sie die Organisationsformen des Systems übernimmt. Einstweilen besteht sie aus Kleingruppen, in denen sich Nähe und Zärtlichkeit entfalten können. Auch in großen Demonstrationen werden Lebensfreunde nicht zur Masse, sondern bleiben solidarische einzelne. Die Massen wandern auf den Fußballplatz, aber nicht nach Brokdorf und Malville. Dorthin gehen wohl viele Menschen, aber keine Massen; sie marschieren nicht im Gleichschritt und brüllen nicht im Torschrei auf.
Die wiederentdeckte Zärtlichkeit wird zum wichtigsten politischen Faktum. Für die notwendige Umkehr der Systeme liefert sie nicht nur die Begründung, sondern auch den Mut, die Kraft und die Mittel. Sie ändert nicht nur das Umgehen der Menschen miteinander im Nahraum der Privatheit. Die Änderungen strahlen aus in das öffentliche und politische Leben. Die Änderung ist total und kann nicht auf Teilbezirke beschränkt bleiben. Die voraussehbaren Übergangserscheinungen spielen sich bereits ab. Die zärtlichen Neuerer werden vom System zu Umstürzlern erklärt, weil sie statt der Ordnung des Todes die Ordnung des Lebens aufrichten wollen. Umgekehrt erscheinen die Leuchten des Systems als seelenlose Macker und wichtigtuerische Marionetten, die glauben, sie zögen an den Drähten, an denen sie hängen.
Die Versuchung zu Spott, Verachtung und Gewalt ist groß auch für die Lebensbewegung. Doch Zärtlichkeit macht Verstehen möglich. Dies hat sie den Todesplanern voraus. Diese sind eingeengt auf die Teilwirklichkeit des Systems. Sie ist die einzige Wahrheit und Wirklichkeit für sie; etwas anderes kennen sie nicht. Sie müssen glauben, wer gegen das System sei, sei ein totaler Verneiner.
Die totalen Verneiner sehen das unverkrampfter. Sie haben mit den anderen die Körperfeindlichkeit erfahren, aber überwunden. Sie wissen, wie schwer das war. Sie können nachfühlen, daß viele es nicht schaffen. Das ist für sie kein Grund zu Hochmut oder Herablassung, eher zu Mitleid. Sie hassen die Väter nicht mehr, sie lieben die Kinder. Sie kennen keinen Grund, irgendeinen Menschen von der allverbindenden Zärtlichkeit der Körper und des Lebens und von der Solidarität der Menschen auszunehmen. Wenn uns trotzdem danach zumute ist, so bestimmen uns

dabei die Reste der Körperfeindlichkeit, die wir in uns tragen und nie ganz tilgen können.

Die Todesstrafe ist abgeschafft. Auch der Mörder darf leben. Die Gesetzgeber haben eingesehen, daß sie sich mit dem Mörder auf eine Stufe stellen, wenn sie Tod mit Tod vergelten. Das kann nicht zum Frieden führen. So dürfen auch wir den Planern und Handlangern der Todessysteme nicht mit der Gewalt entgegentreten, von der wir sie abbringen wollen. Das würde sie nur in deren Anwendung bestärken. Darin kennen sie sich aus, und darin sind sie uns überlegen.

Sie kommen nur zur Besinnung, wenn sie etwas nicht verstehen. Gewalt verstehen sie, auch Profitsucht, Geltungsstreben und Machthunger. Was sie nicht verstehen, sind Zärtlichkeit, Liebe zur Erde und Sorge um die Kinder. Davon reden sie wohl, aber davon verstehen sie nichts. Sie können es nicht begreifen, daß Menschen dafür auf die Straße gehen und sich zusammenschlagen lassen. Da müssen Drahtzieher hinterstecken.

Aus: Helmut Ostermeyer; «Zärtlichkeit».
rororo mann 8259, erschienen 1990
(zuerst veröffentlicht 1982 im päd.-extra Buchverlag, Bensheim)

Rüdiger Kremer

die liebenden
sind die erlösung der welt
und nichts wird sie trennen
ausser leben und tod

Peter Roos
Morbide Männlichkeit

oder
«Du pinkelst ja im Sitzen!»
Ein Brief

Marktheidenfeld, Datum des Poststempels

Living is easy with eyes closed
The Beatles

Alles ist ganz easy, alles ist ganz happy
Peter Schilling

Cold days, hot nights
Moti Special

Alles klar? Nichts ist klar!
Nena

Ach Florian,
die Stimme macht mich traurig, die von Deinem Anrufbeantworter kommt. Seit Tagen versuche ich Dich zu erreichen. Vergeblich. Immer wieder dieser Ténor, halbpersönlich, business, Telefonmaschine und Distanz. Diese Entfernung ist erregend. Niemand wird Dich erreichen, wie oft er wählen wird, wie viele Nummern er auch hinterläßt, wie oft Du ihn auch zurückrufen magst. Es ist nicht die bürotechnische, es ist die seelische Unerreichbarkeit. Nicht umsonst kommen wir nicht mehr zusammen, nicht umsonst können wir nicht mehr miteinander reden.

Flori,
I am in the mood: Männermood. Blue notes, dirty notes. Emotionale Unordnung. Lästiger Geschlechterkram, der stört und weh tut. Ich zähle die Monate nicht mehr, durch die ich mich schleppe, an der Grenze der Belastbarkeit. Ich tarne das als berufliche Belastung, und das klappt. Tarnung, das haben wir gelernt, und sie funktioniert in unseren Kreisen, auf

unseren Altersstufen, in underwear, slips oder der guten deutschen Schiesser-Unterhose mit Eingriff.
Wir haben keine Zeit, kein Wochenende und finden nicht den rettenden Termin.
Ich habe Sehnsucht nach Dir, nach Deiner Stimme, nach Deiner Sicherheit, Deinem Chaos, der Verwirrnis; ich habe Sehnsucht nach meinem Vertrauen zu Dir; ich denke oft an diese komische Loyalität zwischen uns, die nie besprochen war. Du reagierst nicht auf meinen Wunsch, und ich wünsche mir ein langes Ski-Wochenende, zusammen, wenn davor eine lange Nachtfahrt liegt, Frankfurt–Würzburg–Nürnberg–München-Innsbruck–Brennero und weiter, die Skier obendrauf, die Schuhe im Kofferraum, die rasch gepackten Reisetaschen auf der Hinterbank. Du am Steuer, ich am Steuer, beide mit der sicheren Begeisterung, den Wagen zu beherrschen, die Lust an nahtlosen Schaltvorgängen und ohne Konkurrenzgefühl im Fond, mit Höchstgeschwindigkeit go south. Draußen die Nacht und drinnen das Gespräch. Kaum sehn wir uns an und kommen zur Sache. Vielleicht fährst Du mir einmal übers Haar, wenn mir die Tränen –, vielleicht boxe ich Dir auf den Bizeps vor Freude über eine Formulierung oder bin empört, weil Du mit Schaschlikspießen in mir herumstocherst. Ich weiß, Keith Jarrett liegt im Handschuhfach, Randy Newman, John Abercrombie, Aki Takase. Wir werden die Intermezzi brauchen. Und ich habe die Frau in meinem Bauch, in die ich gerade verliebt bin, und die, die ich ewig schon liebe.

Floh,
ich weiß: Das alles ist nur Traum. Die Romantik hat's aus unseren Leben geschlagen, das so hart geworden ist, wie Du plötzlich gefroren warst, als wir uns beim letzten Mal umarmten, Abschied Airport Berlin. Ich hatte mir gewünscht, nicht glatt rasiert zu sein: Dir in die Wange stacheln, Dich verletzen wollen in dieser Sekunde, als Du von der «begrenzten Berührbarkeit der italienischen Männer» zu sprechen begannst. Abrupte Verlogenheit. Hast selbst innegehalten mitten im Satz. Als hätte jemals einer von uns mehr vom anderen Körper haben wollen als flüchtige Bewegungen, als das Ertasten von fleischlosen Gedanken in Haut, Hemd und Hose. Du weißt, der Bruder-Effekt. Sich anvertrauen können, die Notwendigkeit von InsOhrflüsterGesprächen, dieses asexuelle, gefühlvolle BeieinanderaufdemBettliegen. Ich sage nur Florenz. Erst Einzelzimmer reservieren, und dann kamst Du nachts in mein Bett. Aber es ging nicht weiter, es ging einfach nicht. Dir haben die Brüste an mir gefehlt und mir an Dir

der Busen, der Schoß, der Po; Deine Hände sind zu rauh, der Bartwuchs ist zu stark, Du cremst Deine Haut nie ein, und Haare auf der Brust finde ich sowieso widerlich. Aftermath: «Rettungslos heterosexuell!» habe ich gesagt, und Du hast gesagt: «Das stimmt!» Und, darüber war ich erstaunt, bestürzt, erfreut – Du hast hinzugefügt, leise: «Leider!»
Ich kann mit Männern nicht umgehen.
Sie sind. Die Freundschafts*arbeit* sind sie mir nicht wert. Kaum ein Gespräch, bei dem ich nicht erst stundenlang durch den Schleim ihrer Männlichkeit waten muß. Es sind die immergleichen Rituale, die der Regelmechanismus Virilität in Gang setzt und am Rotieren hält, so subtil er sich auch gebärden mag: Hirnsex, Turbo-Wichs, Lederjackenjargon. Jeder zeigt seine Klinge, seinen Kontoauszug, Etienne Aigner-Etiketten oder das Lacoste-Hemd mit dem Hinweis: keine Korea-Kopie. Oder einige Prestige-Stufen höher: Seidenhemd und Maßanzug, wenn Gucci, Fendi und Armani nicht conveniren konnten. Oder was jeder sonst noch in der Hose. Durch die Bank und entlang der Hierarchie, die Sozialleiter hinauf und herunter, ob Studienrat oder Notar, ob Tankwart oder Schwimm-Meister, der Einzelhändler steht dem Gärtner nicht nach, der Journalist nicht dem evangelen Großstadtpriest.
Flori, ich habe die Schnauze voll.
Ich habe keine Zeit, keine Lust und keine Kraft mehr, mich durch den Müll an männlichem Mandatsverhalten hindurchzuhören – wie schnell der eine die andere abschleppt und flachlegt, wie hoch und breit welche Abschlüsse und -schüsse sind, wie steil die Laufbahnen, die Notenquoten, Wachstumsraten, der Markt-Platz, der Um-Satz, die Liter-Zahl oder die Ziffer der ertrunkenen Badegäste pro Saison. Der Männer-Verkehr ist verstopft, die Kommunikation ist Sackgasse, nichts Neues in Sicht: Zur Sache, zum Schmerzpunkt, kommst Du nie. Beziehungs-Angst tobt nicht nur gegenüber Frauen. Furcht vor Risiko, keiner liefert sich aus, und rauslassen tut man nach individueller Arithmetik der Intimität. Der Anrufbeantworter, die Haustürsprechanlage, das Autoalarmsystem, der harte Anzug von Boss und Davidoffs «Long Panatellas» als Trend-Insignien der neuen Männlichkeit: Was verraten sie an Lebens-Gestus? Die Lonesome rider-Attitüde – stilisierte Solitüde-Avantgarde. Man weiß nie, ob der Fotodesigner, ob Van Ackeren oder wer zuerst da war, vielleicht sogar die eigene Beobachtung: Irgendwo hat man die Bilder von den regennassen Rücklichtern doch schon einmal gesehen, irgendwo fahren sie doch immer herum, lauter einsame Männer in ihren Autos, Wagen, Limousinen, nachts durch die Stadt, ob Würzburg oder Berlin, es ist

nur die Postleitzahl – stumme Verzweiflung oder über die dazu notwendige Sprache gar nicht mehr verfügen, Jaggers «She's the boss» im Kassettenrecorder.
Flori, no emergency.
Es ist nirgendwo mehr was zu holen.
Unsere Väter waren noch Kerle – jetzt sind sie entweder zahnlose Löwen oder tot; jedenfalls stand ihnen der machismo noch im Gesicht, die Granatsplitter im Knie, der Schuß im Kopf, und wäre er erst im Nachkriegspapierkrieg dort hineingekommen. Kerle, die letzten runden Kerle. NS-Krieg, Wiederaufrüstungskrieg, happy America-war und go west-Deutschland – politische Kategorien, die den seelischen Zustand nur nachäfften. Aber es stimmte einfach.
Wir? Kein Ausweg. Wohin Du auch fliehst in Urlaub, und wie viele Sprechanlagen Du auch vor Dich schaltest.
Wo kreuzt Du jetzt herum? Wo stehe ich?
Ich spräche Dich gern an. Aber, *Freund* ist ein altmodischer Begriff, *Verlust* ein Oma-Wort. Appelle haben ausgedient, was sich noch von selbst versteht, versteht sich von selbst nur per Gewaltanwendung.

Florian, der Renegat?
Die Selbstverständigung ist ohne Freund zu leisten; die emotionale Unordnung schreit nach Befund, Bilanz. Standort. Auf sonderbare Weise ist mann zu einer neuen Tagesordnung übergegangen. Nur so viel: Die Softi-Zeiten sind vorbei. Die Öffnung hin zur Weiblichkeit ist abgekappt, die Auflösung der Barrieren gestoppt, Grenzbäume runter, Position: Punkt hinter dem Verlust der Illusion.
Es ist keine neue Loyalität unter die Männer gekommen. Manchmal tut sich Gefühl auf, das aber dem nächsten slip geopfert wird – auch daran hat sich nichts geändert, außer: Früher hieß es statt «slip» noch «Rock», und man ging nicht so rasch ran.
Was ich kann, mittlerweile kann: wenigstens etwas Entschiedenes über die Verzweiflung sagen!

Florian, mein Herz ist zu.
Sist zu mühsam – ich öffne mich nicht mehr für die Scharmützel der Herren. Die Herren sind mir zu männlich, die Männer zu wenig Frau. Männer sind mir abhanden gekommen. Ich habe sie irgendwo auf der Lebenslaufbahn verloren. Da erinnere ich gerade noch die Knabenfreundschaften und Kameraderien mit Pinkelwettbewerb und Maikäfer-

rösten. Was rasant überging in Poussieren und Knutschen, die Mädchen der Gegenstand, der Adressat der Freund, der andere Mann, das männliche Publikum. Oft. Aber nie genug und nie Ziel der zärtlichen Sehnsucht. Mädchen waren mir bald Trostlandschaft für die trostlose Landsmannschaft der Herren. Mädchen und Frauen waren Neuland. Orte der Neugierde, Spiegel, Reizpunkt, Denkstütze, Haut und Haar. Während monatelanger Kinderkrankheit haben mich Schwestern am Leben gehalten, nicht der Chefarzt, auch wenn er Heiland hieß. Als Kind fand ich die Tanten schon mindestens so interessant wie den Onkel. Und in den folgenden Kampfsituationen des Lebens hatte ich es immer lieber mit Frauen zu tun. Übel die Pauker, Fluchtpunkt und leichterer Umgang die Lehrerin. Und förderlich. Selbst wenn, später, die beflügelnde Erotik einmal blockierend im Weg stand. Immer verfügten Frauen über eine Einfühlungsenergie, wovon Männer nur träumen können.

Zwischen mir und Männern befindet sich Klima. Ich fühle mich wie auf Besuch und sitze auf der Sesselkante. Oder im Stadion, lauter 100-Meter-Wettbewerbe, aber alle Kämpfer verharren auf dem Startblock. Oder Aufsichtsratssitzung. Facts. Blanker Austausch. Und der findet statt.

Unter Frauen oder mit ihnen: Ich bewege mich und Atmosphäre bewegt uns – der ideelle Nachmittag im Thermalbad.

Natürlich. Natürlich gibt es den weiblichen Mann, und eine Zeitlang schwamm der Begriff *Androgynität* in der Szene. Was ist daraus geworden? Yesterday's papers. Die, die's ernst gemeint haben oder nie eine Wahl hatten, qua Veranlagung, Erfahrung, Leid, Erkenntnis – der Mann soll sich als Geschlechtsdissident seinen Weg suchen im Dschungel des Hormonverkehrs, beim Hochseilakt zwischen Homosexualität und androgynem Leben.

Florian!

Warum meldest Du Dich nicht?

Bist Du der Tanzbär geworden, der sich die Dame holt und keine Führungsschwäche zeigt? Weißt Du, was ein Mann ist? Ruf mich an, ruhig mitten in der Nacht. Schick mir Fotokopien, falls Du etwas dazu in Büchern gefunden hast, oder reiß die Seite heraus, wenn Du nicht exzerpieren willst; aber laß die Grönemeyerei der blassen Jungens, die mit Hitparadenfeminismus auf den letzten Konjunkturzug aufspringen.

Und laß mich unbehelligt von den Neotunten, die mit VHS-Getue in die Mütterstunde für Hodenträger torfen. Reiner sagte so schwul: «Ich muß das Gespräch abbrechen, habe jetzt Wickelkurs!» – «Und ich geh in Puff!»

Frag nicht, ob ich Fenster putzen könne, frag nicht, warum ich Pfingstrosen liebe. Warum sagtest Du beim letzten Mal: «Du trägst ja Schmuck!» Und wieso riefst Du nach dem Essen auf der Herrentoilette aus: «Du pinkelst ja im Sitzen!»
Florian.
Ich bin einsam, ich habe keine Wahl.
Ich mag mich nicht mit Sekundärgesprächen und -kontakten auseinandersetzen. Der Anspruch ist hoch, der Wärmeverlust groß; aber der Kater nach dem Stammtisch hält an für Tage, weil ich, wieder einmal, meinen Monolog inmitten der Herren, inmitten der Hoden, mit Wein auf Sand gesetzt habe. Migräne heißt die Konsequenz, und sie steht keinem gemachten Mann im Gesicht. Jawohl, es gibt sie noch immer, die gemachten Männer. Höre, sehe: mehr denn je. Zehn, fünfzehn Jahre, die die Frauen bewegt haben, haben keinen neuen Mann hervorgebracht. Für mich ist der Fortschritt wenig mehr als Schmerz-Erfahrung.
Ich habe mich ergeben. Die weiße Fahne ist gehißt. Ich konnte nicht mehr Schritt halten. Jetzt bin ich stehengeblieben. Mein Orientierungssinn funktioniert nicht mehr, vor allem nicht mehr reibungslos.
Wo ich stehe, weiß ich nicht. Ob ich jemanden zurückgelassen habe? Wohl kaum! Ob jemand mich zurückgelassen hat? Mit Sicherheit! Ich weiß wieder einmal nur, was ich nicht will, aber dessen bin ich mir nicht mehr sicher.
Mit Neid beobachte ich *die* Frauen. Wie die Aggression, der Fortschritt blühen. Sie werden straffer, muskulöser, das Rückgrat gespannt. Und schöner – ich bilde mir das nicht ein. Was sich bei ihnen tut! Was gelassen wird! Ich spüre ihren Rückenwind, aber er pfeift an mir vorbei. Immer öfter gehe ich allein spazieren. Weder mit Männern noch mit Frauen macht es mir Lust. Nichts tue ich lieber als flanieren, diese verblendete Form des Suchens nach was. Sprachlich heißt das «nicht mehr», das Neue scheint noch nicht auf.
Das Selbst-Gespräch ist meine Verständigungsform. Gerade noch der Brief, verkappter Monolog. Als würde man wirklich gelesen! Vielleicht ist mirs Alleinsein gerade das Liebste, dem eigenen Schritt nachhören, dem Laub im Herbst oder sich voll tun mit walkman beim Rollschuhfahrn. Und dann erschöpft einschlafen, die Ohren auf dem Nachttisch abgelegt,

Abgewirtschaftet. Kein schönes, aber mein Lieblings-Wort. Dazu paart sich *irgendwie*. Und als ich noch versucht habe, mich meinen Freunden

und Partnern verständlich zu machen, mich zu erklären, fügte ich jedem Halbsatz, jedem Gedankensplitter den Hilferuf «verstehst Du» bei, genau fühlend, daß das Gegenteil die Wahrheit war. Immer mehr schrumpfte der Kreis derer, mit denen ich überhaupt noch reden wollte. Bis ich merkte, daß ich nach einer Person Ausschau hielt, die genauso alt war wie ich, den gleichen Beruf ausübte oder einen ähnlichen, die gleiche Dioptrienzahl im Brillenglas mit sich herumtrug, Oberhemden mochte, Füllfederhalter, Ledersessel und Kunstdruckpapier, Schmuck, Mode, Parfums. Und beides war, Mann und Frau. In dieser Zeit wollte ich mir einen zweiten Vornamen zulegen, *Maria*. Der schien mir alle Sehnsüchte nach einem würdigeren Männerleben zu tragen. Damit war mir Klarheit zugefallen, die ich so und derart rasch nicht erwartet hatte. Es sah aus, als läge plötzlich die Lösung des Problems vor mir. Das Ziel und die Methode: Androgynität.
Und nichts leichter zu leben als die.
Gemischte Gefühle. Das ist geradezu harmlos ausgedrückt. Die Grenz-Situation hat sich verschoben. Es handelt sich nicht nur um ein Nicht-mehr-weiter-Wissen der landläufigen Orientierungslosigkeit. Es geht nicht mehr darum, wie androgynes Leben aussehen könnte, es geht nur noch ums Überleben als Mann. Nichts großer Entwurf, nichts genialer Plan, nicht einmal kleine Schritte in bessere Arrondissements. Kleines, beschissenes, mickriges Männer-Leben.
Ich habe genau hingehört, Florian.
Du empörst Dich nicht mehr. Sätze wie «Ich glaub, es geht los!» oder «Was soll denn das!» oder: «Du spinnst wohl!» kommen nicht mehr aus Deinem Mund. Du ›hältst Dich bedeckt›, was Du nicht formulieren mußt, und ganz bestimmte bestimmte Dinge ‹bleiben außen vor›. «Glück» ist für Dich kein Wort mehr, «Beziehungen» werden ge«checkt» und sind dann «nicht mehr angesagt». Das kommentierst Du mit «Ende der Durchsage!».
Du bist sprech-feindlich geworden, Du redest nicht mehr, die Unerbittlichkeit braucht keine Worte. Was aus Dir heraus kommt, ist schlanke Handlung, höchstens noch das kalte, abfedernde «So what!», das zum Dinner-Jacket paßt, selbstlos getragen am Mittwochmorgen. Du sagst nicht einmal mehr mit verächtlich verzogenem Mund «Weiber», aber alles deutet darauf hin, daß Du so denkst und so handelst. Vielleicht bist Du jetzt glücklicher, wo Denken und Handeln aus einem Impuls kommen. Aber haben Dich nicht einmal andere Gedanken geleitet?

Sag, wie hältst Du das Alleinsein aus?
Existiere ich noch für Dich? Ist auf Dich noch Verlaß?
Wo bist du?
Du haßt Kinder, Kondome und laufende Radios. Auch Politik ist für Dich nur ein permanentes Nebengeräusch. Kanzler Kohl, nicht mal mehr eine Verachtung wert. RAF ist nur zuviel «action», und «action» ist nicht mehr, ach Gott «satisfaction», ach Gott «Frust», zu Aids fällt Dir nur «After Eights» ein, und Du pflegst das hastige Abbrechen von Beziehungen. Wortlos ist der Übergang, alles hält den gleichen Rang: Kabel, Computer, Kosmetik und Koitus, gleichrangige Dinge und kein Problem. Schon einmal etwas von «Zuwendung» gehört? Wenigstens von «Krise»? Krisen waren doch früher was für Dich! «Männer-Vogue»-Abo, läßt sich denken. Religion des Ich, und Du bist Dein Papst. Und dazu gehört, exakt diesen Zustand zu verschleiern. Aber doch so, daß jeder ihn nicht übersieht. Die neue Härte.
Was denkst Du Dir eigentlich, wenn Du so wild in der Gegend herumschweigst? Was sagt die neue Härte? Was spricht das innere Management?

Florian, Du weißt es selbst:
Diese Männlichkeits-Kultur ist eine Hilfskonstruktion. Alla moda. Interim. Schmerzhaft und eingeredet. Die Verzweiflung ist nicht pur. Lustvoll. Stilisiert. Attitüde. Dein Design des Zeitgeists kriegt mich nicht dran. Politische Kategorien kosten mich Mühe, zugegeben; Theorien öden mich an. Die Wut zu vergessen ist groß und der Rundumschlag oft geübt. Welche Denkblockade wäre nicht willkommen. Sich schicken ins Unvermeidliche. Wir werden ja auch älter, und warum sollen sich nicht doch die Werte wandeln, die Lebensbahn ist eingeschlagen, und den Hohlweg bis zu unsren Fifty-Pensionsaltern ertragen wir mit selbstverständlichen Camparis.
Floh, ich brauche Dir Errungenschaften nicht aufzuzählen, die wir quasi frei Haus durch die Frauenwucht geliefert bekommen haben. Oder streitest Du neuerdings ab, daß die Männer nichts davon hätten? Den Errungenschaften fehlt die neue Moral, die andere Ethik, und sie sind mit Leiden bezahlt.
Mich hält die Erkenntnis am Atem, daß dem Schmerz die Linderung folgen muß. Hätte ich sonst eine Ahnung von Glück? Und Du? Und Du? Spürst Du in diesen aufgeschürften Stunden auch den Wunsch, unangreifbar zu sein? Der eine bringt sich mit GTI und SL in Sicherheit, der

andere mit hochgeschlossenem Kragen ins Korsett, Weste, Krawatte und reich wattierte Schultern. Rüstung.
Mann-Sein ist Krisen-Profession. Ob's einer weiß oder nicht. Ich wüßte zu gerne, wo Du stehst oder liegst oder schwimmst. In wie sicheren Wagen Du über wie gesichertes Areal fährst!

Florian-Echo, Floris Wider-Spruch, Flohs Unterstützung.
Es sind die banalsten Erkenntnisse, die ich zur Zeit mache. Daß Männerleben morgens beginnt und abends noch nicht zu Ende ist. Der Schwanz hängt immer noch oder steht, die Barthaare lassen sich nicht bereden, sowenig wie der Trieb, der sich rührt mit oder ohne Reiz. Immer in derselben Haut, das Geschlechtsteil ändert sich nicht. Ein ganzes Leben so. Und keine Chance mehr, eine Frau zu werden, wenigstens zur Probe – Natur hat Fungibilität nicht vorgesehen. Nicht einmal zur Probe.
Unglücklich sein darüber, was man ist und wie.
In der falschen Zeit leben? Welche war die richtige?
Die jeweils schlechte Stimmung der Saison, dem Zeitgeist-Surfer aufs Brett springen, ein paar Wellen per favore?
Der falsche Typ, die Falschheit des Bewußtseins?
Jetzt sind es schon Jahre der rostenden Männlichkeit. Zumindest liegt sie darnieder und schmerzt. Diffus – das macht es so schwer. Lokalisierbares Weh ist leichter zu ertragen und einfacher zu therapieren. Das derzeit beschissene Geschlecht – eigentlich haben wir nichts zu lachen, wir wissen es nur nicht. Das ist keine Frage der Krokodilstränen, das ist eine Frage des Terrains. Eine Frage von Boden, Leintuch, Gedanken und Gefühl. Ich sehe keinen Ausweg, keinen Anlaß zum Sondieren und Sortieren, mache keine Perspektive aus. Den Rückenwind, wie gesagt, spüren die anderen. Ich pfeife gegen die Angst und neide den Frauen ihren Auftrieb. Lauere und trete als Zuschauer in die zweite Reihe; lauere auf den Zeitpunkt, wann für die Frauen der roll-back kommt. Der Mann als Heckenschütze. Ungeduldig: Wann ist der feministische Zauber endgültig vorbei?
Und taste und taumle derweil.
In der Zeit der schmucklosen Orgasmen.
In der die alten Raster nicht mehr passen und Attitüden der neuen Zigarren-Wotane nur noch lächerlich wirken – eindrucksvoll war das in den Borgward-Jahren, als Papa Heuss und Ludwig Erhard. Schon die Soldatenhaftigkeit von Helmut Schmidt – heute alles Museum oder Ohnesorg. Aber immer noch lieber als.

Die Interpretationsmuster sind nicht mehr zur Deckung zu bringen mit der Wirklichkeit; diese Wirklichkeit ist nur eine von unzähligen, die keine festumrissenen geschlechtsspezifischen Artikel beanspruchen kann. Die Gemütlichkeit der Mütter ist dahin.
Du hast Sehnsucht nach formierten Gesellschaften, hast Du beim letzten Mal gesagt. Es sei nur meine Lust, Endgültiges zu formulieren. Als Ausdruck des Bedürfnisses nach Regeln und Ordnung, die die aufgeriebene Männerseele stabilisieren? Der Wildnis einen Schutzmann vornedran stellen, der Verwirrung einen Beichtspiegel, Lutherische Morgen- und Abendsegen beigegeben: das waren noch Zeiten. Ungestraft schaut heute kein Kerl mehr einer Frau nach. Die Blicke sind geschärft. Ich behaupte: Bewußtseinsplateaus sind nicht zu unterschreiten. Wir stehen den Riesen der 50er Jahre nur auf den Schultern, sind keinen Schritt weiter, sehen nur besser. Mehr Erkenntnis, weniger Handlungsmöglichkeit. Das schafft Ohnmacht.

Frauen, lieber Florian,
Frauen erzeugen bei Dir keine raschelnden Gefühle im Kopf or somewhere else. Frauen mit Mundgeruch kämen Dir nicht ins Bett, Du häbtest keine Odol-Farm. Du haßt kranke Frauen und Cellulitis. Frauen erzeugen bei Dir Ekelgefühle; sie «sind nur noch zu nehmen» – in allen Bedeutungen des Wortes. Gleichaltrige habest Du aufgegeben, wobei es ehrlicher wäre zu sagen: Sie haben mich verlassen. Du hieltest Dir eine Weile Abiturientinnen, zehn, fünfzehn Jahre jünger, irgendwelche Tussis von der Telefonauskunft oder aus irgendwelchen Copyshops. Du hast «die Mädels» Dir rekrutiert nach ziviler Wehrmachtslogistik. Jetzt wirst Du wohl Verhältnisse mit Ehefrauen bevorzugen, die sind praktisch, hygienisch, ausgehungert und erträglich, handhabbar, dirigierbar, dankbar.
Wenn sich in München eine Frau in Dich verliebt und Du sitzt gerade in Köln, ist Dir das zu weit, keine 100 Telefoneinheiten wert, und von der Einrichtung Fleurop willst Du noch nichts gehört haben: «Gibt es das?» Vielleicht zur Modewoche? Ist sie dann noch heiß, dann kühlt man ihr Mütchen, staubt ab, nimmt mit.
Mir kommen oft die Tränen, wenn ich an Dich denke. Ich hätte jeden geohrfeigt, der gewagt hätte vorauszusagen, was mittlerweile eingetreten ist. Warum vertraue ich meine Stimme überhaupt noch Deinem schäbigen Telefonanrufbeantworter an? War all das, was wir früher besprochen haben, nur Leergut, Prospekt, Verpackung? Ästhetik in philanthropischen Farben, die einem trotz Manneskrise, Männerkrieg zwei,

drei gute Gefühle liefern konnten? Aus Dir ist ein übler Geschlechts-Techniker geworden. Du praktizierst ‹total cool›, aber mache mir nicht weis, daß Du das aus freien Stücken tust. Solche Reprimitivisierung der Gefühle paßt mir nicht in Dein Persönlichkeitsbild. Dafür bist Du zu weich und zu klug: und tust es trotzdem.

Was hat Dich so verletzt?

Nicht einmal unserem Kapitänskomplex huldigst Du mehr. Motzt eine Frau an Deinem Fahrstil herum, verzichtest Du sogar auf den Verkehr und bringst sie zum nächsten Taxi-Stand. Turbo-Mann.

Plötzlich wieder die Herrenwitze in unseren Kreisen. War ich vorher taub? Hab ich's nicht hören wollen? Was höhere Mathematik sei? Wenn Du morgens vor Acht die Wurzel aus einer Unbekannten ziehst! Und rund um mich herum diese grölenden Intimfaschisten, schweißrote Männersaunafratzen – da geht mein Atem kurz, ich denke nur: rausrausraus!

Turbo-Männer sind Masturbo-Männer.

Überhaupt Gesichter. Sieh Dir die Bilder der letzten Jahre an, die Fotos in den Alben, alte *Spiegel*- und *Zeit*-Jahrgänge, Rückblicksendungen im Fernsehen. Ob Privat- oder Staatsmann. Die Gesichter sind Elends-Schauplätze. Die Lippen zusammengekniffen, die Münder hart, die Augen müde, belastet, starr und entsetzt. Bewältigungsgesichter, schwer und angestrengt. Kampf-, Konkurrenz-, Konflikt-Gesichter. Sie glänzen durch Abwesenheit von Haltung, von Artistik, Ästhetik, Eleganz. Da ist nichts Leichtes, nichts Spielerisches zu sehen. Innere Anstrengung neben äußerer Anspannung. Und Verleugnung körperlicher Leiden – die Labialfalten erzählen von nichts anderem. Krankheitsbilder von Durchbeißergesichtern. Masken des Masochismus. Überdeutliche Signale der Überlastung. Die Körper dazu sind anwesend nur als Lebendgewicht, als reine physische Präsenz. Ohne Erotik, ohne Aura.

Die Frauen dagegen!

Aber erst noch die Wohnung. Florian. Alarmsignal.

Was Du *Design* nennst. Diese Flughafenpracht bundesrepublikanischer Ortlosigkeit, «ambiente», sagst Du. Du läßt Dich nicht mehr von jedem «per Du» anquatschen. Recht so. Zu wenigen ist das kein Freibrief, und beim Du wird viel zu schnell in den Eingriff gefaßt oder durch die mühsam hergestellte Stille gerülpst. Du richtest Dich ein gegen Holzdeckennation und Ikea-Studienräte. Gil Sander herb auf Marmorregal, und Mumm wird angetrunken, der mit dem eiskalten Label. Aber wer drängt Dich ins Aseptische? Fresco, Brise, Neon. Überall lief eine Weile Keith

Jarrett, dann war's Lucio Dalla, dann «Im Tretboot in Seenot»; heute dieser Sloterdijk, morgen jener Schlotterteig, und viele Frauen lesen wie auf einmal Schopenhauer.

«Ein paar Takte» *talk*, ein paar beiläufige Ice Blue-Martinis, ein unbedeutender Händedruck, aber der war schon «too much». Weißes Leder, Gipseier, Plastikblume, Ventilator an der Decke und «Denver-Clan»-Gucken aus dullness-Sucht. Oder es ist schon – nein noch – das schwarze telefono aus den 50ern, das mit dem schweren Hörer – das heißt: Man spricht nicht viel. Oder was ist es gerade? Was souffliert der Zeitgeist? Die Bequemlichkeit von airport-gates: Gleich mußt Du fort. Warst Du überhaupt da? Isolier-Gehabe. Den Schmerz über den Mobilitäts-Zwang läßt Du weg; Du hast ihn goutieren lernen. Schmerzverbot. Geeichte Gourmets der Verzweiflung. Und an Weihnachten das halbherzige Single-Dasein: am Krisenpunkt zur elterlichen Bescherung gehn und dann «mit Gleichgesinnten ins Café Grande». Laß die Sehnsucht nicht zu. Zynismus ist Dir verläßlicher. Aber Gil Sander hat Nobrium zum Nachbarn. Kaum Küchen haben Eure Wohnungen, zum Essen geht Ihr ins Bistro, gegessen habt ihr «beim Italiener», und der ist «mein Italiener».

Das könnte die neue Formulierung sein, Florians Form.

Das sind dann die Leute, die sich über Joschka Fischers Turnschuhe aufregen und bedauern, daß der Mercedes 190 zum neuen Volkswagen geworden ist. Rover, Saab, Volvo, das kann man nicht mehr fahren, jeder Trottel steuert Landrover über den Asphalt, und die Ro 80-Zeiten sind ebenfalls vorbei. Du kennst die Überschläger, die dann den Ford Transit oder andere «Türkenschleudern» fahren, ausgeleierte Understatement-Diesel-Taxis oder anti-chique-«Japsomobile» und ab damit in die männerschweißsmelling Bodybuildingstudios. Das sind nicht die verhaßten «Aldi-Prolos». Das sind die *design*-Designer. Die brauchen dann nicht mehr Dein «1x im Monat Berlin», Dein «muß sein». Denen genügt Freiburg oder Stuttgart, Kolbstraße. Paderborn. Ändert nichts an Knitter-Seele und daran, daß alle Gelassenheit Attitüde ist.

Die Frauen dagegen. Erinnere Dich der Fernsehbilder von Hildegard Hamm-Brücher! Als sie unter Tränen im Bundestag anläßlich der Abdankung unseres Kanzlersoldaten Helmut sprach. Da war, neben den guten, klugen, herrschaftsfreien Worten, das fast erstickte Weinen. Fast. Als könne sich nur eine solch überragende Persönlichkeit oder überhaupt Weiblichkeit diese Tränen leisten. Und neben dieser Kraft, neben diesem Mut, der Gescheitheit, dem Stolz – die Schönheit dieser Frau, das weiße Haar, die Erfahrungen, die Spuren im Gesicht: die allein ließen schon

sämtliche Verbalakte austauschbarer Parlamentshaudegen in den Hintergrund treten. Vorm Fernseher habe ich's erlebt als exemplarische Niederlage von Maskulinität.
Von Frau Hamm-Brücher sicher nicht als solche gedacht. Ich kenne einige Männer, die heulend vor Wut diese Frau am Bildschirm begleitet haben. Und einige, die weinten, weil sie alte Traumbilder vom Umgang miteinander aufscheinen sahen, unseren politischen und intimen Zuständen entsprechend der Weiblichkeit vorbehalten.
Oder. Sieh Dir das Lachen der Alice Schwarzer an, das sie seit zwei Jahren trägt. Sie ist schöner geworden, hast Du einmal gesagt. War sie immer schon. Unser Blick hat sich gewandelt, und sie ist weniger gespannt. Das Lachen kommt nicht ohne weiblichen Charme aus. Aber selbstverständlich ist da mehr. Den gesammelten Fahrtwind, den Frau und Zeit entfachen, in dem sie sich bewegen, den sie wohlig im Rücken spüren – der trägt dieses Lachen, auch Gelächter und Hohn, weil, auf die Leidenserlebnisse dieser Biographie wird nicht verzichtet.
Ich bilde es mir nicht nur ein, es ist so:
Die Frauen und Mädchen heute sind nie so schön gewesen wie in den letzten beiden Jahren. Auch die ‹häßlichen› Frauen haben eine neue, eine frische Grazie bekommen, die Grazie des Erfolgs – sie Alle sind weiter gekommen, sind fortgeschritten.
Und was tun wir, Floriflori?
Stehen da und beobachten. Sehen vom anderen Geschlecht nur noch das Rückenprofil. Erstarrt. Rasen in Gedanken mit Höchstgeschwindigkeit zum Skifahren und kippen, jeder glotzt für sich in die Nacht, unsere Probleme auf den Gumminoppenfußboden frisierter Volkswagen. Das ist es.
Den Neid nicht zu vergessen, der mir plötzlich als Bruder die Hand gibt.

Du entlastest Dich, Florian,
sprichst über die Chauvi-Frauen, die bewußt Rache nehmen für das ganze Geschlecht – der einzelne Mann als ideeller Gesamtunterdrücker und Staatspatriarch. Die die Männertechniken von Tennisplatz, Bankschalter, Autotür, Oberschulamt, Chefsessel und Leintuch adaptieren. Freundin B. fragte mich neulich: «Mit wem schläfst Du gerade?» Und S. dieser Tage: «Wer ist Deine Nebenfrau?» Das kam so kess und frech aus der Hüfte wie ein Herrenreiterspruch aus der gemischten Sauna. Nicht einmal das Tasten, die Schwingung des Antestens, Grenzüberschreitung

waren da mehr zu spüren. Mitten im Schmusen sagt Freundin H.: «Ich geh jetzt!», und K. schickt Dich nach einer langen, erinnerungswürdigen Nacht in Kneipe und Kiste weg mit der Sentenz: «Frühstück nicht inbegriffen!»
Das hatten wir schon. Das kennen wir doch.
Ist Dir aufgefallen, mit welcher Ostentation manche «Mädels», ja ich falle in Deinen neuerlich rüden Ton, auf Schreibtisch, Nachtkästchen oder im Badezimmer die Pille, die Kondome und das gesamte Angebot an Monatshygiene, das Sortiment von OB über Carefree zu Camelia, liegen haben. Felix sagt nur: «Emanzipationsnippes.» Sebastian zählt das zum «neudeutschen Intimkriegsarsenal», meint das demonstrative Menstruationsverhalten. Ob nun die Regel weggesteckt wird bei Berufskonkurrenz oder Bettkoitus, um den alten Männer-Vorwurf zu entkräften, die Frauen seien mindestens einmal im Monat nicht ‹gefechtsfähig›; ob sie den PMS-Kult hochjubeln, das premenstrual syndrome feiern, um die weibliche Gemarkung abzustecken, das biologisch andere zu markieren, Definitionen für Identität leben. Abendfüllende Menstruations-Gespräche sind nicht nur salonfähig geworden, sondern: neue, demonstrative Selbstverständlichkeit. Und wie die Männer darauf reagieren. By the way, heißt es dann: «Schläfst Du mit Deinem Typ bei Licht oder nicht?» Und: «Wie ist er im Bett?» Dieser Mann ist gut für eine Nacht oder zwei, und jener bringt allerhöchstens eine Woche Elba. Leopolds Anti-Sentenz von der Pollution neulich abends ging wortwörtlich in die Hose. Aber das «Du hast so eine ungefährliche Männlichkeit!» – Hellas Satz habe ich mir gemerkt. «Du darfst bei Frauen alles», Pause, Augenkontakt, Blick auf Hemdkragen und Hosenladen, dann setzt sie fort: «weil Du nichts willst!» Ich: «Bin ich denn schwul?», aber das habe ich nur gedacht. Gitta ergänzte: «Mit Dir würde ich ohne Angst auf eine Weltreise gehn!» Und in der Volte die Begründung: «Du würdest nie Sachen machen, die ich nicht will!» Leopold protestierte für mich. Sie bauten sich ihre Bruder-Figur auf, die gefahr- und lustlos Seelen-Müll zu schlucken habe, aber «Ficken laßt Ihr Euch von andern!». Daß die Bilder an der Wand blieben, war Henning zu verdanken, nicht müde, über Margret Thatcher zu polemisieren oder die SPD-Sozial-Tussi Fuchs, «die verbissene Anke», als den «Mann von gestern» zu titulieren: «Schau Dir nur dieses Gesicht an!» sagt er, «schau Dir nur diese Männermode an, von Labialfalte über Damenbart zu Wortwahl und Jackett. Alles *herr*lich, alles *herr*lich!»
Dafür haben wir nicht an unseren Vätern leiden müssen. Dafür leiden wir nicht an uns.

Natürlich hat Henning recht. Aber sein Recht ist das des Großgrundbesitzers, der nach dem Einmarsch der Russen in seiner Luxuseigentumswohnung in Baden-Baden sitzt, Aktien zählt und von der Rendite der Abfindung lebt.
So geht es nicht.
Wir Männer.
Manchmal denke ich: Vielleicht ist das alles okay so, sozusagen historisch in Ordnung und zufällig-ethnologisch geregelt als Sprit der Polit- und Intim-Geschichte. Heute kämpfen eben Triebinvasion gegen Schmuseland, biologische Determination und Stoßlust gegen Erkenntnis- und Bewußtseinslast. Aber der Rest, der Rand. Was passiert mit den Kleidern, die aus Charlie Chaplins eilig geschlossenem Koffer rundum raussstehen? Abschneiden kann sie nur der Komiker im Film, und das Publikum lacht befreit. So aber läuft das Leben nicht.
Du hast mich mehrfach verwundert-besorgt gefragt, warum ich mich auf den Frauen-Maler Félicien Rops, «der ist doch schon fast hundert Jahre tot!», eingelassen habe. Die Verzweiflung der Männer, die sexuellen Notstände, die seelische Unordnung, die Wünsche, Erwartungen, Träume und der Abgrund, Verwirrung der Geschlechter, Machtvakuum und Herrschaftsverhalten – Rops geht um und verhandelt diese Lebensbedrohlichkeiten mit einem Ernst, mit einem Spaß, mit Witz und Lust, graphischer Akkuratesse, analytischem Scharfsinn und authentisch-ungebrochener Maskulinität, die *vor* Psychoanalyse und Feminismus denk- und darstellbar waren.
Was ich für mich daraus gewonnen habe?
Daß die Größenvorstellungen kaum geändert, die Traum-Grenzen nicht erweitert, die Tabus nur verschleiert sind, populistisch, marktgerecht, und daß das Bedürfnis nach Zärtlichkeit und Aufgehobensein heut nur noch als Gier und Sucht die Konkurrenz bestehen kann gegen den Triumph der geschlechtlichen Härte, Hormon-Geschäfte. In Zeiten der Orgasmus-Konjunktur müssen Gefühle, muß die Sehnsucht auf abzählbare Streicheleinheiten herunterkommen.
Sorry. Das ist die Bilanz, die nicht auf Deine 30-Anrufbeantwortersekunden paßt.
Alice Schwarzer, sagte mir vor zwei Monaten eine Rundfunkredakteurin, Alice Schwarzer: «gegessen», der Feminismus: «abgefrühstückt».
Cool cool.
Aber da ist noch etwas. Ich habe den Begriff vermieden, der mir den Brief über dauernd im Kopf war. Noch zehn Jahre bis 2000. Die Abbrüche, die

Schwankungen, das Irren, Tasten, das Hadern, die Ruhelosigkeit und das Leben ohne Freundschaft, lieblos oder enthusiasmiert für Augenblicke. Der Zustand unter vielen Männern ist nicht die Zerrüttung selbst. Sie hat stattgefunden. Das Zerbrochene liegt am Boden, noch nicht aufgekehrt, noch nicht beseitigt. Ich meine *Dekadenz*. Und frisch dabei sind nur die Frauen.
«Fini», sagst Du immer, und man könnte es nicht kürzer sagen.

Florian.
Die Penetranz Deiner Gesprächsverweigerung läßt mich ahnen: Aus der morbiden Männerfreundlichkeit unter uns, aus studentenseligem Irren und Suchen, dem Tappen erster Berufsjahre, der raschentschlossenen GTI-Ski- und Spritztour ist bei Dir eine Porsche-Attitüde geworden, die die neue Kollegialität unter Boss-Anzugsträgern und Betreibern von Anrufbeantwortern verrät. Es müssen nicht Porsche und Boss selbst sein – als Metaphern genügen sie schon.
Lieber Florian,
wärst Du eine Frau, ich könnte leicht und ehrlich sagen: Ich liebe Dich immer noch und möchte nicht auf Dich verzichten. Du bist aber ein Mann, und so müßte es herb zugehen. Dein neuester Standpunkt ist mir nicht bekannt, aber ich befürchte, daß Du zu den Vertretern des neuen, frechen, aufgeblasenen, synthetischen und inszenierten Selbstbewußtseins gehörst, das die Nachfolger der alten Männer-Macht-Elite in Mode, Politik, Publizistik, BASF, Kanzlei, Verlag und Oberschulamt zur Schau tragen – die gerade geschlagenen Wunden mühsam verpflastert, die Transpiration sachten Fortschreitens neben, nein: hinter den Frauen her herb parfümiert und die brandeiligen Sorgen aus gemachter Erfahrung alkoholisiert, extra dry.
Ich hätte Dich nötig, Flori – mir geht es nicht gut.
Kann ich an altes Einverständnis anknüpfen? Könnte ich doch!
Ratlos sind die Grüße, und der Mut ist nicht groß.
Zaghaft winkt Dir von weit weg
der

Peter Roos.

Rüdiger Kremer

ich lag im bett
im zimmer war es ganz dunkel
in meinem kopf kreischte eine endlose bremsspur

Aus: Rüdiger Kremer; «die Zeit in W.» (13)

Peter Roos
Mehr Mann, weniger Kind!

oder
Wörter für Liebe
Ein Brief

Marktheidenfeld, ein Jahr später

Lieber Florian!
Alles ist ja gesagt über die Hosen- und Mandats-Träger daheim und im Hohen Bonner Haus. Der Zustand der Männer-Welt ist beschrieben, die Etappe festgelegt, die Erkenntnis steht. Du fragst in Deinem letzten Brief resigniert: «Sind wir denn überhaupt einen Schritt weiter, wir Männer um die 40?» Meine Antwort: «Ja!» Eben weil wir mehr wissen und weil wir die Erfahrung gemacht haben, daß wir Männer mit heterosexuellem Verlangen die gigantische Chance haben, unser Leben, unseren Radius, unsere Personen reicher zu machen. Wahrscheinlich sind wir in diesem Land die erste Generation überhaupt, die furchtlos und lustvoll die andere Welt, die der Frauen, kennenlernen kann. Wir können teilhaben an der Fauna und Flora weiblicher Gefühle, Bilder, Sinne; wir können, ohne die männliche Kontur zu verlassen – ein Mann ist biologisch eben ein Mann –, unser psychisches Profil ändern und erweitern. Nicht ohne Neid beobachte ich das Szenario der Frauen, und was sich da in den vergangenen 20 Jahren getan hat. Ob's die Träume und Wünsche sind, die Entwürfe, Pläne und Projekte, die von zarter und energischer Hand angepackt sind und die Phantasie in die Wirklichkeit holen! Da mag ich nur staunen und lernen. Nachäffen hat keinen Sinn. Wir haben nachzuarbeiten und müssen für die Zukunft herausspüren, wie wir uns häuten und frei machen aus den Schraubstöcken von Mannskultur, Männermacht und Macho-Tradition. Das neue Selbst-Bewußtsein der Frauen ist ja kein Geschenk. Das ist erst einmal Schmerz und dann Kampf. Den Schmerz zulassen, das haben wir von unseren Vätern nicht gelernt, und unsere notgedrungen vermännlichten Nachkriegs-Mütter mahnten: «Ein Junge weint nicht!» Wo mit dem Neuen also anfangen? fragst Du mich,

als müsse ich's wissen. Ich taste, ich probiere, denn die neuen Landkarten ins Männerland sind noch nicht gemalt. Beim Alltag beginnen, da fange ich an, bei der Sprache. Den Geschlechtsgenossen über den Mund fahren, wenn der Herrenwitz über die schamlosen Lippen kommen will. Den Geschlechtstaktiker, der immer noch mit diesem widerlichen Wort von den «Streicheleinheiten» herumtölpelt, fragen, warum er aus dem schönsten Wort «streicheln» eine kalkulierbare Größe machen will – Angst, Angst vor der Unendlichkeit des Begehrens? Oder «was rechnet sich da nicht für ihn?», um im virilen Duden zu bleiben? Überhaupt, das ist das beschämendste Kapitel der Muttersprache unseres Vaterlandes: Wörter für Liebe. Entweder sind diese Vokabeln vulgär und ordinär oder desinfiziert, in jedem Fall ohne Grazie, ohne Eleganz, ohne Vergnügen, ohne Phantasie und ohne Ekstase: die Lust könnte einem vergehen. Und, zurück zum Frauen-Exempel: Der Kampf, den wir mit uns selbst führen müssen. Nicht gegen den unverbesserlichen Macho, der mit Landrover über geteerte Straßen donnert, erektiv. Soll er. So infantil, wie er's eben braucht. Wahrscheinlich sind wir Männer nicht einmal sehr viel Mann. Wir müssen erst erwachsen werden, aus dem Söhni-Schuh aussteigen, vom Papi das Geschäft, das Macht-Verhalten, das Herrschafts-Wissen, alles männliche Know-how, von Mami die Socken, und die Ehefrauen dann kaufen das Hemd und packen die Koffer für den ‹herr-lichen› business-trip – von wegen!

Mehr Mann sein, weniger Kind! rufe ich uns zu, lieber Flori, Dir, mir und all den Männern, die sich auf diese wunderbare, abenteuerliche, gefährlich-schöne Gratwanderung ins Neuland gewagt haben. Mehr Mann, weniger Kind! Und dann geht's weiter, zusammen mit den Frauen, Florian. Darauf freut sich Dein alter Freund

Rüdiger Kremer
VOODOO DOWN FÜR M. M.

kurz hinter dem walsroder dreieck
war nach den nachrichten plötzlich miles davis im radio
ich bin auf den nächsten parkplatz gefahren
und habe ihm zugehört
mit geöffnetem sicherheitsgurt
gab es für einen augenblick
die möglichkeit auszusteigen
über den nicht einmal mannshohen jägerzaun zu klettern
und quer über das nasse weißkohlfeld
auf den horizont zuzugehen
ich bin dann nach hause gefahren
der alfa ging ab wie noch nie
die anschaffung der schärferen nockenwellen
hatte sich wirklich gelohnt

Bo Eneroth – Björn Wrangsjö

Während die Frau in ihrer Lust ruht, muß der Mann seine Lust inszenieren

> «Der Mann kommt leichter, früher und schneller mit seiner Lust in Kontakt. Aber gleichzeitig erweist sie sich als unbeständig und flüchtig. Während die Frau ihre Lust einfach hat, muß der Mann die seine unaufhörlich gestalten und inszenieren. Daher der Beiklang von Jagd und Verzweiflung, aber auch von Kraft und schöpferischer Freude, der in den erotischen Darstellungen der Männer mitschwingt. Für die Frau ist die Sexualität ein inneres Geschehen mit äußerem Beiwerk, für den Mann ist sie ein äußeres Geschehen mit innerem Beiwerk.»
> Bo Eneroth und Björn Wrangsjö haben sowohl die Texte der Männer wie die der Frauen gelesen. Die folgenden gemeinsamen Kommentare und Analysen beruhen auf diesem Leseerlebnis...

Thema der Beiträge ist ausschließlich die erotische Lust, einmal dargestellt nur von Männern, einmal nur von Frauen, *«wie sie sich daran erinnern, wie sie die Lust empfinden und wie sie die Lust gerne ausleben würden»*. Das Ergebnis ist ein erstaunlich unterschiedliches Material, und die Unterschiede liegen sowohl in dem, was zur Sprache kommt beziehungsweise ausgelassen wird und wie die Lust dargestellt wird.

Wenn wir als männliche Kommentatoren das gesamte Material betrachten, ist unser erster unmittelbarer und natürlich männlicher Eindruck der, daß die Darstellungen der Frauen abwechslungsreicher sind. Während es die Männer automatisch als ihre Aufgabe ansahen, die von ihnen erlebten wichtigsten erotischen Situationen korrekt und genau zu schildern, haben die Frauen in lockerer Folge Gedichte, Romanauszüge, kleine Reflexionen, Traumbeschreibungen und einige Interviews mit Frauen, die über ihre erotische Lust berichten, zusammengestellt.

Beim Lesen der Frauenbeiträge entstand in uns das angenehme Gefühl eines warmen, sonnigen Sommertages am Strand, an dem wir, mit dem Kopf an die Knie dieser Frauen gelehnt, ihren Berichten und Reflexionen über ihre Sexualität lauschen und dabei unseren Blick schweifen lassen hinauf zum wolkenlosen Himmel. Wir stießen nämlich nirgends auf eine

erotische Lust, die so dargestellt war, daß unsere hätte geweckt werden können.
Der wesentliche Unterschied zwischen den Männer- und Frauenbeiträgen besteht also darin, daß die Frauen die Stimmungen beschreiben, die den Hintergrund der Lust bilden, während die Männer die Lust selbst beschreiben oder zumindest die Geilheit, die die Lust ausdrücken soll.

Homo- und Heterosexuelle – kein Unterschied

Beachtenswert ist auch, daß wir beim Lesen der Männerbeiträge spontan keinen Unterschied feststellen konnten zwischen der Darstellung erotischer Lust durch hetero- oder homosexuelle Männer. Ganz nebenbei stellten wir mit einem gewissen, aber vorübergehenden Erstaunen fest, daß es im Hinblick auf Inhalt und Ausdruck von Sexualität keinerlei Unterschiede gibt zwischen Schwulen und anderen Männern, abgesehen vom verschiedenen Geschlecht des Partners. Wir werden deshalb in unserem Analyseversuch keine Trennung zwischen hetero- und homosexuellen Männern vornehmen, sondern die gesamte Männergruppe mit den Frauen vergleichen.
Als wir dann eingehender die Unterschiede zu analysieren versuchten, ist es uns nicht auf Einzelheiten in den Beiträgen angekommen. Unsere Methode bestand vielmehr darin, alle Beiträge en bloc durchzugehen, um dann allgemein über die Unterschiede, die uns aufgefallen waren, zu reflektieren. Nicht der einzelne Eindruck, sondern der Allgemeineindruck war uns wichtig. Wir haben zuerst einige äußere Unterschiede festgehalten, wie sie bei einem oberflächlichen Vergleich auffallen. Und danach haben wir uns damit beschäftigt, mehr oder weniger großzügige Überlegungen darüber anzustellen, was hinter diesen Unterschieden stecken könnte, welche inneren Verschiedenheiten zwischen der männlichen und der weiblichen Lust verantwortlich sein könnten für die jeweilige Darstellung der Lust.
Das erste, was uns auffiel, war, daß Männer und Frauen eine unterschiedliche Sinnlichkeit zu haben scheinen. In den Männerbeiträgen wimmelt es von optischen und akustischen Eindrücken, von Eindrücken des Riechens, Schmeckens und Fühlens. Und diese Eindrücke sind keineswegs nur an den Körper des Partners gebunden. Für die Männer scheint die Situation mit all ihren sinnlichen Aspekten für die Lust wichtig zu sein:

gutes Essen, Kerzen, klassische Musik, Sonne, Meersalz und natürlich der Körper des andern, die Haut, die Gerüche, die Stimme, das Haar und das Geschlecht als sinnliches Zentrum.
Davon findet man in den Beiträgen der Frauen sehr wenig. Und wenn, dann höchstens in Form von schönen Abstraktionen, als vergeistigter Ausdruck ohne sinnliche Schwere. Aber dafür tritt an die Stelle eines Festes der Sinne Innerlichkeit. Die Frauen verankern ihre erotische Lust in einem Gewebe von Selbstreflexionen und inneren Gefühlen. Der körperliche Puls wird dargestellt, die Gefühle, die einen beherrschen, und dann wird in aller Ruhe und Gelassenheit über diesen inneren Gefühlsstrom reflektiert.
Während die Männer also ihre Lust mit Hilfe einer nach außen gerichteten Sinnlichkeit darstellen – mit der Sinnlichkeit der gewohnten fünf Sinne –, stellen die Frauen ihre Lust als nach innen gerichtete Sinnlichkeit dar, als Sinnlichkeit der Körpersinne.

Bestenfalls als schönes Standbild

Dieser Unterschied bildet wahrscheinlich den Hintergrund für einige andere Verschiedenheiten zwischen den Männer- und Frauenbeiträgen. Während der Partner für die erotische Lust des Mannes eine zentrale Rolle spielt, scheinen die Männer für die Lust der Frauen merkwürdig abwesend und bedeutungslos zu sein. Ab und zu taucht der Mann als biographische Notiz auf oder bestenfalls als schönes Standbild oder Gemälde, aber sowohl körperlich wie seelisch ist er abwesend.
Wenn man davon ausgeht, daß Männer die Frauen als Objekte oder Körper betrachten, dann scheinen die Männer für die Frauen nicht einmal Objekte oder Körper zu sein. Wenn der Mann zwar durchaus wichtig ist für das Verlieben, die Liebe, das Sorgen und die Sehnsucht der Frau, so scheint er doch nicht *notwendig* zu sein für ihre erotische Lust.
Aber ebenso unsichtbar, wie der Mann in der Lust der Frau ist, ebenso aufdringlich anwesend und nötig scheint die Frau – oder für den Schwulen der Mann – für das Begehren des Mannes zu sein. Man hat den Eindruck, als könnten Männer nicht erotisch sein ohne die Anwesenheit eines anderen Körpers (wenn diese Anwesenheit auch manchmal nur in der Phantasie besteht). Diese Verschiedenheit zwischen den Beiträgen ist allerdings ganz logisch, wenn wir den zuerst erwähnten Unterschied her-

anziehen. Wenn die Frauen in ihrer Sinnlichkeit nach innen gewandt sind, heißt das ja, daß sie ihre erotische Lust im eigenen Körper verankern, und da bleiben nicht nur die Kerzen und die stimmungsvolle Musik, sondern natürlich auch der Körper des Mannes als Lustobjekt auf der Strecke.
Der Mann dagegen mit seiner nach außen gerichteten Sinnlichkeit ist nun mal nicht so hellhörig für Rhythmus und Reaktion des eigenen Körpers, dafür erheblich empfindsamer für alles, was um ihn herum wahrnehmbar ist. Die eigenen Reaktionen und Gefühle werden deshalb für die Gestaltung seiner Lust relativ unwesentlich, da sie völlig von dem abhängen, was die Sinne von außen vermitteln, und dabei an erster Stelle von den sinnlichen Eindrücken des anderen Körpers. Manchmal genügen auch Sonnenwärme und leichter Seegang im Segelboot mit Raumschotwind.
Während also der Mann in den Frauenbeiträgen auffällig abwesend ist, so ist die Frau dort um so anwesender. Sie ist nicht nur in der Gegenwart körperlich und geistig anwesend, sondern hat eine Geschichte, eine Vergangenheit. Ja im Grunde wird die Frau manchmal von ihrer Geschichte verdeckt. Aber wie auch immer – sie tritt als deutliche Persönlichkeit auf.
Der Mann wiederum ist bei den Darstellungen seiner Lust völlig abwesend (während der Partner in all seiner Körperlichkeit auftritt). Der Mann erscheint höchstens als jemand, der entdeckt und handelt. Aber was dieser Jemand für eine Person ist und vor allem seine Geschichte, sowohl biographisch wie gefühlsmäßig, kommen selten zum Ausdruck.
Aber auch dies, die Frau als anwesende Persönlichkeit und der Mann als anonym in bezug auf die Lust, ist eine klare Folge der nach innen beziehungsweise nach außen gerichteten Sinnlichkeit. Die äußeren Sinne sind «konstruierend» für das einfache, gegenwärtige Erleben, und der Erlebende selbst ist, von den fünf Sinnen her betrachtet, nur jemand, der das außer ihm Liegende wahrnimmt und dessen Persönlichkeit unwichtig ist. Er lebt ganz in der Sinnlichkeit des Augenblicks. Wenn dieser Aspekt bei der erotischen Lust dominiert, wird der Träger der Lust als anonymer Wahrnehmer des Augenblicks weder Persönlichkeit noch Geschichte haben können.
Bei der Lust der Frauen wird dagegen die Dimension der Selbstreflexion hervorgehoben, während der Eindruck der fünf Sinne unwichtig ist. So muß auch die Gegenwart der Vergangenheit weichen, das unmittelbar Wahrnehmende wird sozusagen von den persönlichen Reflexionen und Gefühlen über den eigenen Körper in den Hintergrund gedrängt.
Ein letzter, vielleicht etwas traditioneller Unterschied zwischen den Ge-

schlechtern ist der von aktiv und passiv. Diese triviale Beobachtung erhält in den Beiträgen eine tiefere Bedeutung. Die bei den Frauen dargestellte Lust ist durch ein In-sich-Ruhen geprägt. Sie zeigt sich als eine Art von innerer Kraft der Frau, als ein Zustand, in dem sie sich befindet. Manchmal beschäftigen sich die Frauen jahrelang damit, ihre innere Sexualität zu erforschen. Aber sie ist dauernd in ihnen vorhanden, und wenn sie freigelegt wird, kann sie nie weggenommen werden. Die Frau scheint in ihrer erotischen Lust geborgen zu sein.

Die Lust des Mannes ist flüchtiger

Der Mann kommt leichter, früher und schneller mit seiner Lust in Kontakt. Aber gleichzeitig erweist sie sich als unbeständig und flüchtig. Er befriedigt oder verliert seine Lust mindestens ebenso leicht, wie er sie weckt.

Während die Frau ihre Lust einfach hat, muß der Mann die seine unaufhörlich gestalten und inszenieren. Daher der Beiklang von Jagd und Verzweiflung, aber auch von Kraft und schöpferischer Freude, der in den erotischen Darstellungen mitschwingt.

Für die Frau ist die Sexualität ein inneres Geschehen mit äußerem Beiwerk, für den Mann ist sie ein äußeres Geschehen mit innerem Beiwerk. Die Frau ruht in ihrer Sexualität und kann sie getrost abwarten. Der Mann beobachtet und handelt in seiner Sexualität, um sie immer wieder neu zu schaffen, um sie aufrechtzuerhalten, um sich an sie zu klammern. Auch dies kann man als Folge davon ansehen, daß die Frau mit ihrer nach innen gerichteten Sinnlichkeit eben auf die im Körper verankerte erotische Lust konzentriert ist.

Dem Mann dagegen mit seiner nach außen gerichteten Sexualität gelingt es höchstens, sich um die Aspekte der Lust zu kümmern, die etwas mit Entdecken und Handeln zu tun haben, das heißt mit den eher flüchtigen Zügen der Lust, die nicht im Innern verankert sind.

(Vielleicht liegt hier sogar die Ursache, warum es den Männern besser gelingt, die Lust in Wort und Bild darzustellen. Sie sind sozusagen Spezialisten in bezug auf den ausdrückbaren Teil der Lust. Was unwillkürlich zu der Frage veranlaßt, warum die Männer sowohl Pornographie wie erotische Bilder produzieren wie konsumieren.)

Männern gelingt es besser, die Lust darzustellen

Wenn wir nun zu einer etwas tieferen Analyse der Verschiedenheiten zwischen den Lustdarstellungen bei Frauen und Männern übergehen, werden wir das vorsichtig tun, das heißt, wir bleiben in der Nähe der bereits beschriebenen äußeren Unterschiede.

Das traditionelle Bild von der sexuellen Verschiedenheit zwischen den Geschlechtern sieht so aus, daß den Frauen Sinnlichkeit und eine allumfassende erotische Lust zugeschrieben wird, während die Männer gefühllos, selbstbezogen und nur auf eines aus sind: vögeln. Vergleichen wir diese Einschätzung mit den Männer- und Frauenbeiträgen, finden wir sie keineswegs gerechtfertigt. Es verhält sich eher so, daß die Männer normalerweise sinnlich und die Frauen selbstbezogen sind in ihrer Lust (was natürlich die Frauen nicht daran hindert, selbstvernichtend zu sein, wenn sie auf ihre Lust verzichten). Aber wir wollen wie oben diesen Unterschied präzisieren in bezug auf zwei verschiedene Arten von Sinnlichkeit.

Männer und Frauen sind nun mal auf genau entgegengesetzte Art sinnlich, was natürlich zu Schwierigkeiten, Mißverständnissen und Vorwürfen der Gefühllosigkeit von beiden Seiten führen kann. Männer sind für die Eindrücke über die fünf Sinne offen und empfänglich, sie sind nach außen sinnlich. Frauen dagegen richten ihre Aufmerksamkeit wesentlich mehr auf die Signale der «Körpersinne», zum Beispiel auf den von Reich so genannten «Muskelsinn». Wir besitzen ja alle die Fähigkeit festzustellen, wie der Körper «sich fühlt», welche Empfindungen und Reaktionen unaufhörlich durch den Körper strömen. Und zumindest was die erotische Lust angeht, scheinen die Frauen vor allem genau das zu «registrieren», was dieser innere Sinn vermittelt. Sie sind nach innen sinnlich.

Wir halten es durchaus für angemessen, diesen Unterschied zu generalisieren. Offensichtlich sind Männer im allgemeinen «besser», wenn es darum geht, Entdeckungen zu machen und festzuhalten. Das beinhaltet auch, daß Männer handlungsorientierter sind, sie sind «von Haus aus» handelnd. Jedes Handeln setzt ja voraus, daß der Handelnde ständig und automatisch festhält, was ihm die fünf Sinne über das jeweilige Ereignis und dessen fortschreitende Wirkungen offenbaren. Und damit ist die Handlung das sicherste Mittel, um Entdeckungen über das umgebende Geschehen «auszulösen».

Frauen sind dafür «besser», wenn es darum geht, das umgebende Geschehen in den eigenen Körper zu integrieren, das heißt, sie können «von

Haus aus» eine Beziehung herstellen zwischen dem Geschehen und ihrem Körper, dessen Bedürfnissen und Prozessen. Wenn die Männer also dazu neigen, registrierende und handelnde Automaten zu werden, die nicht richtig kapieren, was ihre Handlungen für sie selbst oder andere bedeuten, so neigen die Frauen dazu, bei Aktivitäten unsicher zu werden. Sie wissen nicht genau, wie sie feststellen sollen, was für sie selbst und andere am besten ist, weil ihre Wahrnehmungen über die Welt außerhalb ihres Körpers nicht scharf genug sind.

Wie ist diese Verschiedenheit erklärbar?

Wir sind der Meinung, daß Erklärungen auf verschiedenen Ebenen möglich sind. Da sind entscheidende biologische Faktoren, wie zum Beispiel die potentielle Mutterschaft der Frau, die es erforderlich macht, sensibel zu sein für die Rhythmen und die Signale des Körpers. Man kann auch eine psychologische Ursache für diese Geschlechterverschiedenheit anführen. Knaben werden beispielsweise dazu aufgefordert, ihre Geschlechtsidentität darauf aufzubauen, was die äußeren Sinne eben über den Pimmel vermitteln, Mädchen dagegen werden gezwungen, sich um ihre inneren Empfindungen zu kümmern und ihre Geschlechtsidentität mehr daran festzumachen, was in ihrem Körper abläuft.

Schließlich ist eine Erklärung auf gesellschaftlicher Ebene möglich. Die in einer Männergesellschaft herrschende Arbeitsteilung zum Beispiel zwingt den Mann, sich unempfindlich zu machen für die Proteste seines Körpers und gleichzeitig seine äußere Beobachtungsgabe zu verstärken, um soviel wie möglich leisten zu können.

Eine andere Sicht des Ganzen

Wenn wir nun den Bereich der Sinnlichkeit verlassen und uns einer Ganzheitsperspektive der männlichen Lust zuwenden, ist hier ein ähnlicher Unterschied feststellbar. Ebenso wie die Männer eine andere Art von Sinnlichkeit haben als die Frauen, so haben sie auch eine andere Sicht des Ganzen. Wenn Frauen davon sprechen, das Ganze in der Sexualität zu erfahren, meinen sie im allgemeinen die eigene physische / psychische Ganzheit, das heißt, die Frau findet sich voll und ganz in ihrer erotischen Lust.

Aber auch für die Männer ist es wichtig, die Ganzheit in der Sexualität zu erfassen. Nur wenige Männer begnügen sich mit einem «peng und fertig», sie wollen vielmehr eine allumfassende Sexualität. Aber der Wunsch nach einer Ganzheitsperspektive bedeutet für den Mann eine Ganzheit der Situation, das heißt, es geht vor allem darum, all das, was nicht den eigenen Körper betrifft, sexuell aufzuladen. Für die Frau bedeutet die Erfahrung des Ganzen, daß jede Faser ihrer Körper/Seele-Einheit mit in die Lust hineingenommen wird. Für Männer bedeutet es, soviel wie möglich die umgebende Situation zu erotisieren. Auch diese Verschiedenheit hat mit dem Unterschied in unserer nach innen beziehungsweise nach außen gerichteten Sinnlichkeit zu tun.

Leidet mehr unter Todesangst

Damit sind wir zu dem Bereich unserer Analyse gekommen, der am spekulativsten ist. Die Beschäftigung mit Lust und Leben brachte uns auf die Frage, welche Rolle hier der allzeit gegenwärtige Tod spielt, und genau an diesem Punkt setzten wir an. Nach unserer Erfahrung schien uns klar, daß Männer in viel größerem Ausmaß als Frauen unter Todesängsten leiden, unter der Angst, zum Nichts zu werden, nicht mehr dazusein.
Dabei fiel uns sofort ein, daß der Tod als Zustand einen ganz offensichtlichen Widerspruch darstellt zum Zustand des männlichen Lebens. Wenn man nicht nur seine Lust, sondern sogar sein Leben darauf aufbaut, zu entdecken und zu handeln, dann ist der Tod ein wesentlich stärkerer Widerspruch, als wenn man im großen und ganzen in der Sexualität und im Dasein ruht. Das Einschneidendste am Tod ist, daß man nicht länger entdecken und handeln kann, und deshalb ist klar, daß Männer ihn mehr fürchten als Frauen.
Aber nicht genug damit. Diese Ruhe, diese gelassene Zuversicht, dieses Vermögen zu warten, macht Männern angst, weil es allzusehr an den Tod erinnert. Vielleicht geht es dabei gar nicht nur um den «Tod» als Symbol der Vernichtung, sondern auch um den «Tod» als Symbol für die große Einsamkeit, für Verlassenheit und unerträgliche Sehnsucht. Jungen fällt es schwerer als Mädchen, sich von ihrer Mutter zu trennen – sie können die Mutter nicht bewahren, indem sie sich mit ihr identifizieren. Die erste schwere Trennung, und «sich trennen heißt ein bißchen sterben».
Vielleicht ist es die Wunde dieser Trennung, die es den Männern so schwermacht, zur Ruhe zu kommen. Ihr Entdecker- und Tatendrang ist

überdimensioniert, und vor allem jagt ihnen die bedingungslose Ruhe Angst ein. Gleichzeitig sehnen sie sich nach Gelassenheit und Entspannung, danach, in ihrem Körper und ihrer Lust zu ruhen.

Nach dem Orgasmus – bedingungslose Ruhe

Der Tod lauert um die Ecke, und Männer fühlen sich nur lebendig, wenn sie entdecken können, sie erleben den Augenblick mit den äußeren Sinnen. Und die einzige Möglichkeit, den Tod zu negieren, besteht darin, sich unaufhörlich in neue Taten zu stürzen. Es braucht Kraft und Anspannung, damit der Mann zu der Ruhe kommt, nach der er sich sehnt *und* die er fürchtet. Nur in der halben Minute nach dem Orgasmus gibt es eine solche bedingungslose und anspruchslose Ruhe. Und das ist auch der einzige Moment, von dem tatsächlich viele Männer sagen, sie seien versöhnt mit dem Tod.

Für die meisten Männer gibt es demnach nur eine Art, eine angstfreie Ruhe und Nähe mit sich zu erreichen – den Orgasmus. Nur über die erotische Lust kann der Mann das Entdecken und Handeln hinter sich lassen und in einen Zustand des Nicht-Entdeckens und Nicht-Handelns kommen. Hier kann eine wesentliche Ursache liegen für das Bedürfnis der Männer, sich so oft aufzugeilen – gewissermaßen eine Neigung, ständig die Umgebung zu erotisieren.

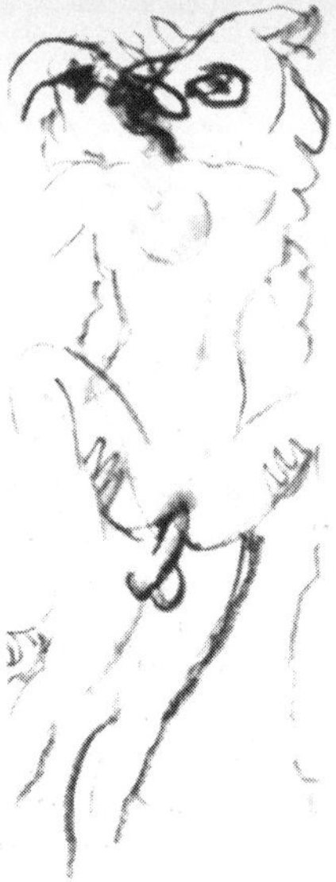

Alle Zeichnungen: Peter Dahl

Aus: Lust. Die Lust der Frauen.
Die Lust der Männer. Unsere geheimen Lüste.
rororo mann 8224, erschienen 1987

Rüdiger Kremer

meinen hang zur tragödie
hatte ich längst *überwunden geglaubt*
so stand ich ganz still
und versuchte
ohne mich zu bewegen
eine bewegung zu finden die ganz natürlich
gewesen wäre
ich kämpfte gegen den zwang
mir mit der rechten hand durch die haare zu fahren
gegen den strich
mir mit dem daumen und zeigefinger der linken hand
über den nasenrücken zu reiben
mir den fingernagel des kleinen fingers in die lücke
zwischen den unteren schneidezähnen zu stecken
mir die verschränkten arme mit hochgezogenen
schultern gegen den leib zu pressen
vornübergebeugt
als ob ich schmerzen hätte
zündete ich mir eine zigarette an
und schirmte die streichholzflamme ab
mit der hohlen hand
als ob im zimmer ein heftiger wind gewesen sei

Aus: Rüdiger Kremer; «die Zeit in W.» (31)

Thomas Henning (Fotos)
Matthias Frings (Text)
Linse und Kamera

Nie möchte ich meinen Stift gegen die Linse tauschen, nie meine diskrete Anwesenheit gegen die Unübersehbarkeit des Photographen. Irgendwo hingehen – in ein Büro, einen Park, ein Puff – und *hinsehen*. Ich bin eine Person, nicht Funktion, bin *der Blonde*, nicht *der Schreiber*. Also: Neben den Augen auch die Ohren offenhalten, denken, reden vielleicht oder einen heben. «Ich bin übrigens der Willi!» Willis Geschichte entsteht in meinem Kopf, problemlos unsichtbar. Später auf dem Papier dann ist Willi nicht mehr Willi, sondern Herbert, und aus dem Automechaniker wurde ein Elektriker. Der «echte» Willi tut nichts zur Sache; ich sitze nicht zu Gericht. Es geht nicht darum, *ihn* zu denunzieren; das wäre klein. Und so einfach. Es geht um alle Willis, und mein Spezialwilli hatte nur das Pech, mir vor die Füße zu laufen.

Er muß sich nicht wiedererkennen, sich nicht stellen der veröffentlichten Geschichte, soll sich nicht brüsten und nicht schämen. Für den Schreiber ist das einfach.

Kommt der Photograph. Er ist nicht Person, sondern DIE KAMERA. Er wechselt die Objektive, macht *klick*, ist sichtbar. Wenn die Männer ihn entdeckt haben, ist alles zu spät. Standbein – Spielbein – Lächeln – Grimassen. «Mir ist es immer lieber gewesen», sagt der Photograph, «den Leuten eine Chance zu geben. Sie sollen ihre Würde behalten, sollen so posieren, wie *sie* sich sehen.»

Schön. Aber sie lügen. Vielleicht mit Grandezza, aber sie lügen. Wollen wir nicht nur Photos, die noch eine Übersetzung benötigen, die hinter der Pose eine mögliche Wahrheit suchen, müssen wir die Männer «ertappen», ihnen auflauern. Der Photograph muß klug sein und listig, zäh, schnell, gnadenlos.

Auch ihm liegt nichts an den «wirklichen» Willis. Er will nicht mit dem Finger zeigen auf den einen oder per Kamera lachen über den anderen. Und doch: Ebendieser eine ist zu sehen in ebendieser Sekunde. Das Photo kennt nicht die Geschichte seiner Personen, kann niemanden und nichts entschuldigen. Das Photo registriert und tut sich schwer mit dem *Verstehen.* Da ist dann jemand albern oder brutal oder wunderbar. Ergibt sich auch aus der Reihung der Bilder, daß dieser spezielle Mensch nicht gemeint ist, bleibt er immer noch identifizierbar, gefangen zwischen den Buchdeckeln.

Der Photograph: «Ich ekle mich manchmal vor mir selber. Dieses Kamerahochreißen, diese Heimlichkeiten...»

Was bleibt? Die Kamera wegpacken, die Augen schließen? Die Wirklichkeit nur noch (nach)stellen? Dann, immer im zweiten Anlauf, der Gedanke: Wir sind nicht bösartig, nicht perfide. Wir suchen nicht den billigen Triumph. Was wir sehen und festhalten, wird gezeigt in aller Öffentlichkeit. Es ist *da*.

Text aus: Matthias Frings/Thomas Henning; «Ein Bild vom Mann»,
erschienen im Rowohlt Verlag, 1986
Fotos aus: Matthias Frings; «Liebesdinge. Bemerkungen zur Sexualität des Mannes».
rororo mann 8213, 1984

stern
magazin
40 EXTRA-SEITEN
Foto + Film Journal
Atom-bunker nur für Reiche
Im Ernstfall finden höchstens 3% der Deutschen Schutz
Sanfter, leichter, schmerzloser für Mutter und Kind
Geburt in der Hocke

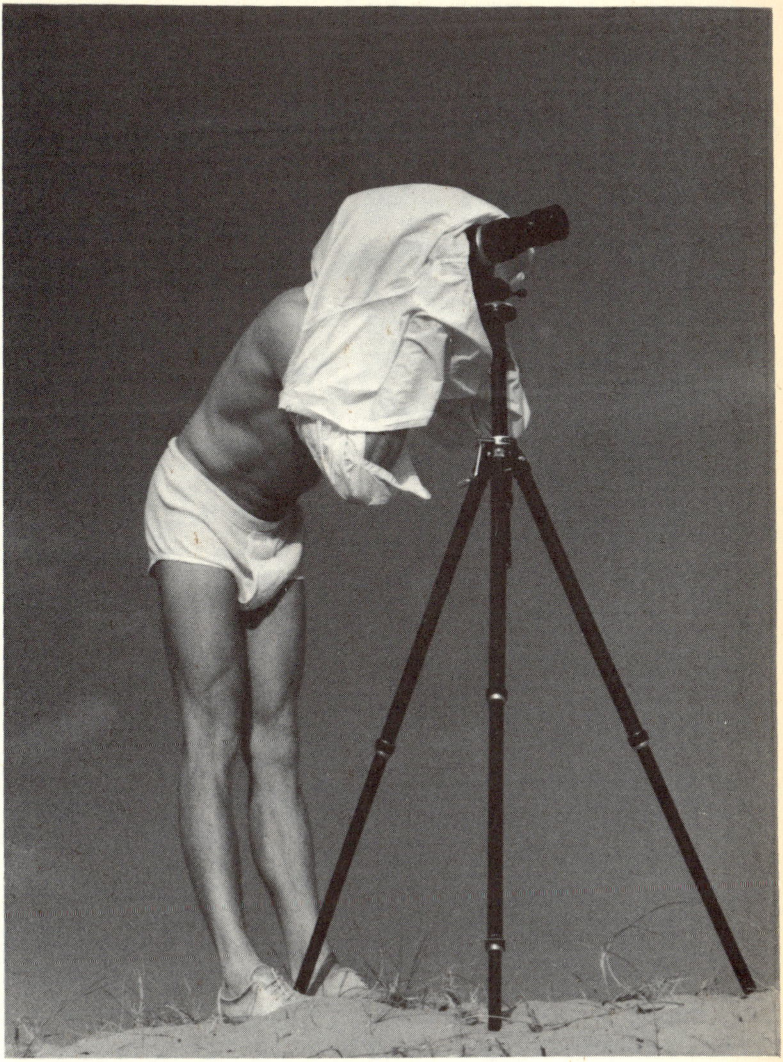

stern
magazin
Für viele noch immer ein Kavaliers-Delikt
Vergewaltigung
Die Opfer werden von Polizei und Gericht gedemütigt. Die Täter kommen oft ungeschoren davon
Die neuen Computer kommen
Journal Beruf · Technik
48 Extra-Seiten

25
C 8041 CX
Kanadas First Lady Margaret Trudeau:
„Zu Hause war der Teufel los"
Zensuren für die Opposition
Eine glatte Fünf für Helmut Kohl
Franz Beckenbauer schreibt aus New York:
ALPTRÄUME IM STADION
Fahrrad-Boom
Geliebte auf zwei Rädern

stern
magazin
Erotische Phantasien des Fotografen Helmut Newton
Welt ohne Männer
Wohin 100 Milliarden Subventionen fließen
Kostgänger der Nation
Neue Serie
Herbert von Karajan: Götterdämmerung?

30
3,50
C 8041 C
stern
magazin
Strand-Phantasien
Aus Sand gebaut
Die Mörder KG
Brutaler als die Mafia:
Wie die Camorra
Italien terrorisiert
Rezepte für
die Hundstage
Jetzt
ist Eis-Zeit
40 Extra-Seiten
Journal Essen+Trinken
„Zimmermann sagt die Unwahrheit"
NRW-Innenminister
Schnoor zum
Demonstrations-
Recht

Helmut Kentler

Sexualität: Für alle die tiefste Einsamkeit

Dieses Buch von Tahar Ben Jelloun hätte ich nicht abends anfangen sollen. Ich konnte nicht mehr aufhören. Der Morgen dämmerte schon, während ich die letzten Seiten las. Als ich endlich zu schlafen versuchte, war ich bedrückt und zufrieden zugleich. Mich bedrückte das Schicksal der Männer, die mir begegnet waren. Ich war zufrieden, daß endlich einer dieser stumm Leidenden zum Reden gebracht hatte und sich nun zu ihrem Dolmetscher machte, damit sie gehört, vielleicht sogar verstanden würden.

Beim Lesen fielen mir immer wieder eigene Erlebnisse und Erfahrungen ein. Wie oft bin ich schon abends an der Métro-Station «Barbès-Rochechouart» gewesen, eingekeilt in das orientalische Gewühl, mitgezogen von den Strömen der Immigranten aus Nordafrika, die von der Arbeit kommen und – ehe sie in ihren Wohnlöchern verschwinden – sich noch mit Leuten aus ihren Heimatdörfern irgendwo auf der Straße, in Cafés, in Kinos, in Hinterhof-Moscheen treffen. Es genügt, einen der Handzettel zu studieren, die in Massen verteilt werden und zum Besuch bei einem der arabischen Heiler einladen, um zu erfahren, woran diese Männer leiden: Heimweh, Sorge um die Familie zu Hause, Einsamkeit, Sexualnöte.

Aber ich muß nicht nach Paris fahren, um mitzubekommen, wie Arbeitsimmigranten aus anderen Kulturen vom Moloch einer europäischen Großstadt zugerichtet werden. In Frankreich sind es die Maghrebiner, gegen die sich vorzugsweise rassistische Vorurteile und blindwütige Aggressionen richten – bei uns sind es die Türken, von denen sich die einheimische Bevölkerung überfremdet und bedroht fühlt. Ich habe in Berlin einige Jahre mit türkischen jungen Männern gearbeitet und weiß daher, daß auch sie, einerseits unter dem Zwang zur Anpassung an die sie umgebende und beherrschende Kultur, andererseits unter dem Druck ihrer Familien, den angestammten Glauben und die heimatlichen Sitten zu bewahren, in schwere Konflikte geraten, die sich – ähnlich wie bei ihren

Altersgenossen aus Nordafrika – oft in sexuellen Problemen ausdrücken, über die sie mit niemand zu reden wagen.

Die abgründige Tiefe der Einsamkeit, die Tahar Ben Jelloun beschreibt, entsteht erst durch das Verschweigen, das jeden einhüllt und Kommunikation unmöglich macht. Dieses Verschweigen hat drei Ursachen:

– Selbst wenn die Leute über Sexuelles reden wollten, könnten sie es nicht, weil ihnen dafür die Worte fehlen;
– weil jeder glaubt, nur er habe die Nöte, mit denen er sich herumschlägt, verschließt ihm eine tiefempfundene Scham den Mund;
– wenn einer seine sexuellen Probleme auch nur vage andeutet, reagiert seine Umgebung bereits mit Peinlichkeitsgefühlen und heftigen Abwehrmechanismen, weil es als unanständig gilt, über Sexuelles zu reden.

Dieses Eingemauertsein in Schweigen ist nicht nur typisch für Arbeitsimmigranten, deren Herkunftskulturen von der europäischen, namentlich in den Großstädten herrschenden Kultur stark abweichen, es kennzeichnet auch die Situation vieler unserer eigenen Mitbürgerinnen und Mitbürger, gleich welchen Alters und unabhängig von ihrer Schichtzugehörigkeit. Noch vor zwanzig Jahren war das Leiden der Mädchen und Jungen, die in der eigenen Familie von ihrem Vater oder ihrer Mutter oder den älteren Geschwistern sexuell tyrannisiert und ausgebeutet wurden, dermaßen von Tabus umstellt und ins Dunkel der Verschwiegenheit abgedrängt, daß allenfalls die wenigen Inzestfälle ins öffentliche Bewußtsein rückten, die angezeigt und abgeurteilt wurden. Sie waren, wie wir heute wissen, nur die Spitzen von Eisbergen, deren wirkliche Ausdehnung uns noch immer unbekannt ist.

Ich denke an den zwanzigjährigen Volker, den ich kennenlernte, weil ich ihn in einem Strafverfahren begutachten sollte. Er hatte noch einen Bruder und drei Schwestern. Jedes der Kinder war im Alter zwischen neun und zwölf Jahren dem gleichen Martyrium ausgesetzt: Wenn die Mutter nicht zu Hause war, holte der Vater das Kind, das «dran war», in die Küche, es mußte sich ausziehen, über den Küchentisch beugen, der Vater schlug es mit einem Rohrstock auf Gesäß und Rücken, und anschließend versuchte er, sich an dem Kind anal zu befriedigen. Keines der Kinder hat jemals gewagt, mit der Mutter über seine Qualen zu reden, und auch untereinander schwiegen sie. In einem der von mir durchgeführten Tests gab Volker eine eigenartig verschlüsselte Antwort; darüber kam ich mit ihm ins Gespräch, und endlich ließ er seinen Schmerz und seine Wut heraus. Ich konnte auch mit seinen Geschwistern reden. Alle sagten mir: «Ich habe mich so furchtbar geschämt.» Ihre Scham hatte ihnen den Mund verschlossen.

Vor zehn Jahren wurde Bernd wegen Arbeitsunfähigkeit verrentet; da war er siebenundzwanzig Jahre alt. Seine Mutter hatte sich gleich nach seiner Geburt von ihrem Mann getrennt. Statt seiner zog eine Freundin ein. Zu dieser Freundin mußte der Junge «Vater» sagen. Weil die beiden Frauen Angst hatten, Bernd könnte sich verplappern und ihr Verhältnis verraten, durfte er, bis er schulpflichtig wurde, nie allein die Wohnung verlassen, er durfte auch nicht in den Kindergarten. Während seiner ganzen Schulzeit achteten die Frauen streng darauf, daß er gleich nach Schulschluß nach Hause kam. Er durfte keinerlei Kontakte mit anderen Kindern haben. Er blieb zweimal sitzen, schaffte den Hauptschulabschluß nicht und wurde Lagerarbeiter in einem Großhandelsunternehmen. Als ich ihn kennenlernte, war seine Mutter gerade gestorben, die Frau, die er «Vater» nannte, war in eine Klinik gegangen, um eine Geschlechtsumwandlung vornehmen zu lassen. Bernd lebte allein in einer kleinen Zweizimmerwohnung, und es fiel ihm immer schwerer, morgens aufzustehen und zur Arbeit zu gehen. Bei mir klagte er außerdem darüber, er wisse nicht, «was Sexualität ist». Er hatte zwar nächtliche Samenergüsse, sie waren aber nie von Träumen begleitet. Er fühlte sich nie sexuell gereizt, er verspürte auch keine sexuellen Regungen und kam daher gar nicht darauf, sich sexuell zu befriedigen. Obwohl alle körperlichen Voraussetzungen stimmten, war er der unsexuellste Mensch, der mir je vorgekommen ist. Als er zur Bundeswehr eingezogen wurde, entwickelte er panikartige Zustände, «baute» einen Unfall nach dem andern, so daß er kaum noch aus dem Krankenrevier herauskam – nach drei Monaten wurde er entlassen. Vom ersten selbstverdienten Geld gönnte er sich einen Busausflug. Als sich ein Mädchen neben ihn setzte und ihn ansprach, reagierte er mit einer Ohnmacht.

Heute verläßt er seine Wohnung nur noch, um die notwendigsten Einkäufe zu machen. Er leiht sich Videos aus – sie sind seine einzige Unterhaltung. Niemand seiner Mitbewohner in dem großen Etagenhaus hat ihn je angesprochen. Er ist so unterdrückt und eingeschränkt, daß er für sein Leid überhaupt keine Ausdrucksmöglichkeiten hat.

Nach Podiumsdiskussionen, an denen ich teilgenommen habe, oder nach einem Vortrag kommt es häufig vor, daß ich von einzelnen Menschen zaghaft und leise angesprochen werde. Es sind Leute, die ein außergewöhnliches, ein – wie es heißt – «perverses» Sexualleben führen, das sie vor Außenstehenden, meist sogar vor den nächsten Familienangehörigen, geheimhalten, weil sie Angst davor haben, ausgegrenzt und verachtet zu werden. Sie wollen mir danken, daß ich für Menschen wie sie um Verständnis geworben habe. Ich hatte versucht zu erklären, daß sie keine Scheusale sind, sondern Menschen, die – meist bereits in früher Kindheit – schwere Persönlichkeitsschäden durch falsche Erziehung erlitten haben, denen es aber gelungen ist, ihre Störungen zu sexualisieren, in sexuellen Ritualen zu gestalten und auszudrücken und in ihrem Sexualverhalten wie durch ein Ventil abzuleiten, so daß sie in ihrem übrigen Leben störungsfrei sind: Sie sind leistungsfähig und fallen niemand zur Last. Wenn wir sie gelten ließen und ihnen vorbehaltlos begegneten, könnte sich so mancher uns gegenüber als liebenswert erweisen; statt dessen reagieren wir mit Angst und aggressiver Ablehnung und drängen sie so immer weiter in abgrundtiefe Einsamkeit.

Aufgeschlossene und kritische Zeitgenossen beklagen, daß unsere Sexualkultur auf einem derart primitiven Niveau weit abgeschlagen hinter den alten Hochkulturen und sogar manchen Stammeskulturen (sogenannten «Naturvölkern») rangiert. Aber wie könnte es anders sein? In der Verschwiegenheit, abgedrängt ins gesellschaftliche Aus, allenfalls «subkulturell», unterhalb der anerkannten Kultur existierend, können keine sexuellen Gewohnheiten entstehen, die den Rang einer Kultur erreichen. Das trifft auch auf das Sexualverhalten vieler einzelner Menschen zu.

Vor zehn Jahren hatte ich in einem Gerichtsverfahren die Glaubwürdigkeit eines Zeugen zu beurteilen. Den Angeklagten kenne ich nur aus den Akten: 52 Jahre alt, Oberstudienrat am Gymnasium einer kleinen Stadt. Er ist ein bei Schülerinnen und Schülern sehr beliebter Lehrer, obwohl er hohe Anforderungen stellt. Im Kollegium allerdings gilt er als Außenseiter – er ist immer seinen eigenen Weg gegangen und hat sich gegenüber allen Kontaktversuchen verschlossen. Jetzt ist er angeklagt, weil er fast ein halbes Jahr lang eine sexuelle Beziehung zu einem siebzehnjährigen Schüler hatte. Dieser Schüler hat ihn angezeigt.

In den Akten befindet sich ein von dem Lehrer selbst verfaßter Lebensbericht. Seit seiner Studienzeit – so gibt er hier an – weiß er, daß er Jungen liebt. Er hat darüber einmal mit einem seiner Professoren gesprochen; dieser soll ihm gesagt haben, alle großen Pädagogen seien «Knabenliebhaber» gewesen, er müsse sich nur wie diese beherrschen. Diese Beherrschung ist ihm in seinem Leben bisher mit großer Willensanstrengung gelungen – bis ihm dieser Siebzehnjährige begegnete, ein

Junge, der als einziges Kind bei seiner früh geschiedenen Mutter aufgewachsen war und in ihm offensichtlich mehr als nur einen Ersatzvater suchte. In zwei Vernehmungen hat er sehr offen über sich geredet: Er litt darunter, daß er noch keine Freundin hatte, zumal es hin und wieder zu sexuellen Spielereien mit Schulkameraden gekommen war. Als Grund für die Anzeige gab er an, er habe Angst bekommen, «homosexuell gemacht zu werden». Er habe niemand gehabt, mit dem er über diese Angst hätte reden können. Auch mit dem Lehrer habe er nie darüber gesprochen.

Er ging bei ihm ein und aus. Meist tranken sie Tee zusammen und redeten über literarische und historische Themen. Dabei kam es bald zu Zärtlichkeiten, und daraus entwickelte sich gegenseitige sexuelle Befriedigung. Der Junge machte offensichtlich bereitwillig mit; die Anzeige erstattete er, nachdem sie zum erstenmal nackt auf dem Teppich gelegen und einen intensiveren sexuellen Kontakt erlebt hatten. Über die sexuelle Beziehung ist nie miteinander geredet worden. Im Lebensbericht des Lehrers heißt es dazu: «Ich kann darüber nicht sprechen. Ich habe der Versuchung nicht widerstehen können und bin voll Scham, daß ich so tief stürzen konnte.»

Die Vermutung, die ich in meinem Gutachten damals anstellte, hat sich inzwischen als richtig herausgestellt. Der Junge befand sich in den Anfängen seiner Coming-out-Phase: Er ahnte seine homosexuelle Orientierung, suchte nach Selbstvergewisserung, und zugleich bekämpfte er seine Neigungen, wenn sie sich ihm allzu deutlich aufdrängten. Für den sexuell ganz unerfahrenen Lehrer war er tatsächlich eine Versuchung: Er fiel im Zusammensein mit diesem Jungen in die frühe Zeit der Rauf- und Anfaßspiele zurück. Sexuell unreif, wie er geblieben war, schwieg er darüber, wie es Jungen in diesem Alter allgemein tun: Was nicht besprochen wird, scheint nicht zu existieren.

Es wird heute so viel davon gesprochen, hinter uns liege eine sexuelle Revolution, und nun schlage das viel zu weit in sexuelle Liberalität geratene Pendel wieder zurück. Aber es geht überhaupt nicht um sexuelle Freiheiten, und Revolutionen sind wohl nur im gesellschaftspolitischen Bereich möglich und selbst hier in ihren Resultaten meist fragwürdig. Die sexuellen Nöte so vieler Menschen können nur aufgehoben werden, wenn sich in der Öffentlichkeit die Auffassung durchsetzt, daß die Sexualität eine ebenso wertvolle und achtbare Fähigkeit ist wie die Sprache etwa und daß sich darum niemand seiner sexuellen Wünsche und Äußerungen zu schämen braucht. Wir müssen lernen, über Sexuelles unverschleiert und wahrheitsgemäß zu reden. Erst dann können wir uns aus der Einsamkeit befreien, in der uns das Verschweigen gefangenhält.

Dieser Text findet sich als Einleitung in
Tahar Ben Jelloun:
«Die tiefste der Einsamkeiten».
rororo mann 8252, erschienen 1989

Willy Thrysøe

Die Intensität des männlichen Orgasmus

Objektiv gesehen weiß man ungeheuer wenig über den männlichen Orgasmus. Deshalb ist dieser Artikel auch nicht besonders wissenschaftlich ‹untermauert›. Ich versuche, Theorien zu erläutern, die ich, W. Reich und andere aufgestellt haben, und zwar in Verbindung mit Erfahrungen von mir sowie aufgrund von Diskussionen mit Freunden.

Der Orgasmus der Männer wird selten diskutiert, denn wir haben ja normalerweise keine Probleme, ‹zu kommen›, im Sinne von Samenabgang haben (ejakulieren). Ejakulationsinkompetenz – wie es heißt – ist ein sehr seltenes Leiden, während Orgasmusschwierigkeiten bei der Frau sehr verbreitet sind. Aber das Auftreten der Ejakulation im sexuellen Reaktionsverlauf ist, was seine Intensität angeht, äußerst unterschiedlich – sowohl *objektiv* (die meßbare Stärke und Ausbreitung der orgastischen Kontraktionen) wie subjektiv gesehen (der Grad des Lusterlebnisses). Bei dem Leiden ‹zu früher Samenabgang› passiert die Ejakulation normalerweise auf einem niedrigen Spannungsniveau, ohne größeres Lusterlebnis und beinahe wie ein Ausfließen anstelle eines rhythmischen Ausstoßens (vergleiche Hertofts Artikel).

Aber auch bei Männern, die nicht eine der klassifizierten Störungen haben (zu früher/zu später Samenabgang), ist der Orgasmus von sehr schwankender Intensität. Dieser Beitrag beschäftigt sich mit einigen ausgewählten Faktoren, die allgemein die Stärke des Orgasmus beeinflussen bzw. herabsetzen – und zwar speziell beim Mann.

Spannung und Entladung

Die Kennzeichen des objektiven (physiologischen) Orgasmus sind detailliert in G. Wagners Artikel beschrieben, deshalb werde ich hier nur eine allgemeine, anschauliche und etwas populäre Darstellung liefern. Der sexuelle Reaktionsverlauf kann als eine Spannungszunahme (Erregung) beschrieben werden, gefolgt von einer Spannungsentladung (Orgasmus). Die Erregungsphase kann als eine gleichzeitige Aktivierung von zwei entgegengerichteten Kräften in der glatten Muskulatur gesehen werden – d. h. der Muskulatur, die die Aktivität der Haut und der inneren Organe (darunter Geschlechtsorgane und Brüste) reguliert und die deshalb außerhalb unserer willensmäßigen Kontrolle liegt. Die zwei entgegengesetzten Kräfte bestehen aus einer *Spannung* in der Muskulatur (z. B. im Penis) und einem gleichzeitig *vermehrten Blutzufluß* ins Gewebe und kommen zustande, weil der Rücklauf des Blutes durch die Venen durch einige ‹Klappen› verhindert wird. Man muß sich ein Organ vorstellen, daß gleichzeitig zusammengeschnürt (durch Muskelanspannungen) und ausgedehnt (durch Blutzufuhr) wird. Die zwei entgegengesetzten Kräfte laufen während der Erregung in einer Art physiologischem Kontrapunkt gegeneinander und ‹gipfeln›/‹branden› im Orgasmus. Die Muskelspannungen werden durch die orgastischen Kontraktionen aufgelöst, und das Blut fließt zurück, weil sich die Venenklappen öffnen. Bei Männern passiert das hauptsächlich im Penis – aber in geringerem Umfang auch in den inneren Geschlechtsorganen um die Prostata und die Samenblase. Frauen dagegen haben zwei gleichwertige Zentren – im äußeren Teil der Scheide und den kleinen Schamlippen und am Ende der Scheide in der Gebärmutter. Das scheint mir der objektive Hintergrund für die Unterscheidung zwischen ‹Klitorisorgasmus› (d. h. äußerer Scheidenorgasmus) und ‹tiefem Vaginalorgasmus› (d. h. Gebärmutterorgasmus) zu sein. Bei beiden Geschlechtern ereignen sich außerdem eine verstärkte Blutzufuhr und recht kräftige orgastische Kontraktionen im analen Ringmuskel. Aber der Orgasmus zeigt sich auch in anderen Teilen des Körpers, was leider wenig erforscht ist. Man weiß zum Beispiel, daß sich die Durchblutung im Gehirn in einem Grade verstärkt, den man sonst nur bei (epileptischen) Anfällen feststellt, und daß die elektrische Aktivität des Gehirns während des Orgasmus einige besonders krampfartige Kurven aufweist. Endlich ist es eine subjektive Erfahrung, daß die orgastischen Kontraktionen sich mehr oder weniger deutlich in den ganzen Körper ‹fortpflanzen›. So können Arme und Beine als Reaktion auf die Kontraktionen, die von den Geschlechtsorganen ausgehen, ‹zucken›.

Verkrampfungen und Orgasmus

Dieser Grad des ‹Sich-Fortpflanzens› ist es, den ich für entscheidend für die erlebnishafte Intensität des Orgasmus halte. Objektiv gesehen weiß man sehr wenig über diese Übertragung der orgastischen Kontraktionen. Aber es ist eine berechtigte Annahme, daß eine sehr gespannte, quer gestreifte Muskulatur – d. h. die Muskulatur, über die wir willensmäßige Kontrolle haben und die z. B. für die Bewegung von Armen und Beinen nötig ist –, daß eine Spannung (Verkrampfung) in dieser Muskulatur, die (populär ausgedrückt) die glatte Muskulatur umgibt, ein ‹Sich-Fortpflanzen› des Orgasmus verhindern kann – ja den Orgasmus fast einsperren kann. Ein sehr gespannter Bauch und eine verkrampfte Oberschenkelmuskulatur haben z. B. die Tendenz, den Orgasmus um den Penis zu beschränken, seine Ausbreitung zu verhindern. Das stimmt zumindest überein mit eigenem Erleben und dem von Bekannten. Es stellt sich deshalb die Frage: Warum verkrampft sich die quergestreifte Muskulatur?

Nun, einige dieser Verkrampfungen sind wahrscheinlich integrierter Teil des sexuellen Reaktionsverlaufs selbst – und das gilt sicher für die spastischen, krallenden Verkrampfungen an Händen und Füßen und die besonderen Gesichtszüge kurz vor dem Orgasmus. Aber darüber hinaus scheint es eine subjektive Erfahrung zu sein, daß die Verkrampfungen für das orgastische Erleben ungünstig und bremsend sind. Für diese Verkrampfungen kann man wenigstens zwei Erklärungen versuchen:

1. Die Verkrampfung kann etwas sein, dem man sich nicht entziehen kann – eine automatische Verteidigung, eine muskuläre Panzerung, die ihre Wurzel in der sexuellen Unterdrückung der Kindheit hat.
2. Die Verkrampfung kann dadurch entstehen, daß man zur Erhöhung der sexuellen Erregung ein Verhältnis zum Partner aufgebaut hat, wo der eine nimmt und der andere genommen wird (was ich als modifiziertes sado-masochistisches Verhältnis betrachte).

Den ersten Fall hat W. Reich in seinen frühen Schriften scharfsinnig analysiert (die späteren Schriften sind problematischer) – und so beziehe ich mich im folgenden besonders auf die «Charakteranalyse» von 1933. Die muskuläre Panzerung ist zusammen mit der Körperhaltung u. a. der somatische Teil des menschlichen *Charakters*. Der psychische Teil ist sein ‹Wesen›, Art, Stimmlage, Höflichkeit, Prahlerei usw. Der Charakter

ist allgemein betrachtet eine Verteidigung oder eine Panzerung, eingesetzt zwischen Sexualtrieb und Umwelt. Bei einigen kann er mehr plastisch und flexibel sein, bei anderen mehr rigide und festgelegt. In erotischen Situationen wirkt er als ein System von Hemmungen, das Hingabe und Lusterleben erschwert. Der Charakter hat sich im Laufe der Kindheit gebildet. Als Antwort auf die Triebverbote der Umwelt (Eltern) und Strafandrohung bei Übertretung wird der Charakter eine Reihe von Techniken entwickeln, sich zurückzuhalten, wenn Triebimpulse sich aufdrängen: Luft anhalten, bestimmte Muskeln anspannen, sich anständig produzieren, an etwas anderes denken usw. Was die Muskelverkrampfung anging, war es möglich, sie objektiv zu messen, und damit konnte man ein bestimmtes Spannungsmuster für den einzelnen aufzeichnen, das bei einer (drohenden) Frustration auftritt.
Die meisten der Körpertherapien, die es heute gibt, bauen in irgendeiner Form auf diesen Verhältnissen auf. Einige gehen direkt gegen die muskuläre Panzerung mit Hilfe einer Art Massage vor, andere versuchen, sie durch intensiveres Atemholen aufzulösen.
Aber ich habe allgemein den Eindruck, daß alle diese Therapien einen fast mystischen Überbau haben und sich in einer erlebnishaften, suggestiven Sprache anbieten. Man ‹horcht› darauf, was die Muskeln ‹erzählen›, und ‹erfühlt› den ‹Energiestrom› vom Boden durch den Körper aufsteigen. Ausschließlich auf die Behandlung bezogen, trifft das sicher zu, aber nicht für den theoretischen Zusammenhang. Und ich glaube, daß viele Menschen in einer sonst ausgezeichneten Behandlung gebremst werden, weil sie sie intellektuell für Humbug halten. Die halbmystischen Züge sind sicher auch die Ursache dafür, daß die klinische Sexologie die Erfahrungen neuer Therapie nicht eingearbeitet hat – und das ist schade, denn natürlich haben sie eine rationale Basis. Die Sexologie sollte eine Art Biofeedback-Technik entwickeln, die es ermöglicht, daß wir ein flexibleres Verhältnis zu unserer charakterlichen Panzerung bekommen, um dadurch (u. a.) einen intensiveren Orgasmus zu haben.
Aber all das gilt gleichermaßen für die Männer wie für die Frauen. Inzwischen bin ich der Meinung, daß die muskuläre Panzerung bei Männern mehr die Intensität einschränkt als bei Frauen. Bei uns gehen die orgastischen Kontraktionen fast ausschließlich vom Penis aus (der ja fast einen Anhang zum Körper darstellt), während die Kontraktionen bei Frauen auch von einem tiefer liegenden Organ ausgehen: der Gebärmutter. Deshalb haben sie vielleicht größere Chancen, Orgasmen zu bekommen, die durch den ganzen Körper dröhnen (der tiefe Vaginalorgasmus); während

wir mit einer gut ausgebildeten muskulären Panzerung um Magen und Schenkel oft den Orgasmus auf etwas, das nur mit dem Penis zu tun hat, beschränken müssen.

Sado-Masochismus als Problem

Nun werde ich eine andere Ursache für die Verkrampfungen in der quergestreiften Muskulatur behandeln: die modifizierte sado-masochistische Beziehung. Die Darstellung baut nicht auf W. Reich auf, sondern auf einigen Theorien, die ich in meinem Buch: ‹Sexualwissenschaft, Trieb› (Rhodos 1979) entwickelt habe. Ich glaube, daß Sadismus und Masochismus nicht Minderheiten vorbehalten sind (den sog. Perversen). Die Perversionen sind Extreme, Übertreibungen von etwas, das im Sexualleben der meisten Menschen vorkommt. Normalsadisten schlagen sicher nicht, aber ‹nehmen› ihren Partner und genießen die Macht und die Erregung in der zurückgehaltenen, plötzlich gesteigerten Aggressivität. Normalmasochisten würden sich schön bedanken, wenn sie den Hintern voll bekämen, aber wollen ‹genommen› werden und genießen es, in der Gewalt des andern zu sein, genießen die ängstliche Erregung in der Erwartung des zupackenden Griffs des Partners.

Ich bin darüber hinaus der Meinung, daß die physiologische Grundlage für Sado-Masochismus eine mit Aggressivität bzw. mit Angst vermischte Sexualerregung ist – und diese Verknüpfungen verschaffen sich im normalen Sado-Masochismus Geltung. Bei den eigentlichen Sado-Masochisten muß man zusätzlich mit psychischen Strukturen operieren, die mit Schuld und Strafe zu tun haben. Aber was sind dann Aggressivität und Angst? Ich betrachte sie als Affekte eines grundlegenden Selbstschutzmechanismus des Menschen: Kampf und Flucht. Im Sado-Masochismus entsteht also eine Mischung zwischen Sexualität und Selbsterhaltung in Form einer Lust-Angst (thrill) und einer Lust-Aggressivität. Diese Triebverbindungen durchdringen unsere ganze Kultur - man denke bloß an Kriegs- und Horrorfilme, an Sportarten wie Autorennen und Boxen, Kinderspiele wie Völkerball und Verstecken. Die Tendenz zur Verknüpfung von Sexualität, Angst und Aggressivität ist außerdem in der ganzen Kindheit manifest. Man spricht von Oral-Aggressivität und Analsadismus – aber besonders hervortretend ist die sogenannte Latenzphase (6 bis 12 Jahre). Wenn in diesem Alter Orgas-

mus vorkommt, dann fast immer in Angst- und Aggressivsituationen: in ein leeres Haus kommen, am Abend allein sein, Räuber und Gendarm spielen und ähnliches mehr. Die Tendenz zur Verknüpfung hat auch eine objektive, biologische Grundlage, indem Sexualität, Angst und Aggressivität in zwei Gehirnbereichen lokalisiert sind, die sehr dicht miteinander verbunden sind und wo die Aktivierung des einen Bereichs durch den andern entweder positiv unterstützend oder negativ hemmend erfolgen kann. Die umgekehrte Beziehung existiert also auch (d. h., daß Angst und Aggressivität auch die sexuelle Erregung bremsen können) – und sowohl der fördernde wie der hemmende Aspekt kommen oft im selben Reaktionsverlauf vor. Die Angstkomponente erregt zu Anfang, bremst aber dann vor der orgastischen Auslösung.
Ausgehend von Untersuchungen über Onaniephantasien, sieht es zum Beispiel so aus, als gäbe es eine sehr deutliche Geschlechtsverschiebung im normalen Sado-Masochismus, derart, daß Männer mehr aggressiv-sadistisch, Frauen mehr angstbetont-masochistisch sind – was wahrscheinlich durch die Erziehung bedingt ist! Die Jungen werden zur Aggressivität ermuntert, während Angst unmännlich ist. Bei Mädchen werden Angst und Sexualität verknüpft in der Aufforderung, vor all dem Schönen (Sexuellen) Angst zu haben.

Zwei Arten von Orgasmus

Nach dieser Abschweifung über den Sado-Masochismus werde ich darauf eingehen, welche Bedeutung dieser für die Intensität des Orgasmus hat. Das Hinzukommen von Angst bzw. Aggressivität zur sexuellen Erregung passiert natürlich, um die Erregung zu erhöhen – und erhöht wahrscheinlich auch die Spannung und Blutzufuhr in den Geschlechtsorganen. Die Spannungskurve steigt steil an, so daß der Orgasmus von einem sehr hohen Spannungsniveau aus einsetzt. Aber die Erregung ist dadurch charakterisiert, daß der Orgasmus als aggressiver Kampf oder angsterfüllte Flucht vorbereitet ist, weshalb eine kräftige Verkrampfung der quergestreiften Muskulatur mit der Absicht einsetzt, den Kampf oder die Flucht als motorische Aktion einzuleiten. Die unbewußt automatische muskuläre Panzerung wird dadurch gewaltig verstärkt, so daß die orgastischen Kontraktionen nicht viel Chancen haben, den Körper zu durchfluten. Außerdem wird verhindert, daß die rhythmischen Körperbewe-

gungen hin zum Orgasmus einen mehr unfreiwilligen Charakter annehmen. Der Orgasmus wird provoziert: gewaltsam, scharf und begrenzt – und bleibt bei Männern in besonderem Grade oberflächlich, eine Angelegenheit ausschließlich für den Penis. Das so allgemein Gesagte soll nicht die sado-masochistische Beziehung abwerten. Ich betone lediglich, daß es nicht unbedingt ein direktes proportionales Verhältnis zwischen der Stärke der Erregung und der Qualität des Orgasmus gibt. Die extreme Erregung bringt – wenn sie sado-masochistisch bedingt ist – oft eine Begrenzung des Orgasmus mit sich. Aber deshalb kann der Sado-Masochismus trotzdem dazu notwendig sein, überhaupt bis zum Orgasmus zu kommen oder überhaupt eine solche Intensität im Zusammenspiel der Partner entstehen zu lassen, daß sie geil werden.
Beim sehr ‹sanften› Beischlaf, wo die quergestreifte Muskulatur so gelockert wie möglich ist, wo die Spannung sozusagen von innen steigt (von der glatten Muskulatur) und zu einem mehr fließenden Orgasmus aufbricht, kann es natürlich ein sehr schönes Zusammenspiel geben. Aber er kann auch dazu führen, sich in sich selbst zurückzuziehen. Die Partner werden sich selbst genug und schließen sich in verschwommene Phantasien ein mit dem Resultat, daß die Erregung vielleicht verschwindet. Bei dem eher ‹harten› sado-masochistischen Beischlaf wird es – wenn er offen durchgeführt wird – eine viel intensivere Kommunikation zwischen den Partnern geben; aber hier können natürlich auch Phantasien entstehen – wenn man z. B. aus emanzipatorischen Gründen seine Impulse für einen offenen sado-masochistischen Verkehr unterdrückt und deshalb die Phantasie zu Hilfe nehmen muß.

Phantasien und Orgasmus

Die genannten Phantasien sollen nun als letztes Thema in diesem Beitrag behandelt werden. Phantasien werden natürlich produziert, um die Erregung zu erhöhen, aber wenn sie bis hin zum Orgasmus aufrechterhalten werden, wirken sie gleichzeitig hemmend auf die Intensität des Orgasmus.
Die Aktivität der Phantasie während des Beischlafs wird eine teilweise Blockierung der Empfänglichkeit des Körpers für die Reizung mit sich führen, die tatsächlich aufgenommen wird, indem man sich in eine Situation hineinphantasiert, die eine andere Form der Reizung voraussetzt.

Außerdem verhindern die Phantasien das Verlieren der sensorischen Kapazität und das Übergehen zum Bewußtsein des Primärprozesses, das normalerweise für die Phase direkt vor dem Orgasmus charakteristisch ist. Das Durchschlagen von Unbewußtem, von Naturerlebnissen, Farbexplosionen usw., was viele (besonders Frauen) während des Höhepunkts erleben, kann sich nicht entwickeln, wenn man an einer genau festgelegten Phantasieszene festhält.

Nun deuten Untersuchungen darauf hin, daß die Beischlafphantasien der Männer bei weitem genauer, visueller und plastischer sind als die der Frauen, die mehr diffus und verschwommen sind. Wenn wir den vorherrschenden Inhalt betrachten (das Sado-Masochistische), dann phantasieren Männer oft, Macht über die Frauen zu haben, sie geil zu machen bloß durch physische Stärke. Viele Frauen zu haben (Haremsphantasien) ist auch üblich – und das alles in einer oft recht genauen, exotischen Szenerie. Frauen phantasieren typischerweise, daß sie dagegen ankämpfen, bis ihre eigene Erregung zum Aufgeben führt – aber die Umgebung ist oft nur in verschwommener Form präsent. Auf diesem Hintergrund ist es eine wahrscheinliche Annahme, daß unsere Phantasien störender sind als die der Frauen. Der genaue, plastische Charakter der Phantasien entfernt von unserem Partner und macht das bewußtseinsübersteigende Erleben im Augenblick des Orgasmus möglich.

Der Ausgangspunkt für diesen Beitrag war, daß die Intensität der Orgasmen der Männer sehr schwankend ist und daß das primäre Problem darin besteht, daß der Orgasmus oberflächlich und begrenzt abläuft, weil sich die orgastischen Kontraktionen nicht vom körperlich recht peripheren Organ (Penis) auf den ganzen Körper fortpflanzen. Die verkrampfte, quergestreifte Muskulatur wurde als die bremsende Ursache angesehen, die vor allem die Aufgabe einer automatischen Verteidigung hat, einer muskulären Panzerung mit den Wurzeln in Triebverboten der Kindheit. Das Bestreben müßte unter allen Umständen dahingehen, sich über die Ausmaße dieses Panzers klarzuwerden – eventuell mit therapeutischer Hilfe. Aber die Verkrampfung in der quergestreiften Muskulatur könnte auch Resultat einer sado-masochistischen Beziehung sein, wo eine extrem starke Erregung auf Kosten eines gewaltsamen, aber doch begrenzten Orgasmus erzeugt wird. Leute, die gewöhnlich sado-masochistisch verkehren, können vielleicht mit einem ‹sanften› Beischlaf experimentieren, um dadurch einen umfassenderen Orgasmus zu erleben, der von innen kommt, ohne durch die muskuläre Panzerung gebremst zu werden. Wenn sie danach trotzdem sado-masochistische Beziehungen pflegen, hat das jedenfalls seinen Grund woanders – sie ‹wählen› dann die Erregungsintensität auf Kosten des Orgasmus. Außerdem würde es zur gegenseitigen Emanzipation beitragen und mit den falschen Meinungen zwischen den Geschlechtern aufräumen – so daß wir uns der unmännlichen Lust, ‹genommen› zu werden, hingeben könnten und die Frauen ihr Schuldgefühl überwinden könnten, wenn sie aggressiv ‹nehmen›. Das würde dazu beitragen, den sexuellen Sado-Masochismus von der traditionellen Geschlechtsrolle des dominanten Mannes abzulösen. Jedenfalls ist es besser, den Sado-Masochismus auszuleben, als ihn in Beischlafphantasien zu verbannen. Phantasien vermindern die Reizempfänglichkeit des Körpers und verhindern die psychische Transzendenz im Augenblick des Orgasmus. Da die männlichen Phantasien eher visuell-plastisch sind, sind sie auch störender. Ein Ausweg besteht wahrscheinlich in einer intensiveren Konzentration auf die Reaktionen des Partners (besonders seines Gesichts) – das würde auch narzistischem Sich-Zurückziehen entgegenwirken.

Aus: Tor Nørretranders (Hg.); «Hingabe.
Über den Orgasmus des Mannes.»
rororo mann 8216, erschienen 1983

Matthias Frings

Feminismus als Seifenoper?

Über die ‹Merianisierung› der Frauenfrage

Offengestanden gehen Männer mir oft auf die Nerven, besonders wenn sie Chefs sind und das Sagen haben. (Ein großes Wort führen viele sogar auch dann, wenn sie eben nichts zu sagen haben.) Bräsig und im Vollgefühl der eigenen Wichtigkeit machen sie sich breit, nehmen Plätze ein für zwei, ob in der Hierarchie des Berufslebens oder ganz konkret an einer Bar. *Ihre* Weltsicht ist die einzig richtige – belegt durch Funk, Film und Wissenschaft –, und ihre Denk-, Sprach- und Verhaltensklischees sind selbst durch die Erfahrung entschieden differenzierterer Lebenswirklichkeiten nicht in die zweite Dimension zu befördern. Was nicht sein soll, ist nicht; im Zweifelsfall Augen zu und Hirn auf Durchzug, dann gebetsmühlenartig das einmal Erkannte wiederholt – und fertig ist der Ideologe.

Offengestanden gehen Frauen mir zunehmend auf die Nerven. Weil sie sich wie Männer verhalten. Da wird die eigene Unterdrückung zur Waffe gegen Männer umfunktioniert, da wird erpreßt und mit dem schlechten Gewissen gearbeitet.

Was soll mir eine Welt, wo zu der einen Hälfte männlicher Macker sich nun auch noch die weiblichen hinzugesellen? Der unterschriftenreife Satz lautet: Gleiche Rechte für Frauen und Männer; aber was ist das für ein Fortschritt, wo – samtsanft formuliert – im Ergebnis Frauen sich genauso schlecht benehmen wie Männer?

Eine kleine Geschichte, beobachtet als Außenstehender: Ich gehe um drei Ecken in die Kneipe. Berlin-Kreuzberg. Arbeiter, Szenevolk, Ausländer, Studenten. In der *Bierbar* ist nichts und niemand «chic». Dafür ist die Musikbox voll wunderschöner Schlager. Am Tresen einige Männer und eine Frau kurz vor Dreißig. Offensichtlich langweilt sie sich und zieht kurzerhand einen etwas fahrigen Mann mit großem Schnauzer ins Gespräch. Es schleppt sich. Sie trägt einen dieser Pullover mit viel zu großem Kopfloch, die immer wieder über die Schulter rutschen und Haut

freilegen. Sie läßt rutschen, zieht dann demonstrativ hoch und läßt wieder rutschen. Er macht Augen.
Das Spiel: Locken – Abstand halten. Bei einem Thema scheinen die beiden nicht einer Meinung zu sein. Gar nicht. Der Mann wendet sich ab. Schreit die Frau: «Der geile Typ grabscht an mir rum! Altes Ferkel!» Innerhalb weniger Minuten ist der Mann rausgeflogen. «Frauen belästigen ist hier nicht!» hatte die Kellnerin gerufen und abkassiert.
Niemand hat etwas gesehen, niemand hätte etwas sehen können – es war nichts geschehen. Und doch reichte der Aufschrei der «belästigten» Frau. Das war wie ein Reflex: Sie schreit und hat recht. Sie muß recht haben. Und sie muß sich sicher gewesen sein, daß es funktioniert.

In Frauenfragen reicht oft die Beschuldigung, die beifallsheischende Empörung. Frauenunterdrückung als beliebige Manövriermasse, als feine Erpressung im Alltag? Mal abgesehen davon, daß, betrachteten wir das Leben als eine einzige große Rechnung, Frauen noch ein paar Jahrtausende (Un)gerechtigkeit gut haben, klingt hier ein Motiv an, das über die harmlose kleine Geschichte hinausweist.
Man getraut sich kaum mehr, es zu sagen: Wir leben im entwickelten Kapitalismus, und eine seiner erfolgreichsten Handlungsmaximen lautet: Was man schwer nur bekämpfen kann, wird vereinnahmt, wird umarmt bis zum Ersticken. Also werden feministische Ideen trivialisiert; man macht ein Gesellschaftsspiel daraus, eine Mediennummer, und sorgt somit für schnelle Abnutzung, größtmögliche Verflachung. Ideen werden portionsweise verabreicht, leicht verdaulich und ausgedünnt. In Feuilletons, im Schlager, in Parteiprogrammen plappert es von «Frauenthemen». Vor lauter (und lautem) Reden versteht niemand ein Wort. Ein Häppchen Leid, eine Prise Unterdrückung, ein Quentchen Kritik, eine Handvoll Versöhnlichkeit. Und dann kommen die sellernden Verwerter, die Svende Merian & Co. Bevorzugte Rezeptionshaltung nach der «Merianisierung» der Frauenfrage: das bewußtlose Nicken, das Denkfühlen. Jaja, kenn ich, hab's am eigenen Leib erlebt!
Das funktioniert nicht nur auf der Ebene der gutverkäuflichen Betroffenheitsprosa, sondern auch in den höheren Etagen sozialer, politischer Entwürfe. Je trivialer, desto erfolgreicher, desto folgenloser. Deshalb ist die Merianisierung so ärgerlich, weil sie ein Denken simuliert, dieses «Denken» kreisen läßt um unverrückbare Propagandasätze, also letztendlich zurückdenkt und Schaden anrichtet.
In letzter Zeit erlebe ich es immer häufiger: andere mit der eigenen Un-

terdrückung zu unterdrücken – privat wie öffentlich. Sie kennen diese Reflexfeministinnen, immer ein flottes «unsensibler Macker» auf den Lippen. Stereotyp wird alles zu «patriarchaler Gewalt», unterschiedslos werden alle Männer zu «potentiellen Vergewaltigern». Da wird «Selbstverwirklichung» betrieben und eine «Verhütungsmittelauseinandersetzung durchgezogen». Und sie diskutiert mit ihm scharf, «daß da irgendwie ganz verschleierte Sachen ablaufen». Wie die Sprache, so das Denken. Das Reden und Streiten miteinander sind nicht selten heruntergekommen zum puren Austausch von Fertigsprachteilen. Eine Szene hat ihre Gewißheiten. Besser: *fühlt* ihre Gewißheiten.

Sicher: Wer Druck verursacht, darf sich nicht wundern, wenn ab einem gewissen Punkt der Dampf mit schrillem Pfeifen entweicht. Ich kenne dieses Verhalten sehr wohl von einer anderen Minderheit, von den Schwulen. Bei jeder dummen Bemerkung über Schwule, bei jedem Toleranzgesäusel und jedem schrägen Zwischenton hakte ich ein, stellte zur Rede, fragte nach, agitierte. Merkwürdige Erfahrung: Es funktioniert immer. Die Angeschossenen reagieren verunsichert, sind es nicht gewohnt, daß ein Schwuler ihnen Paroli bietet – und ziehen den Schwanz ein. Es geht mir keinesfalls darum, eine Lanze für das Schweigen zu brechen, für Hinnahme und unendliche Geduld. Sehr bewußt aber möchte ich den Punkt wahrnehmen, wo mit der eigenen Unterdrückung geschachert wird, wo sie zum Instrument wird zur Durchsetzung eigener Bedürfnisse. Schlechtes Gewissen allein ist keine produktive Haltung, sondern letztlich nur Faul- und Feigheit. Mit der eigenen Unterdrückung zu pokern macht klein, macht zum Opfer, schreibt die Opferrolle geradezu fest. Extrem peinlich die Schwulen etwa, die sich nicht scheuen, bei jedem noch so kleinen Anlaß mit den Konzentrationslagern im Hitlerfaschismus hausieren zu gehen.
Mit dem Erwachsenenwerden einer Bewegung ist es wie mit der ganz persönlichen Biographie. Irgendwann reicht es nicht mehr aus, Elternhaus und frühkindliche Erfahrungen für alles und jedes verantwortlich zu machen. Wer nicht nur reagiert, sondern auch zu den Handelnden gehören möchte, ist gezwungen, sich selbst einzubeziehen in die Überlegungen. Was nun zählt, sind gute Argumente, kluge Analysen und eine gelassene Selbstverständlichkeit. Was zählt, ist die Fähigkeit zu differenzieren, ebenso selbstkritisch wie selbstironisch sein zu können. Dieses Erwachsenwerden meint nicht (und niemals!) ein parteiloses laissez-faire, meint kein sattes «Sein», sondern ein «Werden».

Bei nicht wenigen Frauen habe ich das Gefühl, als stünden ihre Sätze seit zehn Jahren unverrückbar. Richtige Sätze aber, stets und ständig reproduziert, nie abgeklopft, nie nuanciert, nie angepaßt den aktuellen Entwicklungen, werden falsch. Die ehemals fortschrittlichen Forderungen landen über ihren Ausverkauf in dieser Seifenoper-Emanzipation, wo jedes Schlagersternchen noch die Talkshows mit zwei, drei Allgemeinplätzchen zur Frauenfrage anreichern muß, lächelnd und folgenlos.
Warum mich das so ärgert? Weil mit der Merianisierung des Feminismus den Männern vortreffliche Argumente gegen Frauen frei Haus geliefert werden. Je weiter diese Trivialisierung fortschreitet, desto leichter fällt es Männern, die geforderten Veränderungen abzuwehren, sie lächerlich zu machen. Plötzlich haben sie verdammt gute Gründe fürs überhebliche Grinsen. Und so leicht sollte man es ihnen nicht machen.

Peter Roos

Der Quoten-Schock

Über die Streit-Schrift «Der quotierte Mann» von Ursel Sieber und Bernd Ulrich *

Quotiert wurden bislang ja nur Kühe, Wale, Neger und Frauen. Jetzt geht's ran, ran an die Männer.

Die beiden Autoren, Ursel Sieber, 33, und Bernd Ulrich, 30, haben einen soziologischen Krimi geschrieben, zwischen lifestyle und hard politics. Darüber schreiben sie, wie Macht-Haber, Hosen-Träger, Leit-Hammel, wie die sogenannten Herren der Schöpfung mit ihrem starken Geschlecht reagieren, wenn die Frauen in die Jobs quotiert und sie selbst in die zweite Reihe bugsiert werden. Und das heute schon und erst recht morgen, in Industrie und Kultur, in Politik und Wissenschaft, an der Uni, am Bildschirm und am Führungstisch. So richtig forsch und laut traut sich kaum noch einer der Bossianer heute, gegen die grundgesetzlich garantierte Gleichberechtigung der Frauen anzustänkern. Da aber, im Ring, unter den Sparrings-Partnern des Geschlechterkampfs nach den Regeln von Fair play, Leistung und Wettbewerb nichts läuft, da aus freiem Willen, Gerechtigkeit oder der Einsicht des Herzens noch keiner Frau ein Job gegeben wurde, muß die Emanzipation als Grundrecht zwangsbewirtschaftet werden. Das Mittel dazu: die Quote. Ihre Opfer klagen im Chor.

Das Autoren-Duo, nicht umsonst Mann und Frau, nicht umsonst der Nach-Schwarzer-Generation zugehörig, definiert sich als «streng quotiert» und begreift sich als «schon zu pubertierenden Zeiten mit dem ‹Kleinen Unterschied› aus der vorgezeichneten Geschlechterbahn geworfen». Und so gehen sie ran. Ran an die Männer. Und testen Rote, Grüne, Schwarze, Unternehmer und Gewerkschafter, wie sie die Kröte schlukken. Volker Hauff, Joschka Fischer, Peter Grottian, Rainer Trampert, Heiner Geißler, Promis also und «Westentaschenminister», «Schickirevoluzzer», «Macho-Feministen» quer durch die Republik – sie werden

* Ursel Sieber/Bernd Ulrich: Der quotierte Mann. Zwischenlösungen im Geschlechterkampf. Rotbuch Verlag Berlin

gnadenlos befragt nach Quoten-Schmerz in Herz und Hirn, in Küche und Karriere, in Laufbahn und Leben.
Acht harte Vorwort-Seiten reklamieren die Arbeits-Methode der Autoren, wie sie hinter dem «Chauvi de luxe» den «Reihenhaus-Rambo» herauskitzeln. Zackzack rattern Sieber und Ulrich ihre Argumente herunter zum «anderen Blick auf die Geschichte», auf das selbstverständlich gewordene Wissen vom Ende des Patriarchats, vom Epochenwechsel, von der Krise der Männlichkeitskultur und vom Zusammenbruch der Ökologie. Dem «homo masculinus» als «Dinosaurier der Weltgeschichte» gönnen die beiden kein Mitleid und Bedauern. Ohne Psycho-Faxen, Seelen-Matsch und Betroffenheits-Gesülze ziehen sie ihre Expedition in die Männerwelt durch, zwei Ethnographen, die den maskulinen Alltag der Macht sezieren als schauerlich-vertrauten Disney-Dschungel. Ihre Feldforschung beschränken sie nicht auf den wohlfeilen Verbal-Feminismus mancher Spätpatriarchen, sie checken Krawattenknoten, Cordhosen, Ledersofas, Ikeamief, sie registrieren das Ambiente der Alternativen und die Accessoires der Arrivierten und zeichnen Genreszenen im Panorama des Geschlechterkampfs. Und in einem Ton! Mit einem Drive! Der nichts mit der «krawattierten Atmosphäre im ‹heute-journal›» und dem anbiedernd-devoten Abfragegehabe der Tagesschau zu tun hat. Die Sprache ist schnell, frisch, keck, frech, knackig, witzig, der Gestus ohne Skrupel, ohne Respekt, ohne Scham – und wird auch schon mal hämisch.
Wer mochte sich da diesem Kraftakt aussetzen? Wer traute sich einen solchen publizistischen Parcours zu? Wer wollte als Personal sich stellen dem TÜV frauen- und männerbewegten Observierens? Berlins Momper hatte schon mal keine Zeit; der damalige Chef einer quotierten Regierung findet den «Begriff ‹quotiert› doof» und den Ost-West-Deal wichtiger als ein Diskussionsduell mit den Autoren. «Betonsozi» Hans Apel knallt ihnen den Telefonhörer auf, Peter Glotz, als Ex-Mann der Berliner Senatorin Martiny «putatives Opfer», läßt mitteilen, ‹daß nicht›, Lafontaine hat keine Lust, Schily zaudert. Und Nordrheinwestfalens «Alt-Sozi» Farthmann, Erfinder des «Tittensozialismus» und selbsternannter Spezialist für «Kartoffeln in der Bluse», wurde erst gar nicht eingeladen.
Zeit gewährte zum Beispiel Volker Hauff. Der «ehemalige Technokrat» hält «Audienz» für die Autoren, und als Innovativer hat er natürlich etwas kapiert. Begriffe wie «alternative Lebensbeziehungen», «epochaler Paradigmawechsel», «ganzheitlicher Lebenszusammenhang» gehen ihm locker von den Lippen, und er «referiert» flott über die Krise der Umwelt als Krise der Männlichkeit. Das verhindert natürlich nicht, daß

seine Frau ihm von Köln nach Frankfurt nachziehen muß und ihren Beruf nur freiberuflich ausüben kann. Und ob der Power-Parolen, Frauen hätten ohnehin die Geschichte auf ihrer Seite, sehen Sieber und Ulrich perplex «erneut den wuchtigen Schreibtisch vor Scham im Boden versinken».

Daß Joschka Fischer mit seinen immergleichen Provo-Touren als wandelnder Sponti-Spruch nur eine grüne Montur über den 50er Jahre-Mama-Macker und 68er Macho gezogen hat, das möchten die beiden Forscher im Reich der Typen nicht so gerne wahrhaben. Groupiemäßig fasziniert lassen sie sich von seinen 95 Kilo angeblicher Erotik pur in Bann schlagen und haben seiner Laber-Eloquenz von männlichem «Lebensgefühl» und «weiblichem Realisierungsdefizit» nicht viel entgegenzusetzen. Dem publicity-versierten Medien-Star gelingt es, ungeschoren durch das ansonsten unnachgiebig angelegte Frageraster zu flutschen.

Auf seinem Medien-Gesicht würden die Scheinwerfer verlöschen, fürchtet der Fernsehmann Tom Buhrow, wenn im WDR quotiert wird. Er sieht sich «persönlich bedroht» und ungerecht ins Hintertreffen geraten. «Es ist nicht leicht, Mann zu sein heutzutage!» Ihm stinkt, die «historische Schuld» individuell abtragen zu sollen. Den Feminismus nimmt er «ernst, aber nicht persönlich». Gleichberechtigung, diagnostizieren die beiden Analytiker, ist ihm ein «Luxusproblem», und die neuen Frauen sind nur neue Lobby, ausgerechnet ihm, der ‹den heimlichen männlichen Lobbyismus noch nie richtig genießen konnte›, weil «ich grad erst anfange. Ich möchte jetzt mal ran und ich komme nicht ran.»

Nie so richtig rangekommen ist offensichtlich auch das «grüne Urgestein» Udo Knapp, dem «dieses widerliche lila Dreckszeug» seit Jahren schon zum Hals heraushängt. Auch ihm ist das Geschäft mit dem weiblichen Anteil im Parlament nur «ganz gewöhnliche Lobbypolitik», ohne daß sich mit und durch Frauen auch nur ein Fatz geändert hätte. Um seine politische Ruhe zu haben, konzediert er den Frauen die Quotierung, Kröte schlucken also. Und überhaupt, konstatiert der 47jährige Ex-SDSler, Kommunarde, Taxifahrer, heute grüner Fraktions-Hiwi, selbst die «erotische Seite wird heute von den Frauen okkupiert». Männlich resigniert.

Der Bumerang ist zurückgekreiselt: die Quotierung von Frauen produziert automatisch den «quotierten Mann». Wenn die maskulinen Objekte dieser Fallstudie und Heerscharen ihrer Geschlechtsgenossen draußen auch sonst nichts wahrnehmen und wahrhaben wollen – das eine spüren sie genau: Es geht ihnen an die Wäsche, an die Macht, an die

Freiheit, ans Schaffen und Gestalten, kurz: «an das wichtigste männliche Körperteil – Ego». Dafür ist diese Männermehrzahl Großmeister im Mauern und perfektioniert die Sozialtechniken, die sie schon immer virtuos beherrschte: Kampf und Abwehr. Geschreckt, geschockt und paralysiert, haben sie seelisch überhaupt noch nicht erfaßt, mit welchem Sprengsatz die zukünftige Männerwelt leben muß, wenn Erwerbs-, Haus- und Liebes-Arbeit öffentlich und privat neu verteilt werden. Die Männer wittern rundum ausschließlich Verlust. Kaum einer realisiert, daß der Abschied von den patriarchalischen Besitzständen auch Befreiung ist und Gewinn sein kann.

Ich weiß, wovon ich rede. Ich weiß, wovor diese Männer paniken. Ich weiß, worüber Sieber und Ulrich schreiben. Jeder Mann, der die Bastion räumt, wird zum Bastard. Jeder Mann, der selbst das Gefängnis des Forts verläßt, aus freiem Willen, Einsicht, Schmerzerfahrung, Defizitgefühl, wird zum Geschlechtsdissidenten, bekommt die virile Solidarität entzogen und kriegt zu spüren, was es heißt, zwischen der Sex-Front zu stehen. Ich habe das tausendfach erlebt. Erfahren als Partner einer Frau, die seit 20 Jahren Leben und Laufbahn im «Männereldorado schönster Vorgestrigkeit» (Sieber/Ulrich), der Universität, gestalten und nicht Opfer des akademischen Frauensterbens werden wollte. Ich habe die akademische Deadline der Dissertation und das Halali einer Habilitation, die rituellen Beschneidungszauber der professoralen Medizinmänner, miterlebt, miterlitten, mitgetragen, mit Arbeitsverzicht, Ruheverzicht, Urlaubsverzicht, Kinderverzicht – Karrierepause.

Wie aber soll man die Haben-Seite bei so viel Soll den biographischen Umschülern klarmachen, die irgendwann, mitten in ihrem schönsten Vollzeiterwerbslebenslauf, breitseits vom Feminismus getroffen wurden, getroffen werden?

Wenn der, zugegeben, abenteuerliche Wunsch fehlt, die andere, die weibliche Welt kennenzulernen, wenn die Selbstverstümmelung durch Eigenverbot Sieger bleibt, dann kann nur rückständig-wacker mit Wort, Händen, Füßen und Gesetzbuch gegen die Quote gehadert und angestritten werden, bei der Nachhut. Die Vorhut hat längst die Fahne in den Wind gehängt und mit taktischem Fatalismus die Lippenbekenntnisse abgesondert. Die strukturelle «Verwahrlosung der privacy», die tristen Lebensläufe, die Ursel Sieber und Bernd Ulrich hinter dem Polit-Glamour und den windig-feigen Absichtserklärungen herausfragen, die Scheidungen, der Weiberwechsel, das Frischfleisch in den Betten, die hilflos-chaotischen Lieben zu den Kindern, das ganze Elend, die gesammelten Dramen – alles kommt erst nach Einbruch der Dunkelheit und dem dritten Glas Wein auf den Tisch und ins Buch vom «quotierten Mann».

Heiner Geißler, «Generalfeminist» genannt, fährt, welche Überraschung, im Panoptikum dieses Rotbuchs einen respektablen Achtungserfolg in sein Zuhause, von dem zu erzählen er sich nicht scheut, der eminente Einfluß seiner Frau inklusive. Versiert, offen, seriös und ernsthaft, begründet er die Einführung der Gleichberechtigung in seiner Partei, setzt tentativ auf freiwillige Richtwerte vorm Quotenzwang und beklagt die «vaterlose Gesellschaft». Er ist ein konsequenter Modernisator der Macht, der historisch überkommenen Männerballast abwirft und aktiv das Parteischiff ins unausweichliche feminisierte Fahrwasser steuert, steuern wollte.

Die Zeichen der Zeit sehen sie alle – aber noch lassen sie sich lieber von starken Frauen verlassen, als sich zu ändern; noch richten sie sich lieber beleidigt und nicht ohne Genuß in der Opfer-Rolle des Unterdrückten ein, statt zu sehen, daß es um ein kontrolliertes Zurücknehmen geht und um Gefühls-Gewinne der unbekannten Art.

Endlich! Was sonst so sorgfältig mit dem Faltenwurf guten Willens und edler Absicht zum Wohle der Frau verhüllt wird – die unquotierten Zonen der Seele und die emanzipationsfreien Zonen der Affekte: Diese Peepshow in die Milieus der Männlichkeit hat sie sichtbar gemacht. Überfällig! Die Bilanz aus der Männerwüste, ein Thriller, trist und erbärmlich, aber erzählt mit soziologischer Kurzweil und polemischer Brillanz.

Ralf König

Bewegt?

DENN FRIEDHELM WITTENHÖFER HAT EINEN PIMMEL.
JA, SCHON... ABER DAS IST GAR NICHT WICHTIG...
DER SPIELT GAR KEINE ROLLE...
IST AUCH NUR EIN GANZ KLEINER...

FRIEDHELM WITTENHÖFER HAT HAARE AUF DER BRUST.
OCH... NUR SO'N PAAR FLUSEN AN DEN BRUST-WARZEN...

FRIEDHELM WITTENHÖFER IST SEHR SENSIBEL.
STIMMT... ICH WAR DREIMAL IN „JENSEITS VON AFRIKA" UND HAB JEDESMAL GEHEULT...

IST FRIEDHELM WITTENHÖFER EIN „BEWEGTER" MANN?"
TJA... WEISS ICH AUCH NICHT...
KÖNNTEN SIE DAS WORT „BEWEGT" ETWAS GENAUER DEFINIEREN?
Ralf König

Volker Elis Pilgrim
Mann zu sich

Mein Körper ist mein Freund

Im Sommer 1976 ließ ich mir einen Bart stehen und schnitt mir die langen Haare kurz. Kinderkinn und Schalkgrübchen verschwanden hinter einem dunklen rot-braunen Pelz. Kaum war mein Gesicht neu aufgeteilt, erlebte ich zu meiner Überraschung, wie die Menschen anders mit mir umgingen. Frauen und Männer wurden knapp, schauten mich nicht mehr lange erstaunt an, sondern waren gereizt, herausfordernd, auch begehrend, jedenfalls direkt und immer etwas böse. Älteren Frauen schien die Mutterlust auf mich vergangen zu sein. Kinder liefen vor mir weg. An Grenzen wurde ich scharf kontrolliert.
Bei meinen öffentlichen Veranstaltungen, auf denen ich die gewagtesten Thesen vortrug, hatte mich vier Jahre lang erstaunt, daß ich nie angegriffen wurde. Scharfe rhetorische Geschütze, sogar Tätlichkeiten hatte ich erwartet, ich wurde statt dessen gestreichelt. Seit meiner veränderten Haar- und Barttracht ist das anders geworden. Gleich beim ersten Auftritt danach wurde ich so feindlich angegangen, so unvorbereitet hochgenommen, daß mir die Argumentationskraft versagte. Am liebsten hätte ich zu weinen angefangen.
Die Welt war unfreundlich zu mir geworden. Sie schonte mich nicht mehr. Ich lächelte genauso wie vorher. Ich hatte mich innerlich nicht verändert. Ich begriff. Ich hatte eine Maske auf, eine Männermaske. Der Heiligenschein des Neutrums war abhanden gekommen, die Aura einer Putte verlorengegangen. Die Entschuldigung des Komisch-Sanften galt für mich nicht mehr. Ich signalisierte etwas, worauf die Menschen hauen. Das ist es, Mann zu sein. Mannwerden – da hatte ich etwas nachgeholt – bedeutet also, in eine Welt der Feindschaft hineinzuwachsen.

Auf einer Bahnfahrt begegnete ich zwei Frauen, die sich Geschichten von ihren Kindern erzählten. Die eine Frau berichtete der anderen von ihrem Sohn. Der hatte erst kürzlich seinen Militärdienst hinter sich gebracht, hatte als Fallschirmspringer Sonderschichten gegen seinen Körper abgeleistet, auch Überlebenstraining absolviert: «Manche halten nicht durch!» Ihr Sohn aber hatte im Schnee nur mit einem Mantel und einem Messer durchgehalten. Den Mantel konnte er zu einem Zelt aufrichten, um nachts darunter neben einem anderen Mann zu schlafen. Der Sohn war so groß, daß seine Füße aus dem Zelt herausragten. Die Schuhe sogen Wasser. Die Füße klumpten sich zu Eis über die ganze Zeit hinweg, und doch berichtete die stolze Mutter: «Erfroren sind sie nicht.»

Kindergeschichten – Männergeschichten. Der Mann soll seinen Körper als seinen Gegner erfahren, den er überwinden muß, so verpflichten Militär und Sport ihn früh. Nichtachtung, Mißachtung, Schmerzlosigkeit, Gefühllosigkeit muß er üben, bis der Mann für alle Folterkammereventualitäten seiner Gesellschaft präpariert ist.
Ich habe früh erfahren, daß mein Körper etwas anderes will, als (ab)gehärtet zu werden. Von den Zehen bis zu den Haarwurzeln ist er ein Ausdrucksmittel für meine Person. Der Mann soll ihn statt dessen kaltstellen und nur noch von den Lügen leben, die aus seinem Munde kommen.
Für mein Männerleben wurde mir von allen Erziehungsseiten her zugemutet, daß ich meinen Körper zur Tür meines Daseins hinauswerfen sollte. Dagegen habe ich mich gesträubt. Ich erinnere mich, wie er sich niemals als ein Gegner von mir geäußert hat, sondern als mein Verteidiger gegen alle Strapazen der Umwelt.
Mit fünf Jahren wurde ich von meiner Mutter getrennt. Auf einer Reise im Nachkriegsdeutschland schwer krank geworden, mußte sie mich in einem Kinderheim unterbringen. Das Kinderheim ging mit Drill gegen mich vor und probierte die von außen bestimmte Regulierung aller meiner Bedürfnisse. Sogar nachts durfte ich nicht pinkeln gehen, wann ich wollte. Die Türen der Schlafsäle wurden verschlossen. Nur eine Pflegerin betreute das Heim während der ganzen Nacht. Die Frau hatte sich ihren Dienst so eingeteilt, indem sie bei den Kleinsten begann nachzusehen und bei den Ältesten zuletzt vorbeischaute. In dem Heim waren Babys und Kinder bis zu fünfzehn Jahren untergebracht. Ich schlief in einem Raum, der die Kinder mittleren Alters von fünf bis elf erfaßte und den die Frau dazu passend in der Mitte ihrer Arbeitszeit öffnete. Sie dachte: Je älter das Kind, um so länger hielte seine Blase. Mein Körper protestierte. Schon um dreiundzwanzig Uhr konnte ich es nicht mehr aushalten, wimmerte, fing schließlich an zu schreien. Umsonst. Kein Eimer im Zimmer und die Fenster zu hoch, als daß wir hätten hinauspis-

sen können. Ein elfjähriger Junge schrie regelmäßig für mich mit. Von den anderen mußte niemand so dringend wie ich. Nie vorher, nie nachher habe ich solch eine schnelle Blase gehabt. Im Laufe der Nacht schrie der halbe Saal schließlich mit mir. Die Frau kam aber erst ungefähr um drei Uhr an unseren Saal heran, um aufzuschließen, bei besonders hartnäckigem Schreien der Kinder ließ sie sich schon um ein Uhr zur Öffnung der Tür erweichen. Später protestierte ich bei meinen Erziehungspersonen, indem ich zu Hause ungefähr ein halbes Jahr lang bei einem entstandenen Blasendruck im Schlaf zu schreien anfing, bis mich jemand wachrüttelte und mir den Nachttopf vorhielt.

Mit Protest reagierte ich auch darauf, daß mein Vater mir fünfjährig die Vorhaut beschneiden ließ. Mag sein, daß sie eng, zu eng war, ich nahm es übel, daß im Krankenhaus an meinem Pimmel geschnippelt wurde. Ich verweigerte danach das Schnauben. Ich konnte es nicht mehr. Ich soll mit offenem Munde und geschlossener Nase durch die Gegend gelaufen sein. Nase und Glied erlebt der Mann als etwas Ähnliches. Das Volk sagt: «Am Giebel des Mannes erkennt man den Johannes!» Auf die Kränkung des Schwanzes reagierte meine Nase. Ich ließ die Rotze nur so herauslaufen, atmete durch den Mund, das reichte ja. Der Vater sah die Schule kommen und begann, Schneuzübungen mit mir zu machen. Vergebens. Immer wieder zog er mich zu abendlichen Traktierungen heran. Er hielt mir auf seinem Schoße sitzend nach dem Einatmen den Mund zu. Nun sollte ich durch die Nase ausatmend eine Kerze löschen. Ich stockte und heulte, als er mir die Kerze zu dicht unter die Nase hielt, aber pusten tat ich nicht.

Die körperliche Blockade wuchs sich zur Krankheit aus. Meine Eltern verzweifelten. In der Schule wäre ich mit Schnuddelnase Zielscheibe des Spottes geworden. Die Rettung kam von einer Tante, die mir half, meine Festung wieder aufzugeben. Der erste Schultag stand bevor. Die Tante winkte mich zu sich und sagte mir, daß sie mir zum Schulanfang eine große Tüte voll mit seltenen Süßigkeiten schenken wollte. Das täte sie aber nur, wenn ich schnauben lernen wollte, denn in der Schule müßten alle Kinder schnauben können. Das Angebot überrumpelte mich. Die Tante hatte Verbindungen ins Ausland. In der DDR aufgewachsen, wußte ich, daß «West»-Süßigkeiten mit den einheimischen Nachkriegsprodukten nicht zu vergleichen waren. Ich holte durch den Mund Luft und atmete sie durch die Nase aus. Noch mal und noch mal, und da kam sogar ein wenig Schnodder heraus. Ich zeigte der Tante mein Taschentuch und machte ihr meine neue Fähigkeit vor, bekam die Tüte und konnte von dieser Zeit an schnauben.

Mein Körper ist für mich ein feines Erkennungszeichen für alle Schwankungen meiner Person. Ich werde dieses kostbare Werkzeug mit keinem Durchhalte-Härtungs-Programm stumpf machen. Ich ahnte früh, daß jede Verletzung, jedes Stolpern, Reißen, Quetschen und Hinfallen mir etwas sagen wollen. Mit «Angsthase» quittierten meine Erziehungspersonen mein Verhalten, wenn ich zögerte, abwartete, mich fürchtete und mich schonte.
Älter werdend entwickelte sich mein Körper zum Partner meines Ichs, der es drängte, ihn ernst zu nehmen. Als ich mich von meinem Vater zum Militärdienst zwingen ließ, agierte mein Körper meinem Ich vor, wie es selbst hätte antworten müssen, mit einem unerbittlichen «Nein». Ich renkte mir meinen rechten Arm im Sportabitur aus, kam in die Hände eines unbegabten Arztes, der den Arm nicht stillegte, so daß die ausgeleierten Sehnen nicht wieder zurückschrumpften und das Gelenk bei unwillkürlichen Bewegungen auskugelte. Die Schulter mußte infolgedessen zweimal operiert werden. Ergebnis: ich war militärisch untauglich.
Kaum war ich im Jurastudium eingezwängt, reagierte ich mit Signalen, die mir einen sofortigen Ausbruch aus dieser Disziplin zufunkten. Bei jeder Erwähnung des Sexualstrafrechts und seiner Paragraphen wurde ich plötzlich rot und brach in Schweiß aus. So zwanghaft verhielt ich mich schließlich auch außerhalb des Studiums, immer dann, wenn von Sexualität die Rede war. Da die Sexualstraftaten im deutschen Strafgesetzbuch mit den Paragraphen 170 folgende festgehalten werden, funkten mir die siebziger Zahlen wie 170, 70, 75 und so fort, unabhängig davon, in welchem Zusammenhang sie ausgesprochen wurden, Angst und Erregung ins Gesicht. Ich ging wie ein Mond auf. Jeder Mensch konnte das sehen. Ich wollte mich umbringen, denn so deutlich durfte ein Körper nicht sein. Ich bekam keine Zucht in ihn. Erst allmählich besänftigte er sich, als ich die Juristen wieder verließ und mit einer Gestaltung meines Lebens beginnen konnte, die ich mir ersonnen hatte.
Der Mann muß hart gemacht werden, hatte ich gehört und immer wieder am eigenen Leibe erfahren. Der intellektuelle Mann muß Stählung mehr am Geist als am Körper aushalten. Meine Hitzeanfälle waren umsonst. Ich hielt durch, brach nicht ab, ließ mich juristisch züchtigen, war im Siege begriffen. Da rumorte mein Körper im Examensjahr an einer Stelle, die mir damals noch in den Bereich abgeschlossener Dunkelheit zu gehören schien. Ich bekam Prostatakrämpfe. Völlig verdutzt dachte ich beim ersten Anfall, ich müßte unter Schmerzen scheißen. Es kam aber

nichts. Ich ließ Kolitis- und Hämorrhoidenuntersuchungen und -behandlungen vornehmen. Umsonst, die Anfälle kamen wieder, überraschend, unregelmäßig, mitten in der Nacht rissen sie mich aus dem Schlaf.

Ich weiß nicht, ob die an der Prostata leidenden Männer sich vorher durch Symptome haben warnen lassen oder ob die empfindliche Drüse plötzlich mit einemmal starr geworden ist. Die Prostata ist das sensible Vollzugsorgan der männlichen Lust, vorzüglich geeignet, den Mann zu warnen oder später im Alter den Drill zur Erstarrung zu rächen, wenn der Mann mit seinen Härtetouren zu forsch gewesen ist. Der Mann ist starr, die Prostata ist starr. Nun muß sein Körper nicht wie als Jüngling bei der Verhärtung, sondern als Alter wegen der Verhärtung leiden.

Der Schmerz ist mir ein Bote, der mich vor einem Überfall warnt und mich auffordert, einen anderen Weg zu nehmen. Herzstechen, Nierenziehen, Hodenpieken, Augenflimmern, Nasetropfen und -verstopfen, Halsstarre, Rückenzerren, Darmkrämpfe – und immer dachte ich dabei: Ach, schon bald tot?! Der Mann kennt sich nur gesund. Die Frau hat ihre Tage. Der Mann hat keinen Arzt für sich und seine spezifischen körperlichen Ereignisse.

Das Symptom spricht mit mir und zeigt mir etwas. Mit ihm habe ich den Mut zur Hysterie bewiesen. Ich gehe aus mir heraus, dazu ist mein Körper da. Im genormten Mannesleben soll der Körper immer erst erfahren werden, wenn von außen auf ihn eingewirkt wird. Der Mann bekommt ein Ideal seines Körpers eingeprägt, das nur passiv formuliert ist. Der Mann reagiert, wehrt sich, läßt auf seinen Körper einhauen, setzt ihn aus, hält ihn hin, und für alle Zumutungen liefert er ihn ab. Ich übe, meinen Körper nicht erst durch äußere Reize und durch Zurichtungen zu erfahren, sondern ihn von innen heraus zu erleben. Ich bin stolz auf seine aktive Dramatik, zu der er fähig ist. Ich stürze mich auf den Pickel, die Wunde, das Grummeln und Stechen, bohre mich über den Eiter des Körpers in den Eiter meiner Person, worauf ich so lange nicht achtgegeben habe, bis mir der Körper ihre Komplikationen signalisieren mußte. Frauen zeigen Symptome früher und drastischer als Männer. Sie blässeln, klagen, weinen. Wenn Männer Symptome zeigen, ist es meist schon zu spät. Ihr Panzer bricht, weil ihr Kern explodiert ist. Die Frauen sind auch bevorzugt zu den seelischen Krankheiten fähig, die ich durch meine geistige Härteprozedur verlernt habe: Migräne, Nervosität, Mißlaune, Erschlaffung, Depression. Die Frauen reißen mit diesen Stimmungen ihre Probleme aus ihrer Person und zwingen sie in die Kommunikation. Durch diese Aktion und die danach folgende Interaktion mit den Menschen, die die Symptome gezeigt bekommen, ändert sich etwas oder besteht die Chance, daß sich etwas ändern kann. Vielleicht erlerne ich noch diese Kommunikationsform der Frauen. Einstweilen aber kann ich schon mit meinen körperlichen Symptomen mir selbst Signale geben. Wenn ich Schnupfen und Halsschmerzen habe, frage ich mich, was mich beleidigt hat, was mich «verschnupft» haben, was mir «in den falschen Hals» gekommen sein kann. Ich lausche in meinen Körper hinein.

Ein Familienweihnachten kränkte mich. Eltern und Freundin paßten schlecht zusammen. Das Beieinander gelang nicht. Ich bekam danach schlimme Mandeln, dachte an gewöhnliche Halsschmerzen und gurgelte nur. Der Hals wurde ärger. In der dritten Nacht peinigte er mich so, daß ich mich wälzen mußte, schließlich ins Kopfkissen biß und dabei einen hohen, schrillen Schrei ausstieß, aber so leise, damit die Freundin im Nebenzimmer nicht aufwachte. Durch das Beißen, Schreien und Leisepressen platzte die Vereiterung der Mandeln auf. Der Arzt stellte es am nächsten Tage fest. Er hätte schneiden müssen, wenn ich mir zuvor nicht selbst geholfen hätte. Ich wollte wohl schreien: «Verfluchtes Weihnachten mit deiner Harmonisierungssauce der Familie! Die will ich nicht mehr in den Hals gegossen bekommen!» Ich feierte nie wieder Weihnachten wie bisher.

Ich hatte einen chronischen Blinddarm und wollte den schließlich in einer bestimmten Zeit innerhalb eines Vierteljahres herausnehmen lassen. Der Körper machte sich selbständig und reagierte früher, die Sache wurde dringlich, ich mußte sofort operieren lassen. In der Zeit, in der ich die Operation ursprünglich beabsichtigt hatte, lernte ich einen für mein zukünftiges Leben sehr wichtigen Menschen kennen, dem ich im Krankenhaus liegend nicht begegnet wäre. Mein Körper beteiligt sich an meiner Biographie. Mit ihm gestalte ich mein Leben auch irrational-intuitiv und treibe es nicht nur rational-strategisch mit den Mitteln des Geistes voran, wie ich es als Mann gelernt habe.

Als ich juristisch gesiegt hatte und mich beruflich festlegen mußte, bekam ich Heuschnupfen, eine Allergie gegen den Höhepunkt des Jahres. Er bricht Ende Mai aus und hält Juni, Juli über an. Also äußerte sich mein Körper dafür, die Blüte meines Lebens nicht in dem Bereich meiner Ausbildung anzusetzen, sondern die Vollendung anderswo anzustreben.

Das Leben fängt bei mir an. Zuallererst lasse ich mir meinen Körper nicht aus der Hand nehmen. Er ist der Pflug durch den Boden meiner Person und zeigt mir alle ihre Versteinerungen an.

Meine Lust – die bin ich

In der Krankheit, im Symptom, erfahre ich meinen Körper zunächst als Widersacher. Der Schmerz scheint ihn von den anderen Teilen meiner Person abzuspalten. Durch meine Zuwendung gelingt mir wieder die Vereinigung zwischen ihm, den geistigen Kräften und den Aktionselementen meiner Existenz. Ich bin versöhnt, ich fühle mich nach der Gesundung mit mir selbst vereint.
Immer eins bin ich, wenn der Körper Freude und Lust ausdrückt: Essen, Tanzen, Lachen, Erinnerungsräusche und Weinen vor Freude, wenn mir gelungen ist, mich oder andere Menschen glücklich zu machen. Ganz besonders gilt das Gefühl des Einsseins für alles, auf das unsere Zeit den dürren und fremden Begriff «Sexualität» verwendet.
Der Mann soll seinen Körper als Feind und sein Geschlecht als Fremd-Körper erleben. Alle lustbegabten Stellen, besonders den Schwanz, soll er wie auf ihn eingestürzte Meteore verstehen, mit deren Aufprall er sich abfinden muß und mit deren Abräumung er bis ins hohe Alter nie ganz fertig wird.
Jurisprudenz und Papst sagen, der Mann betätige sein Geschlecht im freien Willen, und deshalb müßten sie es ihm mit Strafen und Ächtungen regeln. Das ist albern. Mein Schwanz ist nicht wie eine Hand, mit der ich boxen oder Briefe schreiben kann. Mein Geschlecht ist nicht ein Gebrauchsorgan, sondern meine Konstitution. Daß Männern immer noch vorgeschrieben wird, was sie mit ihrem Geschlecht nicht machen dürfen – nicht allein, nicht mit Frauen in bestimmter Zeit, nicht mit Männern –, ist ein Zeichen ihrer erbarmungswürdigen Unfreiheit. Mein Schwanz ist kein Werkzeug, sondern der bin ich.
Frauen, die über das Thema «Befreiung der Frau» sprechen und schreiben, äußern sich immer wieder darüber, den sogenannten Geschlechtsakt – Eindringen des Gliedes in die Scheide – für sich nicht mehr als allein verbindliche sexuelle Befriedigung anzuerkennen, ihn sogar für ihre Praxis nicht mehr zuzulassen. Alice Schwarzer traf es am deutlichsten: Penetration – nein, gegenseitige Befriedigung mit anderen Mitteln – ja.

Dem Manne die Penetration zu rauben heißt, sein Bewußtsein seiner selbst zu erschüttern. Ficken abschaffen zu wollen bedeutet, eine Bahn zu beschreiten, die eines Tages in der Unterdrückung des Mannes durch die Frau enden wird. Die Unterdrückung der Frau begann mit dem vom Mann zu verantwortenden Raub des Bewußtseins ihrer Klitoris, infolgedessen sie im Laufe der Jahrtausende auch ihre Identität, das Bewußtsein ihrer selbst, verlor.
Das Patriarchat hat auch den Mann kaputtgemacht, indem es seine Sexualität in die Technologie einverlangte. Das Glied des Mannes erigiert zu Mondraketen und anderen hochtrabenden Leistungen der Technik. Ich will diese Transponierung meiner Sexualität in eine böse gewordene Zivilisation wieder rückgängig machen. Das Problem der Verunstaltung des Mannes liegt nicht in der praktischen Sexualität, sondern auf der Ebene ihrer ideologischen Übertragung. Das Glied des Mannes muß beseelt und nicht noch mehr kaltgestellt werden. Schluß mit seiner Eskalierung in die verschiedenen Instrumente männlicher Gewaltausübung: Sprengen, Detonieren, Stechen, Schießen... müssen abgeschafft werden. Eindringen, Durchdringen, Hin- und Herreiben, Füllen, Verströmen... sind nichts Schlechtes. Das unbeseelte männliche Geschlecht bereitet der Frau Not, nicht das eindringende Glied. Ich ficke leidenschaftlich gern. Am ganzen Körper habe ich empfindliche, dünne Haut, also auch am Schwanz. Reiben dort hat bald seine Folgen. Hinhalteprogramme sind für mich nutzlos. Von anderen Männern habe ich erfahren, daß die nicht nur andere Schwänze, sondern vor allem andere Häute haben. Unterschiedliche Häute verursachen unterschiedliche Orgasmuswege. Sicherlich gibt es auch unterschiedliche Reizabläufe und unterschiedliche Aufregungskapazitäten. Ich liebe wegen meiner durchlässigen Haut das Feuchte, und zwar die eindeutige Schoßfeuchte. Mit Händen nur wäre ich aufgeschmissen. Auch Seifenschäume oder Präservativnässen, sogar Speichelflüssigkeiten empfinde ich für mich als weniger aufregend. Ich dringe nicht nur gerne ein, ich bewege mich auch voller Wonne in dem Mittentau. Manche Männer haben vielleicht keinen Sinn für Tiefe und Feuchte. Sie fühlen sich in der Öffnung eines anderen Menschen verschwunden, verlieren sich oder empfinden sich als kastriert. Aber das wäre Seele. Es gibt Schwänze, wie mit Leder bezogen, für die enge Öffnungen, konzentrierte Griffe, präzises Saugen lustvoll sind. Bei den Sex-Technik-Büchern ärgert mich, daß die Autoren von einer gleichen Konstitution und von einer gleichen Erlebnisfähigkeit aller Männer ausgehen und sich erdreisten, uns allgemeine Mittel zur Lust

anzudrehen. Ich will nur ihre eigenen Mittel für ihre besondere Konstitution kennenlernen. Das reicht. Denn daraufhin kann ich vielleicht etwas nachmachen oder werde zu für mich Passendem angeregt. Ich also fahre gern Kahn, weil ich ausschweifend bin, mich gerne vertiefe und verbreite. Viele Männer mögen das Präservativ, weil es ihrer Neigung für das Begrenzende und Einengende entgegenkommt.

Das Geschlecht des Mannes ist so verschieden wie sein Charakter. Seine Äußerung ist eng verbunden mit seiner Entwicklung. Sein Geschlecht ist seine Person. Wir sehen es nur meistens nicht. Die Gesellschaft tut dem Manne weh, wenn sie es in einheitliche Verhaltensweisen preßt und unter allgemeine Regeln stellt. Schmerzen über Schmerzen stechen dem Mann von Kindheit an seine Verwegenheit zu Bruch. Impotenz. Den Schwanz gibt es nur noch tragisch oder komisch, aber nicht normal. Der eine Mann will nur mit zwei Fingern seine Eichel reiben, der andere steckt seinen Schwanz zwischen seine Beine nach hinten durch und nestelt an der Kuppe, die aus den Schenkeln schaut. Und daß ich wie ein Karnickel sofort rammeln will, kaum daß mir ein Körper unterkommt, und nicht pausieren kann, wenn ich mal mit mir alleine liege, sondern in die eigene Hand Stoßbewegungen mache und jubele, wenn meine Vortröpfchen mich an die begehrte Mitten-Feuchte erinnern, ist wohl zum Lachen.

Bei der Definition seines Geschlechts sollte sich der Mann aller Pathologiebegriffe enthalten, sonst findet er keinen Frieden mit sich selbst. Das Geschlecht, das sich lustvoll äußert, ohne andere Menschen dabei zu schädigen, dient der Befreiung des Mannes. Was du Mann auch willst, du bist in der Hölle, wenn du mit deinen geschlechtlichen Bedürfnissen nicht ernst machst, wenn du nicht fickst, obwohl du es möchtest, oder wenn du fickst, obwohl du keine Lust dazu hast.

Aus besonderen Entwicklungsprozessen heraus hat sich bei einigen Männern – mehreren, als «der Mann» glaubt – die Sexualität nicht zur Stoßlust ausgeprägt. Fickenwollen und Mannsein sind nicht identisch. Eindringen und Hin- und Herreiben wie eine Pflicht verrichtet – nachhandelnd einem Bild vom angeblich normalen Sexualverhalten des Mannes – hat krankmachende Folgen und bereitet ohnehin niemandem Lust. Diese Männer können die Gedanken Alice Schwarzers als Segen begreifen, ihren Freundinnen nichts vormachen, sich miteinander hinlegen und einander liebend anfassen, streicheln, tasten, saugen, küssen … es gibt noch viel mehr …

In die Gefahr der Schwächung gerät ein Mann auch, wenn er mit Menschen sexuell umgeht, obwohl er sie nicht richtig begehrt. Viele Beziehungen kranken daran, daß keine echte Begierde sie belebt. Schlechte Sexualität zermürbt, ermüdet, erschlafft den Mann. Und peinigende Beziehungen saugen seine Energien auf.

Sexualität an sich schwächt nicht. Freuds Sublimationsthese ist falsch. Sie ist Ursache für einige der schlimmsten Zwänge des Mannes zu seiner Unfreiheit. Freud behauptete, ficken zu wollen und arbeiten zu können, komme dem Mann aus einem Trieb. Entweder er leiste – und dann täte er das, weil er sich von der Geschlechtslust enthalte –, oder er ficke – dann könne er nichts Bedeutendes arbeiten.

Diese Aussage war mir immer ein Rätsel, denn nach einem guten sexuellen Beisammensein habe ich meist gute Gedanken und neue Tatkräfte für meine Arbeiten gehabt.

Die Wissenschaften vom menschlichen Innen- und Gemeinschaftsleben stehen in der Gefahr, sich in die zeitgenössische Moral zu verstricken. Wissenschaftler dieser Gebiete beobachten die Tatbestände meist so genau, wie ihre Kollegen es in anderen Bereichen tun. Aber bei den Deutungen und Erklärungen der Befunde ist eine Verallgemeinerung, beeinflußt von den Anschauungen des jeweiligen Zeitgeistes, unvermeidbar. Die nachfolgenden Generationen müssen die Deutung von Beobachtungen, die zu einer weitwirkenden Theorie geführt hat, überprüfen und die Beobachtungen selbst mit eigenen Erfahrungen korrigieren. Bei der Sublimationsthese handelt es sich um eine solche weitwirkende Theorie. Sie geht dem Mann an die Wurzel seines Selbstverständnisses. Deshalb möchte ich sie entkräften und ihm die Wiedervereinigung seines sexuellen Wertgefühls mit seiner Arbeitsverantwortung anbahnen.

Der von Freud beobachtete Sachverhalt steht fest. Männer waren und sind nach der geschlechtlichen Vereinigung mit Frauen manchmal stunden- oder tagelang elend und wie kraftentsogen.

Nicht das geschlechtliche Geschehen selbst entkräftet den Mann – ob es die Frau auch entkräftet, darüber hat sich Freud keine Gedanken gemacht –, sondern Eigentümlichkeiten des Mannes und der Frau, als rollengetrennte Wesen miteinander in geschlechtliche Beziehungen zu treten. Die Hauptvoraussetzungen für männliche Unlust nach geschlechtlicher Tätigkeit liegen bei den Männern. Es handelt sich um drei Merkmale:

1. Wenn es wirklich gelingt, den Jungen im allfälligen Kreuzgang der Abspaltung seiner Sexualität aus seiner Person dazu zu bringen, daß er seinen Schwanz als Fremdkörper erlebt, dann fickt nicht der Mann mit der Frau, sondern dann benutzt er sein Werkzeug «Schwanz» für das Gebrauchsutensil «Möse»: «Gib's ihr! Besorg's ihr! Hau ihr

einen rein! Mach sie fertig!» Am Ende solcher Geschichten ist der Mann selber fertig.

2. Der Mann fickt, obwohl er sich aus Eindringen und In-einer-Öffnung-Hin-und-Herbewegen nichts macht.
3. Der Mann fickt mit einer Frau, die er nicht (mehr) begehrt oder sie niemals begehrt hat.

Schwächendes geht auch von der Frau aus. Es muß sofort wieder auf den Mann zuformuliert werden, schwächend wirkt sich das Verhältnis aus, in dem Frau und Mann zueinander stehen müssen. Die Frauen als benachteiligtes Geschlecht haben eine merkwürdige Fähigkeit, ihre allgemeine Schwächung durch die Männergesellschaft an ihrem einzelnen Mann und Liebespartner zu rächen. Sie schwächen ihn und kehren den alten biblischen Satz «und er schwächte sie» in sein Gegenteil um. Frauen in der Rolle der gesellschaftlich Unterlegenen zapfen im Liebesakt vom Manne Energie ab. Diese rächende Schwächung hat zwei Gründe:

1. Jeder Tag im Patriarchat ist für Frauen eine Zumutung. Den Moment des «Schwachwerdens» eines Mannes, den Augenblick seines sexuellen Sich-Äußerns, seines begehrenden Aus-sich-Herauskommens, nutzen Frauen, um von seiner gesellschaftlichen Kraft zu zehren. Ihr Zehren verbirgt sich hinter ihrer Lustlosigkeit. Der Mann benimmt sich arglos orgastisch, die Frau tut das in der Regel nicht. Das orgastisch nicht erwidernde Geschlecht der Frauen schwächt die Männer. Das Thema wird von Frauen für Frauen diskutiert, hat aber auch einen Gesichtspunkt, der den Mann angeht. Die kräftigende, energiezusammenströmende und energieaustauschende Wirkung der Sexualität tritt nur ein, wenn beide Erlebende sich entäußern. Das schnelle Abspritzen und Sich-dann-auf-die-Seite-Legen des Mannes, von denen so viele Frauenleidensgeschichten aus langen lahmen Ehen berichten, nützen dem Mann nichts, sondern schaden ihm. Seine Traurigkeit nach dem Spritzen, seinen Ekel nach der Begierde und seine Schwächung nach dem Ablauf erlebt der Mann nur bei schlechten, von seiner Person entfremdeten, die Frau nicht einbeziehenden Ficks.
2. Wenn die Spaltung in Mann und Schwanz stattgefunden hat, sind die Werkzeugficks für Frauen ein Elend. Männer ficken unmöglich. Die Umlenkung ihrer schäumenden Leiblichkeit in Kampf, ihre Dingbarmachung fürs System, die Verwandlung von Schwanz in Revolver, spielt sich nicht nur in der Prärie ab, sondern auch im Bett. Schwanz selber wird Dolch. Männer stoßen ihn in Frauen hinein, betreiben Ficken nicht als Einverleiben, sondern als Verletzen, Zerstückeln, De-

mütigen. Ich dachte, Männer lernten das Eindringen als Durchdringen, als Versenken und als Die-Frau-lustvoll-Einvernehmen. Aber Ficken heißt Verachten. Frauen verzweifeln, weil Männer sie wegficken, sie im Akt wie von sich abstoßen. Sogar das, was «die Männer» und ich selbstverständlich «ficken» nennen – als ob durch das Hin und Her des Gliedes alle Geschlechtsseligkeit hervorgerufen würde –, läßt die Frau von ihrer Konstitution her (fast) kalt.

Wenn der Mann sein Geschlecht im Einklang mit den Besonderheiten der Frau betätigt, steht er aus dem Bett nicht mit Ärger und Arbeitsunmut auf. Obszöne Passagen in der Literatur benutzen immer wieder den Begriff der «Tiefe», der mich als Junge dazu verleitete anzunehmen, das Lustzentrum der Frau befände sich am Gebärmuttermund, ich müsse da nur hindringen. Die eindeutig anders gelagerte Situation war für mich enttäuschend, ist es möglicherweise für jeden Mann: Der gelobte, geliebte, mit Ängsten und Hoffnungen besetzte Schwanz war für die Lust der Frau nichts wert. Das wollte ich aber nicht auf mir, auf «dem Mann», sitzen lassen. Ich wollte, daß Frauen durchs Eindringen und beim Eingedrungensein Lust bekommen. Tief innen, wie die Bücher mir weismachen wollten, war also nichts zu machen, dafür aber oben außen, obwohl ich von der «Klitoris» noch nie etwas gehört hatte. Es ging ganz einfach. Ich verlagerte mein Lust-Sendungsbewußtsein von der Spitze des Gliedes zu seiner Wurzel. Ich behielt mir dadurch mein phallisches Wertgefühl. Ich wurde getrieben, ein Äquivalent des Mannes für das Oben-Außen der Frau zu suchen und es für seine Tauglichkeit auszuprobieren. Ich entdeckte die Mulde auf dem sogenannten Venushügel am Ansatz des Gliedes für begabt, der Frau beim Eingedrungensein klitorale Lust zu verschaffen. Dort befindet sich unter den Schamhaaren eine Art Pickelhaut, vergleichbar mit der am Hals des Mannes. Die Rauheit und Unebenheit der Haut kommt der Klitoris zugute, wenn der Mann sein Schambein an sie preßt und auf ihr kreist. Durch das Pressen und Kreisen kann ich auch leicht den eigenen Orgasmus hinauszögern, ohne mir Gewalt anzutun, denn beim Kreisen wird meine höchste Lust, die ich beim Hin- und Herreiben empfinde, wieder gedämpft, der Schwanz ruhig gehalten. Seit dieser Erfahrung und Erkenntnis habe ich auch endlich eingesehen, warum für Frauen die Größe des Gliedes gleichgültig ist, was eigentlich kein Mann richtig glauben kann, weil er die Entwicklung seines Schwanzes immer mit Größenvorstellungen begleitet. Der Vater hatte einen größeren, der Freund X hatte einen kleineren ... Mit meinem Respekt vor der Klitoris habe ich meine Größenängste verscheuchen können.

Der Mann begreift seinen Schwanz als Instrument. Er stellt sich vor, das Instrument muß in Schuß sein, perfekt funktionieren, gutes Material haben. Er denkt, es muß genau passen zum entsprechenden Teil Scheide. Der Satz: «Im Bett passen wir gut zusammen» hat mich früh ängstlich gemacht. Was ist, wenn ich nicht passe, wenn mein Schwanz zu einer Scheide oder mein Ficken zu einer Frau nicht paßt? Es hat immer alles gepaßt. Die Ängstlichkeit um Maße und Potenzen war umsonst. Die Freude an Groß oder Klein, Oft oder Selten hat etwas mit der seelischen Entwicklung eines Menschen zu tun. Sexualität ist kein mechanischer Selbstlauf, sondern Ausdruck von Gefühlen, Stimmungen, Befindlichkeiten. Sie ist Abbild der biographischen Windungen einer Person. Auch ist sie nicht in der Jugend stark und im Alter schwach. Mal strotzt sie, mal ist sie geschwächt, mal scheint sie erloschen, dann rappelt sie sich wieder. Körpermaße und Attraktionen zerfallen unter der Säure der Partnerprobleme, die zwei Menschen aus ihren angeblich besten Passungen auseinanderreißen. Und umgekehrt harmonieren jedes Maß und jede Eigenheit mit den Bedürfnissen eines anderen Menschen, wenn die Lösung der gemeinsamen Probleme gelingt.

Ein Zeichen der sexuellen Unfreiheit des Mannes ist es, daß er sein Lustselbstverständnis nur an dem herausragendsten Teil seines Körpers festmacht. Es gibt Teile meines Körpers, die waren für mich lange Zeit eine unentdeckte Landschaft. Da ich keine Brüste habe, wußte ich nicht, welche Gefühle in meinen Brustwarzen beherbergt sind. Ich hatte gelesen, daß Frauen an ihren Warzen Lust empfinden, wenn sie ihre Kinder säugen. Sexbilder und -schriften weisen immer wieder darauf hin, wie der Mann die Brüste der Frau reizt. Ich habe es auch gemacht und bin gelobt worden. An meine Brust hat keine Frau gefaßt. Erst ein Mann hat das getan. Es war mir, als sprängen zum erstenmal in meinem Leben Türen zu einem bisher verschlossenen Geheimfach auf. Die Schwanzlust ist immer eine strategische, auf ein Ziel lossteuernde Kraft. Die Reibung weiß, was sie will: Orgasmus. Die Brustwarzen kennen solche Dynamik nicht. Kaum werden sie berührt, weicht alle Struktur auf. Ich denke nichts, ich will nichts, muß nicht wohin, schwebe – ein dem Mann verbotenes Gefühl. Es hält an und hält mich. Ich habe den Schlüssel meines Lebens dort in der Stelle «Busen», wo die Mitte aller Gefühle sein soll. Ich drehe ihn und öffne mich, komme heraus. Es dauert. Auch die langanhaltend produzierte Schwanzlust empfinde ich dort immer schnell und kurz. Die Brust kann mich an die Ewigkeit anschließen.

Ich bin Mann, und ich bin nicht nur durch die Steilheit der Aktion, sondern auch durch die Weichheit der zerfließenden Konturlosigkeit. Meine Brustwarzen sind kein Werkzeug, sondern die bin ich.

Nach dem Körperverständnis des Mannes hat nur die Frau Brustwarzen. Das Arschloch aber hat niemand mehr. Im nordamerikanisch-europäischen Kulturkreis ist dieser Körperteil aus dem Bewußtsein des Mannes verlorengegangen. Das Vorkommnis symbolisiert die Selbstzerstörung des Mannes. Er hat das Bewußtsein des Kreislaufes verloren, der natürlichen Umschichtung aller Lebenskräfte von Anfang zu Anfang. Ich habe mein Arschloch fünfundzwanzig Jahre lang mit der nackten Hand nicht berührt. Wenn das Klopapier riß, stellte ich mich an und ekelte mich. In noch urtümlichen arabischen Verhältnissen, in denen das Arschloch nicht nur ein Ausscheidungs-, sondern auch ein Kommunikationsorgan ist, hat der Mann keinen Klopapierzaun davor. Auf Reisen durch die Wüste benutzt er ein Fläschchen, gefüllt mit Wasser, für «oben» zum Trinken und ein Fläschchen für «unten» zum Waschen. Seine eine Hand ist der Verbindung nach außen zu anderen Menschen gewidmet, seine andere Hand ist für die Intimbereiche vorbehalten. Welch eine Harmonie zwischen Mann zu Mensch und Mann zu sich selbst.
Für unseren Mann befindet sich die direkte Arschigkeit außerhalb der Kultur. Sie gespenstert aber und wird wenigstens mit den Mitteln der Drastik und Verächtlichmachung ins Bewußtsein wieder hereingeholt. «A kalt Köpferl – warme Füße – s'Ascherl offen – Doktor hat nichts z'hoffen.» Um ans Arschloch ständig erinnert zu werden, fressen Männer unmäßig und kacken ausdauernd und mühsam ihren schweren Stuhl durch ihre kleine wichtige Vergessenheit.
Unser Zeitalter ist verstopft. Gesunde Ernährung – ja, ja, und doch ging es bei mir immer unregelmäßig. Ich wußte lange nichts Genaues darüber. Die Zeitgenossen reden nicht übers Arschloch und seine Interessen, sondern verabreichen einander Abführmittel. Ich beobachtete mich. Auf Reisen ging es nie; wenn ich zu Hause blockiert war, auch nicht. Wenn erwartete Ereignisse – unangenehme wie angenehme – endlich eintrafen, mußte ich doppelt und dreifach. Da war etwas Äußeres durch, da ging es auch in mir durch. Endlich begriff ich; Scheißenkönnen und Durchsetzung der Person hingen unmittelbar miteinander zusammen: Sachdurchsetzung und Triebdurchsetzung. Über die Hälfte der Frauen kann nicht von selber scheißen. Ihr Leben ist verstopft. Je mehr ich zur Durchsetzung meiner Lebenswünsche kam, um so weniger verkrampfte sich

mein Darm. Wenn mir ein Gedanke blitzt, wenn ich etwas erkenne oder erreiche, wenn geschieht, was ich will, wenn ich endlich tue, was ich lange Zeit vorweggewünscht habe, kann ich gut scheißen. So zu scheißen macht Spaß. Energisch drängend, mit Schauern über den Rücken und Blitzen im Kopf. Eine korrespondierende Wichtigkeit lebt vom Arschloch zu mir auf. Schade, die meisten Männer schätzen es nicht wert. Erst bei der krassesten Entwürdigung «du Arschloch!», womit sie auf ihre Mitmenschen einschimpfen, vergewissern sie sich dieser verdrängten Dunkelheit.

Nach den Untersuchungen, zu denen ich durch die Prostatakrämpfe genötigt war, wunderte ich mich, daß aus dem Loch nicht nur etwas herausging, sondern in das Loch auch etwas hineinging. Nie hingeschaut, nie angefaßt, wußte ich überhaupt nicht, daß das Arschloch ein Loch ist. Ich hatte kein Lochbewußtsein. «Loch ist etwas Schönes», sagte mir einmal eine Frau. Ich fand den Satz überraschend und für mich zunächst unverständlich. Erst später wußte ich, der Mann zielt nur, spitzt nur zu, dringt nur in andere ein, geht nicht in sich, rundet sich nicht zu sich selbst. Die Schlange, die sich in ihr hinteres Ende beißt, Uroboros, Zeichen des Kreislaufes, des Lebens – das Bewußtsein war dem Mann abhanden gekommen. Mit meinen Fingern im Arschloch habe ich mir den Anfang eines neuen befreienden Verständnisses vom Mann zurechtgetastet, habe mit einem vorsichtigen Nebenkitzel begonnen, unweit des stolzen, bisher unangefochtenen Alleinpächters der Lust.

Ich bin nicht nur Stange, Rakete und Instrument, ich bin auch Boden, Öffnung und Tiefe. Ich bin oben und unten, vorn und hinten, innen und außen, Anfang und Ende. Ich bin rund, und ich bin ganz. Mein Arschloch, das bin ich auch.

Meine Geschichte ist meine Quelle

Ich werde immer wieder damit belästigt, daß ich sowenig wissen soll über mich, über meinen Körper und über die Verschiedenfältigkeit meiner Lust. Ganz besonders abgeriegelt werden soll ich von meiner Geschichte. Ich werde nach vorn getrieben. Ich darf nicht anhalten und nicht zurückschauen. Mannsein heißt, auf Zukunft hetzen. Den Begriff «Geschichte» kennt der Mann nur als Staats-, Gruppen-, Firmen-, Familiengeschichte..., nicht als persönliche Geschichte. Eine Biographie haben nur «hervorragende Persönlichkeiten». An seinen Lebenslauf wird der Mann bei Bewerbungen erinnert. Und schließlich ist dieser sein Lebenslauf nur ein Ablauf von Daten, aber keine persönliche Geschichte. Ich soll kein Konfliktbewußtsein haben, sondern meine Probleme in meinem Arbeitsaktionismus ersticken. Ich muß einen dicken Schutzpanzer um mich bauen, um Unfälle zu vermeiden. Wenn es doch mal kracht, werde ich eben krank oder sterbe. Der Mann ist ein Atomreaktor: außen gepanzert und innen hochexplosiv. Als solch eine Konstruktion Mensch habe ich Angst vor dem Alleinsein, weil dann meine Innereien gegen die Mauern rumoren. Ich bin mir selbst entfremdet, weil Tag für Tag all meine Konflikte verschüttet werden. Meine Seele steht unter Druck. Ich war von Identitätsselbstmorden bedroht, weil ich in solch einer Hochspannung nie meinen Ursprung und mein Glück gefunden habe. Ich wußte nicht, wer ich bin und was ich will. Ich werde einen Bilanzselbstmord in einer «Midlifecrisis» begehen, weil ich, plötzlich zum Anhalten und Rückblick gezwungen, nichts in mir sehe, was mich befriedigt, wozu ich sagen kann, «das hast du gut getan».

Das könnte dem Patriarchat so passen. Ich habe mir solche Strapazen und die Aussicht auf Strapazen nicht gefallen lassen. Ich habe mich zu meiner persönlichen Geschichte aufgemacht, ich wollte mir auf den Grund sehen. Ich habe mir meine Vergangenheit nicht abschneiden lassen. Denn wer die Vergangenheit hat, hat die Gegenwart, hat erst die Zukunft. Der Mann, der immer nur nach Zukunft grapscht, bekommt sein Leben nicht in seine Hände. Mit neunzehn begann ich, mein Pulverfaß zu entschärfen. Ich wußte, da gibt es Geschichtsinstallateure für die Person, die sich «Analytiker» nennen. Achtmal versuchte ich es, an einen heranzukommen, lief siebenmal wieder weg. Es war mir peinlich, wie die fragten und was alles die von mir wissen wollten. Der achte schließlich war der richtige, mir die Bergmannsarbeiten an der eigenen Geschichte beizubringen. Je mehr ich in meine Geschichte drang, um so mehr hob ich den Schatz meiner Identität. Aus keinem Kampf und keiner Aktion habe ich diese dynamische Kraft bekommen wie aus dem Umpflug der Vergangenheit.

Vor der Öffnung für meine verflossene Zeit war ich sentimental. An jedem Silvester und Geburtstagsvorabend überfiel mich Trauer, daß ein Jahr vorbei war. Ich schloß mich ein und heulte dem Gewesenen nach, obwohl in ihm nie meine Wünsche weit erfüllt worden waren, sondern ich beträchtlich gelitten hatte. Aus der Trauer wurde allmählich kritische Jahresüberschau. Die negative Stimmung wich von Jahr zu Jahr einem

Glücksgefühl. Jetzt freue ich mich schon seit einiger Zeit auf das nächste Jahr. Früher trauerte ich dem Ungeklärten, Unerledigten, Unbefriedigten nach. Das Wichtige, das Glückliche und das Befriedigende verlasse ich heute gern. Ich wurde durch diese Konzentration zu schöpferischer Einsamkeit fähig, ich konnte mich fruchtbar mit mir selbst beschäftigen, mich zurückziehen und dann wieder Menschen widmen, abwechselnd, ohne zu dem einen oder anderen von innen her gezwungen zu sein. Alleinsein kann der Mann nur nach oder mit der beleuchtenden Konzentration auf seine Person, wobei ihm andere Menschen helfen oder geholfen haben müssen. Alleinsein ist keine Tugend und keine Verzweiflung. Es ist selbst Ausdruck für ein Stadium intensiver Beschäftigung mit der eigenen Person. Der Mann, der es nie erfahren hat, ist in seiner Freiheit beschnitten. Sein Leben muß sich vom Jugendkollektivismus über den Arbeitskollektivismus zum Eigene-Familie-Kollektivismus umschichten. Der Mann läuft dadurch seiner Person nur nebenher. Sowie er allein ist, merkt er das. Sein Ich fällt ohne Anwesenheitsklammer anderer Menschen auseinander. Die Einsamkeit war für mich ein Bestandteil auf dem Wege zu meiner Befreiung. Sie half mir, mich abgrenzen zu lernen und das Gefühl der Unabhängigkeit zu bekommen.

Das Altwerden ist ohne Versenkung in die eigene Geschichte für den Mann eine Strapaze. Die Jahreszahl dreißig schneidet ihn von aller Jugend ab. Wenn er ab dreißig die Jugend nicht als Gewißheit des Erlebten in sich hat, beginnt er zu schwanken und sich immer mehr vor Verfall und Tod zu ängstigen. Die Betrachtung des gewesenen eigenen Lebens wird zu einem festen Fundament, auf dem nun alle neuen Jahre aufgebaut werden können. Je später der Mann damit beginnt, in seine Geschichte zu sehen, um so schwerer fällt ihm die Anlegung seines Fundaments.

Mit Ende zwanzig drängte mich eine seltsame Unruhe dazu, verschiedene Plätze meiner Kindheit und Jugend wieder aufzusuchen.

Geschichtsarbeit ist nicht nur Psycho-Analyse der verschütteten Verzweiflungen und Verletzungen im Sinne von Erinnerungsarbeit, sie geschieht auch durch ein Wiederauflebenlassen der vergangenen Erfahrungen. Ich besuchte alte Freundinnen und Freunde. Ich ließ mir von Betreuerinnen, Nachbarn und Lehrern aus meiner Kindheit erzählen. Ich ging auf den Dorffriedhof und erinnerte mich an manchen dort Liegenden. Ich streifte durch meine Jugendwälder, sammelte alte Erlebnisse wie Pilze auf. Als ich an geliebten und gehaßten Stellen vorbeiging, schienen die Geschehnisse eben passiert zu sein, so heftig trieben sie erinnernd in mir hoch. Ich schlich um den Kindergarten, die Schule, den Gasthof und die Kirche, um alle mir erreichbaren Orte meiner Sünden, Verwegenheiten und Erbarmungswürdigkeiten. Ich bemerkte, wie hier ein Stück Entwicklung stehengeblieben war, das ich jetzt mitnehmen konnte, wie dort eine unbewältigte Peinlichkeit sich endlich Luft machen wollte und ausgelitten wurde. Mit dem Trick der Wiederbelebung meiner Jugend habe ich die Dämmerung der scheidenden Jugend lustvoller verbracht als die Jugend selbst. In mein drittes Lebensjahr versenkte ich mich beim Erinnern einige Wochen, in das Alter zwischen vierzehn und achtzehn kehrte ich mehrere Jahre immer wieder ein. Das seelische Nacherleben hat seine eigene Zeit.

Die Techniken der Psychoanalyse beschäftigen sich mit der Unlusterinnerung. Erlebnisschmerzen werden wiederbelebt, Trauerarbeit muß geleistet werden. Aber für die Weiterentwicklung des Mannes, für die Freude seines Er-wachsens, ist ebenso wichtig auch die Lusterinnerung. Die Unlustereignisse sollen im psychischen Nacherleben korrigiert, das Ich mit ihnen versöhnt werden. Die Lustereignisse aber sollen «bleiben», sollen belichtet werden zur Wiederholung, zur versuchten Anknüpfung. Die Kinderzeit wird nur deshalb oft als «golden» beschrieben, weil mit den lustvollen Erlebnissen irgendwann mal Schluß sein mußte. Wozu? Das eben macht den Mann unfrei. Zwischen Jugend und Erwachsenheit wird ihm alles abgeschnitten, abgebrochen, zugeschüttet, so daß sein Erwachsenenleben leider ein ganz anderes wird als das Leben seiner Kinderzeit.

Die Krise zwischen vierzig und fünfzig ereilt den Mann nur, weil lust- und unlustvolle Ereignisse seiner Jugend so stark aufgestaut vor den Mauern seiner Erwachsenenexistenz lauern, um im ersten Schwächemoment ihren Zusammenbruch zu erzwingen. Die Krise ist die Rache für den Verstoß gegen die bewußte Allmählichkeit des Wachstums. Eine Krise ist ein Zwangsverhalten. Zwangsverhalten in der Gegenwart rührt aber her von unbewältigten Erlebnissen in der Vergangenheit, von der Nichtversöhnung zwischen Vergangenheit und Gegenwart.

Das Erinnern, Aufbauen und bewußte Wachsen des Mannes würden sein Trinken, Trippen, Rauchen und Putschen überflüssig machen.

Ich erlebe meine Existenz pflanzlich. Trainiert wurde ich als Mann, sie nur tierisch zu verstehen. Dramatik, Schnelligkeit, Kampf und Galopp der Taten – so soll das Konzept des Mannes von sich selber sein. Das ist ganz schön, aber ohne das Bewußtsein vom Pflanzlich-Allmählichen fehlte mir etwas im Leben. Ich fühle, daß ich eine Wurzel habe, daß sich Jahresringe um meinen Kern legen, die mich stärker machen. Nach einer meiner unangenehmsten Zeiten, als ich eben aus den Pressungen von Jurastudium und Psychoanalyse entlassen war, erwachte ich eines Tages mit einem Traumbild, das mich glücklich stimmte. In dem Moment des Aufwachens erlebte ich die Vorstellung, wie eine Bohne plötzlich aus dem Erdboden zu keimen. Ich konnte das manchmal in den Blumenkästen beobachten, wie die Erde sich etwas wölbte und dann kurz danach der Keim sich freistieß und eine Krume wegkullerte. So rutschte ich an diesem Morgen beim Erwachen nicht nur ins Bewußtsein, sondern auch ans Licht meiner von Examen und Analyse befreiten Existenz. Die war so neu, klein, weißlich und zart wie ein Bohnenkeim. Das Traumbild hat mir erklärt, wie vorsichtig ich mit dem rohen hilfsbedürftigen Zustand meiner Erlösung umgehen sollte. Dampfendes Drauflos aus Freude an der Veränderung hatte mir manchmal schon alles Glück zunichte gemacht. Wenn mir in der letzten Zeit etwas gelungen ist, worum ich mich lange heftig bemüht habe, dann strecke ich alle Glieder von mir, bleibe liegen, bis ich das Fassungslose fassen kann. Ich fahre und gehe nicht aus, sehe niemanden, bis das Ereignis überall in mir angewachsen ist. Dann kann es mich nicht mehr durcheinanderbringen, mich nicht zu Unverschämtheiten gegen andere oder zu Unfällen gegen mich selbst verleiten, auf daß alles Gelingen wieder eingeschränkt werden würde.

Weil ich mich als Pflanze fühle, weiß ich, daß es keinen Gott im Himmel gibt, denn ich blühe jetzt und hier und bin in allen Jenseiten vertrocknet. Ich will, solange ich lebe, wachsen nach oben ans selbstverständlich gebrauchte Licht all meiner Erfüllung. In dieser Allmählichkeit lebend, brauche ich nicht in die Herrschaft über andere Menschen zu wuchern.

Aus: Volker Elis Pilgrim; «Manifest für den freien Mann».
rororo mann 8220, erschienen 1983

Burkhard Schröder

Auf Messers Schneide – Beschneidung

Die ersten Schnitte

> Arzt: «Ich werde dir guttun!»
> Knabe: «Arzt, das wird vortrefflich sein!»
> (Inschrift in Sakkara, Ägypten, 2300 vor Christus)

Ein Messer blitzt auf, schon ganz nah an der Eichel. Ich ahne, daß gleich Blut fließen wird, und schlage die Augen nieder. Zum Glück bin ich nicht der Patient, der zitternd auf dem Operationstisch seines Schicksals harrt, sondern ein Zuschauer. Das Messer ist auch kein Messer, sondern ein Skalpell, eine Kreuzung aus einer scharfen Schere und einem Krummsäbel en miniature.

Der Arzt zieht mit spitzen gummibehandschuhten Fingern und mit Hilfe einer Art Pinzette die Vorhaut des Jungen lang und länger, bis sie ungefähr 1 Zentimeter über die Eichel reicht. Schnipp! Die Klinge durchtrennt die Haut und schneidet einen schmalen Ring ab. Das überflüssige Stückchen Fleisch wird zu Abfall und auf einem Beistelltischchen zwischengelagert, auf dem weitere Instrumente der messerverwandten Art glitzern. Es liegt eingeklemmt von den beiden Enden des Skalpells direkt vor meinen Augen. Ich muß schon wieder den Blick abwenden.

Seit 6000 Jahren gibt es die Sitte, daß Männer sich die Vorhaut kürzen. Man streitet sich, warum das gut sein soll. Die Mediziner formulieren neutral: «Unter Zirkumzision (Beschneidung) versteht man die operative Entfernung der Vorhaut des männlichen Gliedes aus religiösen, sozialpolitischen und hygienischen Gründen und aus medizinischer Indikation.»[1]

Wie ein Mann von anderen Männern zu einem richtigen Mann gemacht wird, so die häufigste religiöse Interpretation des Aktes, will ich mir ansehen. Einer meiner Freunde arbeitet im Jüdischen Krankenhaus. Er

fragt in meinem Auftrag den leitenden Arzt der Chirurgie, ob ihm ein neugieriger junger Mann als Beobachter angenehm wäre. Der ist nicht abgeneigt, bestellt mich aber zu einer vorbereitenden Unterredung.
Irgendwie muß ich einen distinguierten oder heilkräftigen Eindruck machen, denn der Doktor beginnt leutselig ein Bewerbungsgespräch, als ob ich schon bald den Posten des Assistenzarztes übernehmen könnte.
Ich habe gleich doppeltes Glück. Erstens ist für den nächsten Tag eine Beschneidung angesetzt, zweitens ist der Klient ein winziger, acht Tage alter Junge. Im Jüdischen Krankenhaus schnippelt man alles ab, was unter das Messer kommen will, ungeachtet der Religionszugehörigkeit der Vorhaut-Träger. Der morgige Knabe hat sich nicht frei entscheiden können. Seine christlich-bibeltreuen Eltern meinen, ihr Sohn könne später, wenn es an der Zeit ist, nicht rechtgläubig den Geschlechtsverkehr ausüben, falls man sein Glied im Naturzustand beließe.
Den blutigen Penis eines erwachsenen Mannes hätte ich nicht ertragen können. «Wenn Ihnen schlecht werden sollte, und das ist jedem von uns schon einmal passiert, setzen Sie sich sofort auf den Fußboden!» warnt mich der ausführende Chirurg, Dr. F., am nächsten Tag. «Ich habe keine Lust, auch noch eine Kopfplatzwunde behandeln zu müssen.»
In die Vorräume des Operationssaales darf ich nur mit Überschuhen. Die ähneln einer Damenduschhaube, nur daß sie nicht über den Kopf, sondern über die Füße gezogen wird. So ausgerüstet betrete ich den Umkleideraum. Der Arzt grinst mich an: «Alles ausziehen, bis auf die Unterhose!» Gerade will ich den schwerwiegenden Irrtum korrigieren, daß mir etwas abgeschnitten werden soll, da klärt sich die Situation. Ich bekomme neue Kleidung zugewiesen, stilvoll und im operativen Habitus: ein kurzärmeliges Hemd, Hose, Pantinen. Ich sehe aus wie ein Bademeister, nur in blau. Blau ist für die «septische» Abteilung, das heißt, es werden nicht alle Keime getötet. Planten wir, innere Organe zu entfernen oder einen Kopf aufzumeißeln, wären wir in gruseliges Grün gehüllt.
Dazu gehören eine Kopfbedeckung, die wie ein islamischer Schador die Haare verbirgt, aber hinten verknotet wird, und ein Mundschutz. Natürlich sitzt der bei mir zunächst verkehrt herum, obwohl man mit einem keimfreien Mull-Viereck eigentlich nicht viel falsch machen kann. Die biegsame Plastikschiene muß sich über der Nase spannen, nicht über dem Mund. Sonst könnte man, falls man etwas zu sagen hätte, falsch verstanden werden.

Wer schneidet, sägt oder klemmt, soll sich vorab die Hände und Arme mit Jod desinfizieren. Ich bin als Gast davon befreit. Wir nähern uns jetzt in voller Montur dem Schneidetisch.

Der Klient ist schon ganz nackt und quäkt beunruhigt vor sich hin. Eine Schwester pinselt ihn unten herum mit Desinfektionsmittel ein, die Narkoseärztin hält ihm vorsichtig eine Art Saugglocke über das Stupsnäschen. Er inhaliert keinen erfrischenden Sauerstoff, sondern Lachgas. Das macht ihn schläfrig. Erwachsene Männer brauchen, auch aus psychologischen Gründen, meistens eine Vollnarkose.

Die Vorhaut ist medizinisch gesehen eine Schleimhaut. Männer und Frauen sind auf diesem Gebiet gleich ausgestattet. Beide besitzen eine Glans (Klitoris und Eichel), die manchmal, je nach Lust und Laune, vom Präputium (Vorhaut) bedeckt ist. Ein Frenulum (Bändchen), eine Schleimhautfalte, verbindet die vorstehenden Teile mit dem Rest des Körpers. Die entsetzliche Tortur der Klitorisbeschneidung, die noch in vielen Teilen der Welt üblich ist, kann man selbst bei äußerstem Wohlwollen gegenüber ‹männlichem Sachverstand› nicht mehr als anatomischen Irrtum bezeichnen. Bei Männern hieße das: Schwanz ab.

Der erste Schnitt ist vollbracht, reicht aber noch nicht aus. Die Vorhaut junger Knäblein wie die unseres Patienten ist mit der Eichel verklebt. Diese Erfahrung machen auch Männer, die nicht wissen, daß man sich da waschen muß. Die Talgdrüsensekrete und Gewebeteilchen, die sich ansammeln, werden Smegma genannt. Das Smegma kann, wenn man weder vögelt noch sich wäscht oder onaniert, steinhart werden und Löcher oder gar Tumore der Vorhaut hervorrufen. Daran ist nicht das Smegma schuld, sondern die Zersetzungsprodukte. Bakterien fühlen sich zwischen Eichel und Vorhaut wohl, denn dort herrschen 30 Grad, eine Temperatur wie in einer Brutkammer.

Der Arzt klappt den Rest der Vorhaut zurück und schneidet in der Längsrichtung. Seine Hand darf nicht zittern: Geht der Schnitt zu weit oder zu tief, verletzt er eine Arterie, die im Frenulum verläuft. Schlitzt er nicht tief genug, wird der junge Mann später mit großer Wahrscheinlichkeit an Paraphimose leiden. So nennt man die Einschnürung des Penis durch eine zu enge Vorhaut. Der Volksmund kennt dafür die schöne Bezeichnung «spanischer Kragen».

Die Gesundheit des männlichen Gliedes ist gefährdeter, als ich dachte. Dr. Weihe, Arzt für Männerheilkunde (Andrologie)[2] im Klinikum Steglitz, klärte mich über die diversen männlichen Kümmernisse auf. Die «primäre Phimose» beobachten kundige und daher besorgte Eltern bei

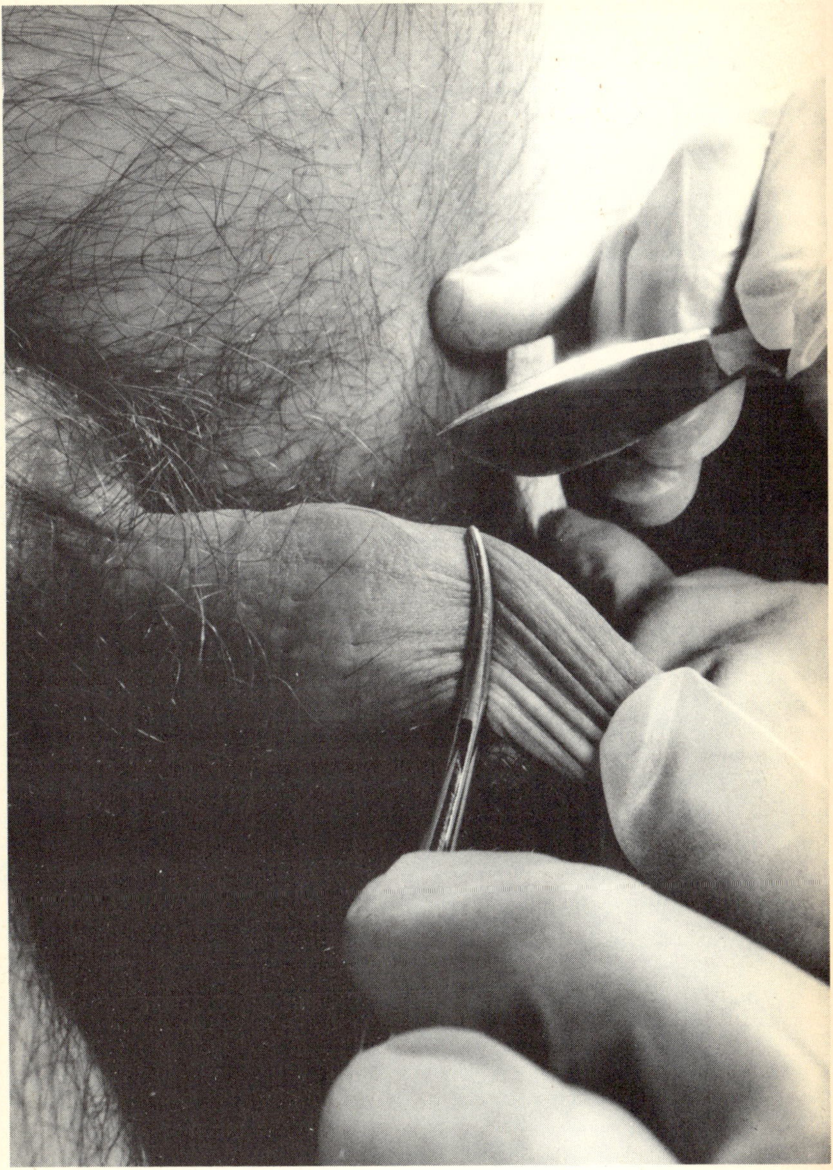

kleinen Jungen. Wenn sich das bis zum zweiten Lebensjahr nicht von selbst geben sollte, muß er unter das Messer.
Die Vorhaut kann sich aber auch entzünden. Wenn die offenen Stellen vernarben, schrumpft die Haut, und der Arzt diagnostiziert eine «sekundäre Phimose». Ist die Eichel betroffen (Balanitis) und hat sie die Vorhaut wegen der intimen Nähe angesteckt, haben wir den gruseligen Befund «Balanoposthitis». Das freut die Histologen, die Gewebekundler. Die meisten Forschungen und wissenschaftlichen Untersuchungen in der Dermatologie, der Lehre von den Hautkrankheiten, werden auf der Basis abgeschnittener Vorhäute durchgeführt. Sonst fällt kaum was ab.
Auch die Männerheilkunde ist ein Abfallprodukt. Während die Gynäkologie sich schon früh aus der Chirurgie entwickelte, spalteten sich die Andrologen in der Evolution medizinischer Berufe von den Dermatologen ab. Nach der Entdeckung des Penicillins und dem heroischen Sieg über die Syphilis, die klassische Haut- und Geschlechtskrankheit, hatten die Hautärzte nicht mehr viel zu tun. Das hält niemand auf die Dauer aus. Die Pfiffigen unter ihnen suchten nach einer Marktlücke und stießen dabei auf die Männer.
Nur stand dem entgegen, daß Männer die Schuld immer erst bei den Frauen suchen. Bis in die fünfziger Jahre existierte zum Beispiel die Diagnose «Sterilität» bei Männern nicht, obwohl fehlender Kindersegen, wie man heute weiß, zu 60 Prozent in ihre Verantwortung fällt. Erst im Schlepptau der Tiermedizin kamen die Ärzte auf die Idee, den männlichen Samen näher zu untersuchen.
Zudem stellte sich heraus, daß das Leben der Spermien abenteuerlich und gefährlich ist. Sie schwimmen nur gemütlich in der sie umgebenden Flüssigkeit, der Fructose, wenn der Zuckergehalt stimmt. Bei Streß, etwa Überarbeitung oder Beziehungsdiskussionen, sinkt der ab, und die Spermien gehen, natürlich im übertragenen Sinn, vor die Hunde.
«Das sollten Sie schreiben!» rät mir Dr. F., nachdem er das Knäblein verarztet und der Obhut der Frauen übergeben hat. «Flugkapitäne und Jet-Piloten gelten als Playboys mit dem Hauch der großen, weiten Welt und als besonders männlich. Sehr viele von ihnen sind zwar noch potent, aber wegen der ständigen extremen Belastung unfruchtbar.»

Lilith und Aschmodai

> «Und wo ein Mannsbild nicht wird beschnitten an der Vorhaut seines Fleisches, des Seele soll ausgerottet werden aus seinem Volk, darum daß es meinen Bund unterlassen hat.»
> (1. Mose 17,14)

Der böse Geist ist eine Frau und heißt Lilith. Sie lauert nur Männern und Knaben auf. Der jüdische Volksglauben denkt sie sich, so die ehrwürdige «Encyclopaedia Judaica», mit langen Haaren und Flügeln. In der deutschen Überlieferung spukt sie als des Teufels Großmutter herum. Lilith ist spezialisiert auf Jungen, die sich in der letzten Nacht vor der Beschneidung unruhig auf ihrem Bett hin- und herwälzen. Wenn es um die Beibringung von Männlichkeit geht, könnte Lilith stören, denn sie war nach der jüdischen Mythologie die erste Frau, die die traditionelle Rolle des Mannes in Frage stellte. Eine Variante der Schöpfungsgeschichte berichtet, Gott habe Adam und Lilith zur selben Zeit aus Erde geschaffen. Als Adam zum erstenmal männliches Imponiergehabe zur Schau stellte, veranlaßte das seine Gattin zu der kühlen Feststellung: «Bist doch nur meinesgleichen, beide sind wir von der Erde genommen.»[3] Zur Strafe für diesen Anflug von Feminismus wurde sie aus dem Paradies geworfen und in eine Dämonin verwandelt. Noch die Babylonier kannten sie als Sturmdämonin lilitu.

Schläft ein Mann allein, was nicht sein sollte, gesellt sich Lilith zu ihm und zeugt mit ihm allerlei Unholde, zum Beispiel die Sukkuben, die in Goethes «Faust» präsent sind. Will ein Mann das verhindern und hat er trotzdem eine Erektion, die Lilith anlocken könnte, muß er bestimmte Formeln aussprechen. Da ein kleiner Junge dazu noch nicht in der Lage ist, wacht in der Nacht vor seiner Beschneidung ein erwachsener Mann, der sich mit Frauen auskennt, neben ihm.

Ein weiterer unangenehmer Geselle könnte seinen Schlaf und die Ruhe vor dem Schnitt stören: der Dämon Aschmodai, der sieben Ehemänner der biblischen Sara jeweils in der Nacht vor dem ersten Beischlaf tötete. Im Talmud der Juden wird Aschmodai mit einem Hahnenfuß dargestellt. Er hat also Schwierigkeiten mit dem gleichmäßigen Gang wie der christliche Teufel, der sich mit einem Pferdehuf plagen muß. Wie wir aus dem Initiationsritual der freimaurerischen Brüder wissen, hat das Hinken eine besondere Bewandtnis; das eine Bein verharrt noch im Alten, das andere will in das Neue. Kein Wunder, daß Aschmodai, Lilith und ihre

Sympathisanten ihr Unwesen besonders dann treiben, wenn ein Knabe aus der Obhut der Frauen in das Reich der Männer überführt wird.
Sieben Tage bleiben die Neugeborenen getreu der mosaischen Überlieferung[4] bei der Mutter, dann werden sie der Gottheit, die natürlich ein Mann ist, symbolisch dargereicht. In einigen arabisch geprägten Kulturen trägt der Junge, bevor er zum Mann geschnitten wird, Mädchenkleider.
Rabbiner Stein von der Jüdischen Gemeinde hört sich geduldig meine Fragen zu den geschichtlichen und kulturellen Hintergründen des Beschneidungsrituals an. Das Thema sei vielschichtig und kompliziert, meint er. «Schreiben Sie lieber nichts. Wenig Wissen ist gefährlicher als gar keins.»

Religionen und Rituale

Die Sitte der Beschneidung hat ältere Wurzeln als beide monotheistischen Religionen, der Islam und das Judentum, die sie pflegen. Schon aus der Steinzeit, ungefähr 4000 Jahre vor unserer Zeitrechnung, sind bildliche Darstellungen erhalten. Sie war bei den Mayas in Mittelamerika Brauch, ist in Afrika noch heute die Regel und kommt in der Südsee, in Polynesien und Melanesien vor. In Madagaskar mußten die Jungen oder der Beschneider nach getaner Arbeit die Vorhaut verschlucken. Im Gefolge des technischen Fortschritts kam sogar die Gewohnheit auf, sie in die Luft zu werfen und nach ihr zu schießen.
Heute schätzt man, daß ein Siebtel aller Männer beschnitten ist. In den USA müssen 85 Prozent aller neugeborenen Jungen diese Prozedur über sich ergehen lassen.
Hauptdarsteller bei der rituellen Beschneidungszeremonie, ganz gleich, ob sie nach der Geburt oder kurz vor dem Beginn der Pubertät stattfindet, sind: der Vater, ein Pate, der Beschneider, der Knabe und die abwesende Weiblichkeit. In orthodoxen jüdischen Kreisen pflegt man ein Ehe-, Braut- oder Geschwisterpaar zu bestellen, um das Söhnlein zum Ort des Geschehens zu transportieren. Der weibliche Teil hält das Kind und übergibt es im Laufe der Zeremonie dem männlichen, um zu vermeiden, daß sich der Vater an das Bett der Wöchnerin begebe oder daß eine Frau zwischen die Gäste der Feierlichkeit trete.
Im jüdischen Glauben gehört die Beschneidung neben dem Sabbat und dem Verbot des Genusses unreiner Tiere fest zum Ritus und gilt als «aktive Pflicht». Wer sie unterläßt, könnte, wenn er fest daran glaubt, zur Strafe früh sterben. Selbst am Sabbat wird die Beschneidung vorgenommen, obwohl die Beibringung einer Wunde eine schwere Entweihung ist.
Der höhere Geistvater schließt in der Zeremonie einen Bund mit den Menschen,

insbesondere mit dem beschnittenen Mann. Je nach Abstraktionsfähigkeit setzt der Gläubige den Akt mit dem Bund gleich oder ihn nur als Zeichen dafür.
Es dürfte kein Zufall sein, daß in der Geschichte das Beschneidungsfest häufig zeitgleich mit «dem alten Nomadenfest des Pessach» gefeiert wurde, wie sich die «Encyclopaedia» ausdrückt. Bei einigen Beduinenstämmen kennt man den «'aqiqah»-Brauch: Am achten Tag nach der Geburt wird eine Locke abgeschnitten und zur Ablösung des neuen Lebens ein Schaf geopfert. Ersatzweise sind wohl auch ausgeschlagene Zähne und abgeschnittene Fingerglieder verwandt worden; Jungen scheinen einige überflüssige und opferbare Teile zu besitzen.
Mehrere magische Rituale und religiöse Zeremonien verschmelzen im Akt der Beschneidung. Ein Neugeborenes kann nur Mitglied der Gemeinschaft werden, wenn die geistigen Mächte damit einverstanden sind und die gläubigen Menschen ihre Vorstellung von der erteilten Erlaubnis der Götter zelebrieren.
Zusätzlich fordert die allgegenwärtige Geschlechterfrage ihr Recht, behandelt zu werden. Der Streit zwischen Männern und Frauen, der «Kampf zwischen Patriarchat und Matriarchat», lasse sich «am ‹Sündenfall› bei Juden und Christen, von dem der Glaube erlösen soll», deutlich zeigen, behauptet Sigrun Anselm. Der Bund baue eine Brücke zwischen dem Gott und den Menschen, die ihm nun nicht mehr bedingungslos ausgeliefert wären. «... doch dieser Bund basiert auf einem Opfer, das in der Beschneidung symbolisiert oder aber im Kreuzestod stellvertretend vollzogen wird. Die Beschneidung als symbolische Kastration durch Gott-Vater heißt Opfer der Geschlechterbeziehung ebenso wie das Sohnes-Opfer, das in Auferstehung und Gottesebenbürtigkeit sublimiert werden soll. Die Subjekte der Vertragsschließung sind Männer, Vater und Sohn, an ihrem Bündnis wird die Macht mütterlicher Gottheiten zunichte.»[5]
Bei vielen Völkern gelten Kinder bis zum siebten Tag als «tabu»: Wenn man einen Teil des Tabu-Objektes den Göttern opfert, wird der Rest ausgelöst und frei. Die drohenden Muttergottheiten im Hintergrund bekommen die Vorhaut, wenn schon nicht den ganzen Mann, und lassen ihn fortan einigermaßen in Ruhe.
Der Anthropologe Bruno Bettelheim geht sogar noch einen Schritt weiter. Er hält die Beschneidung für ein uraltes Ritual, die Menstruation zu imitieren. Viele Mythen, die er gesammelt hat, behaupten, die Frauen hätten in grauer Vorzeit den Männern die Beschneidung aufgezwungen. Diese Vermutung wird durch den häufig zu beobachtenden Brauch erklärt, daß – vor allem in Afrika – die Mädchen die Vorhaut verschlucken und die Mütter etwas vom Blut des Jungen trinken.
«Aber wir können auch ableiten, daß die Männer etwas als Entgelt für das Opfer erwarten. Was das sein könnte, darüber können wir nur spekulieren. Ich vermute, daß es ein Anteil an der großen und verborgenen Schöpferkraft der Frauen ist, ein Geschenk, das nur Frauen machen können, da nur Frauen es besitzen.»[6]
Die australischen Aborigines schneiden das Glied fast bis zur Harnröhre in Längsrichtung auf. Diese Sitte wird Subinzision genannt. Für die Wunde, die dem Jungen zugefügt wird, benutzen sie dasselbe Wort wie für die weiblichen

Geschlechtsteile. «Dann scheint der Zweck des Rituals darin zu liegen», urteilt Bettelheim, «symbolisch das weibliche Sexualorgan herzustellen, während das erneute Öffnen der Wunde vielleicht das periodische Phänomen der Menstruation symbolisiert.»[7]

Die Beschneidung ist kulturgeschichtlich älter als die Subinzision. Bettelheim zieht daraus den Schluß: «So zeigt die Anordnung der beiden Verstümmelungen, daß die Beschneidung ein männlicher Ersatz für die erste Menstruation der Mädchen gewesen sein mag und daß die Subinzision ein zweiter Versuch war, Leben hervorzubringen, als der erste Versuch gescheitert war.»[8]

Die Männer wußten nicht immer, daß zwischen ihrem Geschlechtsteil und der Geburt eines Kindes ein gewisser Zusammenhang besteht. Wie von anderen magischen Ritualen bekannt, werden diese um so ausgedehnter gestaltet, je mehr man an ihrer Wirkung zu zweifeln beginnt. Ärzte wissen, daß mit Krankheitssymptomen bei Neurotikern ähnliches geschieht: Wäscht ein Mensch sich drei dutzendmal am Tag die Hände, um sich von der verdrängten schmutzigen Sexualität zu befreien, und hilft das nicht, versucht er es noch häufiger oder schließt noch andere Körperteile ein. «Der Mensch wird von der Hoffnung geleitet, daß das Symptom, wenn er es nur genügend verfeinern kann, schließlich das Ziel erreicht, für das es entwickelt wurde.» Bettelheim fügt hinzu: «In derselben Weise beharrten vielleicht die Männer – je mehr sie einsehen mußten, daß die Initiationsriten nicht die Macht der Fortpflanzung verliehen – desto mehr darauf, daß die Riten eine geheime Kraft gewährleisteten.»[9]

Nach jüdischer Überlieferung reicht es nicht wie im Islam, nur die Vorhaut zu kürzen. Drei Schritte sind erforderlich. Der Beschneider schiebt eine Metallplatte mit Schlitz vor die Eichel, klemmt die Vorhaut in den Schlitz und schneidet alles, was überhängt, ab. Dann reißt er, nachdem er den verbliebenen Rest zurückgestülpt hat, das auf dem Rücken der Eichel liegende innere Blatt[10] der Vorhaut in Längsrichtung ein.

Der zweite Akt, «peria» genannt, ohne den die Beschneidung als nicht vollzogen gilt, hat seinen Ursprung in einer anatomischen List Abtrünniger. In der Regierungszeit des Antiochus IV. Epiphanes, ungefähr eineinhalb Jahrhunderte vor Christi Geburt, verbot man den Juden in Palästina, ihre religiösen Rituale auszuüben. Diejenigen, die glaubten, sie müßten der Obrigkeit unbedingt untertan sein, versuchten, die Beschneidung zu verbergen, indem sie den elastischen Teil der verbliebenen Vorhaut so lange dehnten, bis die Eichel wieder bedeckt war. Das funktioniert, weil Männer an diesem Körperteil flexibler als anderswo sind. Seitdem es sich eingebürgert hat, daß der Beschneider, der «mohel», mit dem Fingernagel den Vorhautrest einreißt, kann niemand mehr sein Glied als unbeschnitten maskieren.

Seit dem fünften Jahrhundert ist die Sitte überliefert, die Wunde auszusaugen. Die Glaubensgelehrten stritten sich lange, ob nur der Mund oder auch eine Saugglocke für die «mezizah» benutzt werden dürfe. Früher stellten Ärzte eine Tuberkulose häufig zuerst am männlichen Glied fest. Wenn ein Laie lutschte, zum Beispiel der Onkel, und der an offener Tbc litt, steckte er den Jungen an.

Alle Personen auf der Beschneidungsbühne, die etwas zu tun haben, existieren

doppelt, als reale Menschen und als geistige Projektionen, darin liegt ja bekanntlich das Wesen religiöser Vorstellungen. Der Vater schwebt als Geistvater über der Szene. Der Knabe kann sich mit dem Gottessohn identifizieren, der in Form des Erlösers noch erscheinen soll oder sich als Jesus geopfert hat. Die Mütter sind schon durch die lange Tradition so verdrängt, daß sie nur noch in volkstümlicher dämonischer Form, als Lilith oder böse Dämonen, vorkommen.
Der letzte Mann, der eine Rolle spielt, ist der Pate, «sandak» genannt. Er sitzt während der Beschneidung auf einem Stuhl und hält den Jungen fest, falls der in Erwartung der kommenden Ereignisse herumzappeln sollte. Seine Entsprechung als Geistwesen soll der Prophet Elijahu sein, der jeder jüdischen Beschneidung beiwohnt und «Engel des Bundes» genannt wird.
Die letzte Ruhestätte der entfernten Vorhaut ist ein Schälchen mit Asche oder Sand. Der Bund des Gottes mit den Menschen verspricht, daß das auserwählte Volk fruchtbar sein solle wie «Sand am Meer». Juden, Mohammedaner und Christen führen den Vertrag auf das legendäre Beispiel des Patriarchen Abraham zurück. Da sich Abraham damals noch nicht für eine der drei Religionen entschieden hatte, stiftet das Verwirrung.
Auch die Christen, die sich nichts abschneiden, hatten wegen einer allerhöchsten Vorhaut Grund zum Feiern; seit dem sechsten Jahrhundert zelebrierten sie zu Neujahr «Christi Beschneidung», genannt «festum circumcisionis».

Ein kleiner Prinz

«Wenn du beschnitten bist, hast du keinen Verkehrsunfall», scherzt Kadir. Genausowenig sei die statistische Wahrscheinlichkeit nachzuweisen, daß eine unterlassene Beschneidung zu einem kränkelnden Penis führen müsse. Trotzdem hat kein Türke, der etwas auf sich hält, eine Vorhaut. «Bei uns ist niemand ein ganzer Mann, der nicht beschnitten ist und nicht den Militärdienst abgeleistet hat. Bei der Musterung kontrollieren sie dich genau. Alle mit intakter Vorhaut schicken sie gleich ins Krankenhaus.»
Wir sitzen in einem arabischen Café in Kreuzberg, essen französische Baguettes, belegt mit holländischem Käse, schlürfen genüßlich Kaffee aus Nicaragua und gönnen uns deutsche Torte zum Nachtisch. Kadir übersetzt mir einen Artikel aus der türkischen Wochenzeitung «Yeni Gündem»[11]. Die Autoren zitieren den ehemaligen sozialistischen Abgeordneten und Schriftsteller Çetin Altan: Die Natur neige bei den wichtigeren Organen nicht zu Fehlern. Deshalb müsse man auch beim Penis nicht der Evolution durch Nachbesserung auf die Sprünge helfen. Das Argument der Hygiene hält der Kritiker für unglaubwürdig und heuch-

lerisch: «Niemand interessiert sich für Ökologie oder fördert das Zähneputzen. Beim männlichen Glied aber besteht man auf übertriebener Sauberkeit.»

Sinnvoll kann eine Beschneidung sein, wenn Wassermangel herrscht, denn eine nur rituelle Waschung mit Sand, wie sie der Islam für den Körper kennt, verträgt der Penis nicht so gut. Niemand käme jedoch auf die Idee, sich die Zähne auszuschlagen, weil er kein Geld für Zahnbürste und Zahnpasta hat.

Finanziell verursacht die Beschneidung türkischen Vätern heute Kopfschmerzen. Ein professioneller Beschneider liquidiert 100 bis 150 DM, und das anschließende Fest kann die zehnfache Summe verschlingen, bei einem durchschnittlichen Monatsverdienst von 100 DM (ungefähr 55 000 türkische Lira) ein harter Brocken. Parteien und Gewerkschaften bieten, um sich so lieb Kind machen zu können, Massenbeschneidungen an. Ganze Gewerbehallen werden gemietet, wo für alles, Musik, den Imbiß und nichtalkoholische Getränke, gesorgt ist.

Der islamische Gott hält sich zum Thema bedeckt; der Koran sagt nichts zur Beschneidung. Der Prophet Mohammed hat sie jedoch empfohlen, und danach richtet man sich. Sie soll vor dem Einsetzen der Pubertät stattgefunden haben. Ärmere Familien lassen ihre Söhne möglichst zusammen beschneiden, um Kosten zu sparen.

Der Junge wird vorher müde gemacht. Man besucht Verwandte, was anstrengend ist, zeigt die Geschenke herum, organisiert einen Ausritt, wenn man es sich leisten kann, oder besichtigt Museen. Früher trugen die Knaben ein langes weißes Hemd, eine runde Mütze und eine Schärpe mit der Aufschrift «masallah» (Gott schütze dich!). Heute ist eine militärische Uniform üblich, zusätzlich ein Überwurf mit Pelz. Der Jüngling darf sich «prens» nennen, was wir mit «Prinz» übersetzen würden. Alle Leute, die ihn in seinem prinzlichen Zustand auf der Straße erblicken, wissen Bescheid, sprechen ihn an und wünschen ihm Glück.

Kemal Özkan, ein gut betuchter Beschneider aus Istanbul, hat 45 000 Vorhäute auf dem Gewissen. Er habe nur eine Berufsschule besucht, bekennt er, und ein Fach ‹Beschneidung› gäbe es dort nicht. «Das Volk hat mir den Titel gegeben.» Früher benutzte er ein Rasiermesser. Die Bezeichnung für dieses Instrument, «ustra», verweist auf ältere Tradition, denn «ustra» ist ein persisches Wort. Heute verwendet der volkstümliche «Doktor» einen «Elektrokoter» und überlegt, «da sich auch die Beschneidungstechnologie verändert hat», auf Laser umzusteigen. Bei

einem Tagespensum von – in Stoßzeiten – 150 Knaben dürfte das auch angebracht sein.
Dr. Haydar Dümen, ein Sexualwissenschaftler, wettert dagegen: Die Beschneidung sei schlicht eine Körperverletzung. Das männliche Kind werde vom Vater durch diese «symbolische Kastration» bestraft, weil es lieber zur Mutter gehe. Er kenne einen Fall aus der Praxis seines Kollegen Dr. Öztürk, der einen jungen Mann wegen Stotterns habe behandeln müssen. «Dessen Eltern hatten ihn auf die Beschneidung nicht vorbereitet, und er glaubte, ihm würde das Glied abgeschnitten.» Auch türkische Eltern benutzen die Drohung wie im deutschen «Struwwelpeter»-Kinderbuch: «Wenn du nicht brav bist, kommt ein Mann mit dem Messer...»
Dr. Dümen: «Mädchen werden diskriminiert. Die Jungen bekommen Geschenke, ein «kirve» (der Pate) kümmert sich zusätzlich zu den Eltern um ihn, und ihnen wird durch die Zeremonie suggeriert, sie seien wichtiger als Mädchen.»
Mein Gesprächspartner Kadir vermutet jedoch, daß Kritik an diesem männlichen Brauch nicht viel verändern werde. Er zitiert den in der Türkei legendären «Onkel Yussuf»: «Ohne Vorhaut kann der Mann länger, weil sich der Penis abhärtet. Und Frauen haben mehr Lust bei der Rückwärtsbewegung, weil sie den Rand der Eichel spüren.» «Onkel Yussuf», der noch nie einen unbeschnittenen Mann gesehen hat, weiß nicht, daß sich bei dem während des Verkehrs die Vorhaut zurückzieht, und folgert irrtümlich: «Bei Ausländern ist das Gefühl nicht so stark, deshalb bevorzugen deren Damen doch lieber türkische Männer.»

Wenn es der Gesundheit dient...

Erwin hat alles hinter sich. Im besten Mannesalter, mit knapp dreißig, klappte es bei ihm nicht, und schon gar nicht, wenn es bei ihr zu eng war. «Ich kriegte 'ne Erektion, aber die Vorhaut zog sich nicht zurück», erinnert er sich. Erwin ließ sich unter Vollnarkose zurechtschneiden und kehrte nach drei Tagen stationärer Behandlung gestärkten Mutes nach Hause zurück. Obwohl er während des Eingriffs nach Aussage des Arztes stark blutete, blieb nichts zurück. Die Fäden verschwanden nach ein paar Tagen wie von selbst. «Nach einer Woche hast du die Angelegenheit vergessen», sagt er.

Männerheilkundler Dr. Weihe warnt aber vor übereilten Handlungen. «Man darf eine Zeitlang nicht mit Frauen schlafen, aber es gibt Typen, die sind einfach zu blöd dafür.» Der Penis ist besonders regenerationsfähig, weil er gut durchblutet wird. Beansprucht man ihn während der Heilungsphase zu heftig, kann er anschwellen wie ein blaues Auge. «Eventuelle Nachwehen kurieren wir mit Penicillin schnell und sicher», fügt der Doktor beruhigend hinzu.

Ich interessiere mich für den kleinen Unterschied zwischen ‹vorher› und ‹nachher›. Angeblich soll der Verkehr ohne Vorhaut mehr Spaß machen, behaupten Männer, die sich für kompetent halten. Andere vermuten das Gegenteil: Da die Eichel mit Hülle wie eine Schleimhaut feucht bleibt, werde sie sich ohne Schutz abhärten und fast so unempfindlich wie eine Hornhaut werden.

Erwin gibt sich bedeckt: «Da solltest du eigentlich die Frauen fragen. Ich habe keinen Unterschied bemerkt. Die Erotik hat nur wenig mit der Länge der Vorhaut zu tun; und waschen mußt du dich auch, wenn du beschnitten bist. Aber ich finde, mein Penis sieht jetzt schöner aus.»

Das ist Geschmackssache, und über Geschmack läßt sich bekanntlich streiten. Gewichtiger sind die Argumente der Statistik. In den fünfziger Jahren stellte man in den USA fest, daß jüdische Frauen fast nie an Gebärmutterhalskrebs erkrankten. Auch Peniskrebs ist bei männlichen Jungen, die acht Tage nach der Geburt beschnitten wurden, so gut wie unbekannt. «Bemerkenswert ist, daß das Peniskarzinom (Karzinom = Krebs, B. S.) bei Mohammedanern, die in der Präpubertät beschnitten wurden, häufiger ist als bei den Juden, aber seltener als bei Unbeschnittenen. In der gesamten Weltliteratur sind nur sehr wenig Fälle von Peniskarzinomen nach Neugeborenenbeschneidung beschrieben worden. Die rituelle Beschneidung stellt somit ein unfreiwilliges Massenexperiment zur Krebsprophylaxe dar.»[12]

«Glaube nur der Statistik, die du selbst gefälscht hast», sagt ein Arzt des Klinikums Steglitz. Man habe vermutet, daß das abgelagerte Smegma bei unbeschnittenen Männern Krebs verursachen würde und schritt fortan regelmäßig zur Tat. «Diese Theorie wurde hier in Deutschland in einer Zeit von den USA übernommen, als man alles kritiklos gut fand, was von drüben kam. Da es ohnehin nur sehr wenig Fälle von Peniskrebs gibt, sagt die Statistik genausowenig etwas aus.» Es gibt keinen medizinischen Beweis dafür, daß das Smegma krebserregend wirkt.

Ein kleiner Junge, dessen Eltern ihn zur Krebsvorsorge von frühester Kindheit an erziehen und der sich den Penis so häufig putzt wie seine

Zähne, wird sich fragen – wenn der Vater beschnitten ist und er ihn nackt sehen darf –, warum der kein Häutchen hat. Er möchte ein Mann werden wie sein nächstes und zeitweilig wichtigstes Vorbild. In angloamerikanischen Ländern, wo die Zirkumzision beinahe schon die Regel ist, lassen die Eltern den Jungen aus diesem Grunde beschneiden: Er soll sich bruchlos und ohne Irritation mit dem Vater identifizieren können.

Salopp denkende Psychologen können sich auch hier einen Seitenhieb gegen die Frauen nicht verkneifen. «Einige medizinische Gegner der Beschneidung behaupten: Da die Mütter meistens die Entscheidung über den Zustand des knabenhaften Penis träfen, könne man das als unbewußten Kastrations-Angriff eifersüchtiger Frauen auf die männliche Vorherrschaft in der Familie interpretieren», referiert ein australischer Arzt.[13]

Hygiene hin, Hygiene her: Männer neigen seit jeher dazu, simple Körperkorrekturen, die vielleicht einmal einen Sinn hatten, zu Welterklärungsmodellen zu überhöhen. Alle ohne Vorhaut werden zu Brüdern, die ein geheimes Zeichen tragen und sich als Mitglied eines Männerbundes fühlen können. In alten Kulturen und Stammesgesellschaften stand noch die eigentliche Frage im Vordergrund: «Was kann jetzt geschehen, um die männlichen Kinder aus diesem überwältigenden weiblichen Einfluß zu emanzipieren und vollgültige Mitglieder der dörflichen Männer-(und Kult-)Gemeinschaft aus ihnen zu machen?»[14] Frauen machten ähnlich komplizierte Einweihungsrituale durch. Nur hatten Mütter reale Macht, weil sie Kinder gebären konnten. Die Männer mußten sich anstrengen, diesem weiblichen Prestige etwas entgegenzusetzen. Da lag nahe, das Körperteil zu verändern und zu etwas Besonderem zu machen, das noch am ehesten bei der Kinderzeugung beteiligt war.

Diese Zeiten sollten vorbei sein. Wir benutzen unser Glied nicht anders als unsere männlichen Urahnen im Pliozän oder Pleistozän, und es gibt keinen Grund, anzunehmen, daß dieses Instrument, so wie es die Natur vorgesehen hat, aus der Mode kommen müßte. Dr. Hackett: «It's time we cut short this Foreskin Saga by no longer cutting it short.»[15]

Anmerkungen

1 R. Tauber/V. Laible (1983), S. 137
2 2. Mose 22, Vers 29 ff.
3 vgl. H. Kurnitzky (1974), S. 72

4 Die «EMMA» 1/1988 berichtet über die erste Professorin für Andrologie, Barbara Schütte von der Universität Münster
5 S. Anselm (1985), S. 25
6 Bruno Bettelheim (1982), S. 128
7 ebd., S. 141
8 ebd., S. 145
9 ebd., S. 177
10 Die Vorhaut besteht aus einem inneren und einem äußeren Blatt
11 *Neue Tagesordnung* vom 15.8.1987. Die Zeitschrift ist inzwischen wegen finanzieller Probleme eingestellt worden
12 H. J. Heite/H. Wokalek (1980), S. 167
13 E. Hackett (1984), S. 189
14 G. Bleibtreu-Ehrenberg (1980), S. 127
15 E. Hackett, S. 189. Wortspiel im Englischen, übersetzt etwa: Wir sollten die Legende von der Vorhaut damit abschließen, daß wir sie nicht länger kürzen

Aus: Burkhard Schröder; «Unter Männern.
Brüder, Kumpel, Kameraden.»
rororo mann 8236, erschienen 1988

Peter Roos

Männer-Moden?

Wie kommen die Herren der Schöpfung daher, seit das weibliche Geschlecht seine Frau steht?

Anmerkungen zum Geschlechter-Geist der Zeit

Männer! In bulligen Lederjacken kommen sie daher – das einzig Weiche daran ist das Nappa. Die Schultern der Jacketts sind – dick wattiert, deuten Rang-Klappen an, wo keine sind. Die Keil-Form des Bein-Kleides dominiert, geschneidert wird auf Silhouette: Der ganze Kerl ist ein Keil. Drei-Tages-Bärte stehen in der Mode, das leptosome harte Kinn, die kantige Form, aus Amerika hallt die Parole: «bone-structure». Das ist gefragt! Kein weiches Fleisch der Wangen will man sehen, sondern harte Knochen. Die Farben, die das Angebot lanciert: klar, eindeutig, aggressiv: Strahlkraft.

Kommen sie so daher, die Herren der Schöpfung dieser Tage? In den Diskussionen, die den sogenannten «Zeit-Geist» auf den Begriff zwingen wollen, die vorgeben zu verstehen, was derzeit noch nicht in seiner Tiefe zu begreifen ist, wird längst mit der Kategorie «Post-Modernismus» herumhantiert; gemeint ist damit, daß die aufklärerische Neuzeit mit ihren Glaubenssäulen Fortschritt, Rationalität und Wissenschaft zu Ende gegangen ist, die Beherrschung der Natur durch den Menschen – verdächtig, ruinös, die unbegrenzten Möglichkeiten – verloren. Natürlich gesellt sich zum «Post-Modernismus» das Wort «Post-Feminismus», was nichts anderes heißen soll als: Alice Schwarzer ‹gegessen›, Feminismus, Frauenbewegung, Weiblichkeits-Theorien ‹abgefrühstückt›. Immer wieder werden die neusten Trends aus den USA bemüht; aus deren Seelen-Zentren klingt's herüber: Neue Therapie-Formen entwickelt! Feminismusgeschädigten Männern kann endlich geholfen werden! Psychotherapeuten haben eigens für die Herren emanzipierter Damen Analyse- und Heilverfahren erarbeitet, die das männliche Selbstbewußtsein wieder auf die Beine stellen können.

Das kann nichts anderes heißen, als daß die Männer-Bilder dieser Herren reichlich angekratzt sind durch zehn Jahre Frauenbewegung. Und dieses Defizit kann keine körperbewußte Mode kaschieren. Wo Selbstwert und Ein-Bildung verunsichert – ja, was hilft da? Was tun die Männer, nachdem so viele Frauen nicht einmal mehr ihren Mann stehen, sich selbst hinzustellen gelernt haben, anzupacken gelernt haben, gelernt haben, ihr eigenes Leben, ihre eigenen Begabungen in die Hand zu nehmen?
Was machen sie, was treiben sie, was ziehen sie an, welche Autos fahren sie, wie wird die neue Wohnung eingerichtet, umgestylt – wie richtet man(n) sich ein?
Natürlich treffen diese Unsicherheiten die Angehörigen der Mittelschicht. Auf unterer sozialer Ebene ist die Rollenverteilung immer noch unbefragt. Und in den Gruppen unserer Gesellschaft, die anfällig sind für die Nervosität von Neuigkeit und Innovation, haben sich Hirn-Spielereien mit frauenbewegtem Gedankengut schon lange in Lebenspraxis gewendet, und überall oder wo hört man nicht, daß eine Frau den Mann vor die Tür gesetzt hat, daß eine Frau sich eine eigene Wohnung genommen hat, daß eine Frau sich, zunächst emotional, freimacht ohne einen anderen Adonis – ganz zu schweigen von diesen Fällen.
Und derzeit geht es ans Eingemachte. Die Zeiten werden handfest für die Frauen: Genug qualifizierte bis überqualifizierte drängen mit Verve in männliche Berufsdomänen, nicht nur Kindergarten, Krankenschwester, die ganze Abteilung Soziales, Familienminister, nicht nur Journalismus und Mode, Kultur waren lange Zeit dran, dann Politik, aktuell Wirtschaft, insbesondere Informatik. Blau sind die Wunder, und manche männliche Macht-Vertreter, die bislang clever erleichtert waren, daß SIE in der Volkshochschule das Wechseln der Reifen des Autos erlernte oder in der Selbsthilfegruppe übte, wie die versilberte Haar-Spange ohne Männerhand im Klempnerspiel aus dem Siphon kommt – diese Techniker des modernen Geschlechterkampfes stehen erstaunt da und drehen sich verblüfft um: Jetzt erst bemerken sie, wie viele Kommunen auf Druck oder aus Einsicht die sogenannten «Leitstellen zur Gleichstellung der Frau» eingerichtet haben. Die Benennung dieser Ämter verrät noch die Unsicherheit und die bürokratische Monstrosität; und daß solche Stellen erst einmal eingerichtet werden müssen, beweist gerade das Gefälle der Ungleichheit zwischen den Geschlechtern. Monströs und unbeweglich ist die bürokratische Realität, noch! Wenn jene «Leitstellen»-Frauen nicht direkt «ihren» Oberbürgermeistern un-

terstellt sind, nordet die traditionelle Verwaltungsnorm jeden geschlechtsspezifischen Korrekturversuch ein.
Was bleibt also den Herren mehr als «Mut zur Farbe», wie die Mode dieser Sommertage tröstlich fast empfiehlt? Die Insignien der Männlichkeit zu extrapolieren, das, was erschüttert ist, wenigstens als herbes Parfüm unter Achsel und hinterm Ohrläppchen herumzutragen? Das hat man ja von den Damen gelernt! Spielen sich der Stammtisch und der Kegelabend, die Männersauna und das Mannsgefühl nun in der Kosmetik ab, als Gefecht vor dem Spiegel? Die Reklame ist offensiv wie nie, «männlicher Erfolg beginnt mit gutem Aussehen», verrät die Litfaßsäule, und in einem Periodikum, das sich bis vor kurzem noch «Herren-Magazin» nannte und sich jetzt «Männer»-Magazin nennt, wird, dem Duft der bröckelnden Zeiten gemäß, eine Revolution wenigstens der «Pflegelinie» ausgerufen, die, typisch männlich?, «unkompliziert und höchst effizient zugleich ist: der neue revolutionäre Problemlöser für Männerhaut jeden Typs und jeden Alters». Da haben wir's also.
Man weiß derzeit nie, ob der Fotodesigner, ob der Filmemacher oder der Reklamefritze oder wer immer es war, vielleicht sogar die eigene Erfahrung, die die Bilder liefert von den regennassen Rücklichtern, nachts auf den Straßen der Innenstädte Köln, Würzburg oder Paderborn. Das ist ja auch egal. Der Lebens-Gestus ist wichtig, und was er verrät über das Befinden der einsamen Männer, die in ihren Autos, ihren GTIs, Mini- oder Maxi-Turbos, vergangenen Zeiten nachfahren, dicht am Bordstein, auf der Suche nach den heilen Zuständen, die sie, zumindest vordergründig, in behüteten Kindheiten mit Mutter am Mittagstisch und Vater im Geschäft einmal kennengelernt hatten. Und wer möchte nicht die Lehrjahre endlich selbst leben? «Es is' scho all's vorbei», zynisch der Wiener Sänger Fendrich; er besingt einen Mann, der, «auf auf, die Szene ruft», die Abwesenheit seiner berufstätigen Frau nutzen will, sich ‹auf etwas Jüngeres zu pressen› – aber die «Kraft für jede Leidenschaft» fehlt: «tagaus tagein / schlaf i daham beim Fernsehn ein.»
So muß es wohl sein, im Innenleben der betroffenen Männer-Generation. Der entrümpelte Seelen-Haushalt hat noch kein neues Inventar gefunden. Wie ist denn die Psyche möbliert, wenn die Wohnungen dieser «lonesome runners» aussehen wie die kalte Pracht von Flughafengates oder Filmkulissen? Mit obligatorischem Deckenventilator, weißen Ledersitzen auf frostigem Chromgestell? Die Blumen aus Plaste, Gipseier und anderer Nippes aus Neon, Marmor und Aluminium? Sekt im Eisschrank – oder heißt es nicht «freezer» derzeit bzw. «Frigo» –, und zwar

den mit dem eisweißen Label? Und ansonsten kaum Küche, kaum Häuslichkeit, denn gegessen wird im Bistro oder sonstwo, im Stehen. *Unbehaust* ist das passende Wort, *trostlos* könnte auch passen, dazu ein paar karminrote Bitter mit Soda und verbale Unverbindlichkeiten. Fassadenwirtschaft. Flucht- und Schutzverhalten. Besuch hält der Anrufbeantworter oder die Wohnungstürsprechanlage von Kommunikation und Miteinander fern, zumindest auf Distanz, und *Distanz* ist auch so ein Wort, das den Zustand beschreiben könnte. Überhaupt der Anrufbeantworter! Aktive Telefonstunden werden eingerichtet, und was in dieser «Kommunikationszeit» nicht läuft, geht auf die Band-Schleife im Dialog jener Gesprächs-Maschinen. Bleibt nur zu sagen, daß sich die Frauen derweil in ihren Gruppen, Cafés, Geschäften und auf ihren Inseln eine neue Nestwärme geschaffen haben, in die sie wohl geschwächt hineingegangen sind, aus der sie aber längst gestärkt herauskommen.

Und wenn es die ‹geschädigten› Männer dann doch noch einmal versuchen – das Schlimmste ist ja, wenn sich ihre Frauen amourös und genossenschaft-schwesterlich mit Frauen zusammentun – mit Jüngeren, «Teenies» genannt oder «Mädels» oder schlimmer noch «Tussis», dann kann die Schmerz-Erfahrung nicht betäubt, die Kluft zwischen den Generationen doch nicht überbrückt werden. Denn der «Feminismus» der Zwanzigjährigen, das stellen jene Herren erstaunt fest, manifestiert sich nicht mit der geballten Faust, nicht im lila Latzanzug, nicht im Alice Schwarzer-Zitat, sondern ganz einfach durch Haltung, Anspruch, Selbstverständnis oder modisch und kurz: «standing».

Dementsprechend sind die Gesichter lang, die Lippen zusammengekniffen, die Münder hart, die Augen müde. Die Mode ist der kongeniale Reflex. Die männlichen «models», längst nicht mehr nur auf der Mannheimer Avantgarde-Mode-Messe, schieben Schulter und Kinn vor, trainieren die Kaumuskeln und den Biß, blicken aggressiv ins Publikum, über die Schulter, den Körper zur Seite gedreht, nicht frontal, die Hände in die Hosentaschen gerammt, ein «Ha!» gegen diese Welt! Daß die Augen, Guckkästen der erlebten Seelendramen, geschützt oder und verborgen werden hinter dunklen Sonnengläsern – wen wundert das?

Dieter Schnack – Rainer Neutzling
Väter – eine Negativliste

Die Familie – als kunstvoll verwobenes System – erschwert manchmal den klaren Blick auf die Väter und ihre Verantwortlichkeit für das Wohlergehen ihrer Söhne.
Man stelle sich einen Vater vor, der vor seinen erwachsenen Sohn tritt und je nach familiärem Hintergrund vielleicht folgendes zu ihm sagt:
«Daß du mich sowenig gesehen hast, lag an deiner Mutter. Ich mußte einfach abhauen.» Oder:
«Ich habe dich überfordert und niedergemacht, weil ich mich nicht traute, mein eigenes Leben zu leben.» Oder:
«Du hast so ein schlechtes Bild von mir, weil ich ständig entwertet wurde.» Oder:
«Ich habe mich herausgehalten. Du weißt doch, wie die Mutter ist.» Oder:
«Ich wäre zu Tode erschrocken, wenn ich deine Not gesehen hätte.» Oder:
«Ich war ja selber noch nicht erwachsen.»
Solche Einsichten können sehr wahrhaftig sein, und sie erleichtern das Verzeihen, aber sie ändern natürlich nichts daran, daß jeder der Vater ist, der er ist, und daß er verantwortlich ist für das, was er tut und läßt. Der häufig gemachte Verweis auf die böse Industriegesellschaft, die den Vater aufgegessen haben soll, kann darüber nicht hinwegtäuschen. Wie wird der arme Kerl bloß aussehen, wenn die Industriegesellschaft ihn eines Tages wieder ausspuckt?

Bei dem Versuch, etwas über den Alltag von Vätern herauszufinden, sind wir auf das seltsame Phänomen gestoßen, daß den in der Literatur beschriebenen Vätern etwas Künstliches, Erfundenes anhaftet. Am deutlichsten wird diese Unwirklichkeit bei der Figur des fehlenden Vaters. Es gibt umfangreiche Untersuchungen, welche negativen Auswirkungen seine Abwesenheit insbesondere auf die Jungen hat. Allerdings weiß kein Mensch, wo der fehlende Vater steckt. Insgeheim wird gemunkelt, daß es

ihn gar nicht gibt. Der fehlende Vater hat keine Not, er richtet keinen Schaden an und macht keine Fehler. Das einzig Konkrete an ihm ist seine Nichtexistenz.
Ihm verwandt ist die Figur des konturlosen Vaters, die in der familientherapeutischen Literatur häufig mit knappen Worten immer wieder als randständig, emotional schwach und wenig beteiligt beschrieben wird. Natürlich ist der konturlose Vater nicht wirklich konturlos, er hat nur nicht die Eigenschaften, die in seiner Familie gebraucht würden. Wir erfahren viel darüber, was er sein und tun müßte, aber nur wenig über ihn selbst.
Bald dreißig Jahre ist es her, daß Alexander Mitscherlich vor dem «Weg in die vaterlose Gesellschaft» warnte. Damals betrug die Regelarbeitszeit allerdings achtundvierzig Stunden, und es wurden insgesamt mehr Überstunden geleistet als heute. Die vaterlose Freizeitgestaltung zumindest wirft eine ganze Reihe bisher ungeklärter theoretischer Fragen auf.

Einen richtigen Vater mit Fleisch dran haben wir in einem Schulbuch gefunden:

«Wenn mein Vater mit mir geht,
dann hat alles einen Namen.
Vogel, Falter, Baum und Blume.
Wenn mein Vater mit mir geht,
ist die Erde nicht mehr stumm.

Kommt die Nacht und kommt das Dunkel,
zeigt mein Vater mir die Sterne.
Er weiß, wie die Menschen leben,
weiß, was recht und unrecht ist,
sagt mir, wie ich werden soll.»
(Josef Guggemos)

Guggemos' liebevolle Lobrede auf den wissenden, erklärenden und prägenden Vater klingt heute wie eine wehmütige Reminiszenz an vergangene, womöglich bessere Zeiten. Trotzdem: Der Guggemos-Vater gefällt uns. Er ist gütig, streng, liebend, und er hat eine große, warme Hand. Immerhin kann man zu ihm sagen: «Du kannst mich mal kreuzweise, ich entscheide selber, wie ich werden will.» Den Guggemos-Vater kann ein Sohn töten und fressen. Er wird nicht einfach schlecht und ungenießbar.

Wenn sein Sohn mit ihm kämpft, wird er leiden, zürnen und verzweifelt sein, doch (so stellen wir uns das vor) schließlich werden zuerst die Liebe und Weisheit des Vaters und dann die Jugend des Sohnes siegen.
Wahrscheinlich entspringt unsere Sympathie für den Guggemos-Vater einem veralteten und wohl hoffnungslosen Traum vom gesunden Patriarchat. Möglicherweise machen wir uns auch ein falsches Bild, und es hat den gütigen Patriarchen nie gegeben. War der große Benenner vielleicht in Wirklichkeit ein Kleinlichkeitskrämer, Pedant und Frauenverachter?

Gründlich kompromittiert ist der Schulbuchpatriarch allemal. Nicht zuletzt seinetwegen sprechen wir von einer «vaterlosen Gesellschaft». Er hat den Nationalsozialismus nicht nur nicht verhindert, sondern kräftig betrieben, und als er nach dem Krieg verhauen und desorientiert nach Hause kam, da hatte nichts mehr einen Namen.
Ab und an hat er sich noch zu Wort gemeldet und gesagt, wie der Sohn werden soll, aber wie die Menschen leben, wußte er längst nicht mehr. Wenn er später mit seinem Sohn ging, blieb die Erde stumm, weil er sie zubetoniert hatte.
Ihn aus seiner Geschichte zu entlassen, ihn neu zu erfinden, das geht nicht. Selbst der zeitlose archetypische «Große Vater» aus der Jungschen Psychologie muß sich mit den gesellschaftlichen Verhältnissen auseinandersetzen, wenn er aus dem tiefen Inneren der Menschen in die alltägliche Wirklichkeit hinein möchte. Heutzutage, so scheint es uns, kommt der «Große Vater» aus Oggersheim, dümpelt in der Badewanne eines Genfer Hotelzimmers vor sich hin oder organisiert elitäre Tennisturniere.

Rein assoziativ haben wir einige archetypische Bilder zusammengetragen, die uns zum Thema Vater eingefallen sind, und uns überlegt, welchen Ausdruck sie heute finden können:

Mein Vater beherrscht das Feuer.	Unsere Grillanzünder sind viel besser als Müllers ihre. Silvester hatten wir für 350 Mark Knaller.
Mein Vater ist stark.	Mein Vater hat eine Bosch-Integral IG 750 mit gefedertem Sägeblatt. Die ist einfach besser als das blöde Ding von Black und Decker.

Mein Vater kann mit Tieren umgehen.	Wir haben einen Rottweiler.
Mein Vater kann uns verteidigen.	Wir haben einen Rottweiler.
Mein Vater sorgt für uns.	Mein Vater verdient mehr Geld als meine Mutter. Er muß viel schlafen.
Mein Vater geht hinaus in die Welt.	Wenn kein Stau ist, macht der BMW 260 Spitze. Letztes Jahr waren wir mit TUI in Formentera.
Mein Vater erzählt uns von der Welt.	Mein Vater hat die Fernbedienung vom Fernseher unter sich.
Mein Vater weiß, was richtig ist.	Da mußt du die Mama fragen.

Zwei völlig gegensätzliche Vätertypen haben wir in der vor allem von Männern betriebenen «Väterforschung» (vgl. Wassilios Fthenakis 1985) und in feministisch orientierter Erziehungsliteratur gefunden.
Der Vater, den Fthenakis beforscht, ist ein absoluter Glücksbringer. Er ist überaus wichtig, entscheidend, bedeutend. Wenn er fehlt, dann ist es schlimm, wenn er da ist, dann ist er toll. Unangenehme oder gar nachteilige Eigenschaften hat er nicht. Für Fthenakis leitet sich aus der überaus positiven Bedeutung des Vaters ab, daß seine Rechte im Scheidungsfall deutlich verbessert werden müßten.
Es bedarf keiner besonderen Erwähnung, daß dieser Vater Feministinnen bislang noch nicht begegnet ist. Sie haben es mehr mit den Schnarchsäkken unter den Vätern zu tun, und es bleibt durchweg unverständlich, warum eine halbwegs gescheite Frau ein Kind von einem der gräßlichen Typen will, die unentwegt durch die feministische Literatur geistern (vgl. z. B. Katja Leyrer 1988). Man weiß gar nicht, ob man ihnen böse oder dankbar sein soll.
Sie überlassen das Feld der Kindererziehung den Frauen, was diese sehr belastet. Andererseits hat man den Eindruck, daß es für die emotionale und intellektuelle Entwicklung der Kinder nur von Vorteil sein kann, wenn diese Pfeifen sich auf Abstand halten.
Wir halten sowohl den Sunnyboy, den Fthenakis beschreibt, als auch seinen genau ins Gegenteil schlagenden Kollegen aus der feministischen Literatur für ein im Alltag seltenes Exemplar. Gleiches gilt nachgewiese-

nermaßen für den vielbeschworenen «neuen Vater», ein zartes Geschöpf, das schon auf die rote Liste der bedrohten Väterarten gesetzt worden ist, bevor es das erste Paket Windeln aufgebraucht hatte.
Jeder Mensch hat einen Vater. Wenn wir ehrlich sind, dann verstehen wir nicht, aus welchem Grund so viele Väter erfunden, konstruiert und beschworen werden.

Die Liste

«Mein Papa ist aber stärker als deiner.» (Niels, 5)

Die folgende Liste ist tendenziös und unvollständig; es fehlt zum Beispiel der gewalttätige Vater. Es geht uns darum, die Aufmerksamkeit auf bestimmte Vater-Sohn-Konstellationen zu lenken und zu zeigen, daß väterliche Verhaltensweisen direkt den Sohn treffen. Die Grenzen zwischen den einzelnen Vätertypen sind fließend.

Der Große-Bruder-Vater konkurriert mit seinen Kindern um die Fürsorge seiner Frau. Er fühlt sich in der Familie an den Rand gedrängt. Er bekommt nach seiner Ansicht weniger als ihm zusteht. Alkohol kann seinem Versorgungsanspruch mehr Gewicht verleihen. Wenn sich seine Frau fürsorglich zu ihm verhält, fühlt er sich als Mann nicht für voll genommen. Tut sie es nicht, fühlt er sich ungeliebt. Bisweilen erkennt man ihn an einem winzigen Detail: Er kann seine Kinder bei Gesellschaftsspielen nicht gewinnen lassen. In aller Regel erlebt er seine Frau als zu mächtig. Er opponiert viel, aber akzeptiert letztlich ihre Entscheidungskompetenz in Familienangelegenheiten.
Zu seinem Sohn hat er oft ein nörgelndes und korrigierendes Verhältnis. Weil ihm als großem Bruder der notwendige Abstand fehlt, kommt es zu übermäßig vielen Projektionen. Was er von seinem Sohn an männlichem Verhalten fordert, ist wenig mit Leben erfüllt, weil er selber seine Vorstellungen von Männlichkeit höchstens außerhalb der Familie realisieren kann. Er vermittelt seinem Sohn die tiefe Überzeugung, daß ein Mann in der Nähe einer Frau nicht bestehen kann. Sich von der Frau bedienen zu lassen erscheint als verdienter Ausgleich – die Rache des braven Mannes. Der Große-Bruder-Vater kann seinem Sohn ein guter Spielkamerad sein (siehe auch den Abschnitt «Der Kumpelvater»). Er hat möglicherweise

Kontakt zu den weichen Seiten des Jungen, aber er nimmt in der Familie keine erwachsene Position ein. Sein Sohn macht sich Sorgen um ihn und hat viele Phantasien, welche männlichen Eigenschaften sein Vater außerhalb des Familienlebens entwickelt. Der Sohn eines Große-Bruder-Vaters kann in einen doppelten Loyalitätskonflikt geraten. Gegenüber der Mutter, wenn er der Empfindung seines Vaters folgt, daß seine Not letztlich ihre Schuld ist. Gegenüber dem Vater, weil die Verlockung sehr groß ist, an seiner Stelle der Mann im Haus zu sein.

Der geflohene Vater geht meist aus dem Große-Bruder-Vater hervor, dann nämlich, wenn er nach einer gewissen Zeit resigniert feststellt, daß seine regressiven Wünsche in dieser Familie, mit dieser Frau nicht in Erfüllung gehen. Er beschließt, sich in Zukunft selber zu versorgen, und beginnt, sich gegen die Restansprüche seiner Familie zu schützen. Die Zeiten, in denen er nicht gestört werden darf, und die Räume, die ausschließlich seinem Rückzug vorbehalten sind, werden mehr (der Hobbykeller, der Sonntag, der ausgebaute Dachstuhl, die nach Hause mitgebrachte Arbeit usw.). Der geflohene Vater legt sich gern ein Hobby zu, das seine Familie nicht mit ihm teilen kann, oder, wenn er mutiger ist, eine Geliebte. Bisweilen bekleidet er wichtige öffentliche Ämter und kümmert sich um das Wohl des Ortsvereins, der Feuerwehr oder der bedrohten Tierwelt. Man sagt dann, er könne sich aufgrund seiner vielen Ämter nicht um seine Familie kümmern. In Wirklichkeit aber hat er so viele Ämter, damit ihn seine Familie nicht erreicht. Die beste Tarnung des geflohenen Vaters ist der Hausbau. Hierbei kann er erst auffliegen, wenn das Haus fertig ist, und das kann bekanntermaßen sehr lange dauern. Obwohl auf der Flucht, schuftet er wie ein Berserker *für* seine Familie. Manchmal merkt er selber nicht, daß er sich vor seiner Familie schützt.
Manchmal nimmt ein geflohener Vater seinen Sohn zu einem seiner Fluchtorte mit, was zu sehr schönen Erlebnissen (und zu Loyalitätskonflikten) führen kann. Er vermittelt seinem Sohn die Überzeugung, daß sich Männlichkeit nur im gesicherten und organisierten Abstand zur Frau entfalten kann. Er gibt kein Beispiel für Unabhängigkeit – dafür ist er viel zu sehr damit beschäftigt, seine Deckung zu organisieren. Seine männliche Geschäftigkeit erinnert ein wenig an einen Zwölfjährigen, an dessen Zimmertür ein Schild vor Ruhestörungen warnt und der beim Zusammenbauen alter Radios sich endlich eine erklärliche und beherrschbare Welt erschafft, in der Frauen nichts zu sagen haben.

Im Alltag kann der geflohene Vater einem Jungen ganz erbärmlich fehlen, und je spannender und bedeutsamer die außerfamiliären Tätigkeiten des geflohenen Vaters sind, um so unwichtiger, fehlerhafter und einsamer wird sich sein Sohn fühlen.

Der Kumpelvater ist seinem Sohn ein ausgezeichneter Spielkamerad, mit ihm kann man Blödsinn machen, rennen, klettern, kämpfen. Er hält sich für einen sehr guten Vater und identifiziert sich stark mit seinem Sohn. Mit ihm zusammen kann er nachträglich der Superjunge sein, der er früher nicht gewesen ist. So stark, geschickt und groß, wie der Kumpelvater inzwischen ist, kann er seinem Jungen viele Erfolgserlebnisse vermitteln. Tief drinnen will er sich selber als Sohn aufwerten. Sein Vaterbild ist in Wahrheit schlecht. Schlechte Gefühle dürfen weder bei ihm noch bei seinem Sohn auftauchen – der Kumpelvater braucht einen Kumpelsohn. Schwierigkeiten bekommt der Kumpelvater, der sich zu sehr mit den starken Seiten seines Sohnes identifiziert, wenn von ihm Autorität, Versagung oder Grenzsetzungen gefordert sind. Den alltäglichen Kampf ums Aufräumen, Zubettgehen, das Anziehen oder die Schularbeiten überläßt er in der Regel seiner Frau. Wenn sie über Erziehungsschwierigkeiten klagt, hält er ihr kopfschüttelnd sein problemloses, freundschaftliches Verhältnis zu dem Jungen entgegen. Obwohl er seinen Sohn oft dazu ermuntert, sich gegenüber anderen Kindern (und manchmal auch gegenüber der eigenen Frau) durchzusetzen, verlangt er für sich selber einen gehorsamen Jungen. Meistens steckt hinter der Überidentifikation mit den starken Anteilen des Sohnes Unsicherheit bezüglich der eigenen erwachsenen Männlichkeit. Oft beklagt sich der Kumpelvater über seine Frau – daß sie ihn «nicht genug als Mann sehe», gerade so, als steckte seine Männlichkeit in ihren Augen.
Der Junge eines Kumpelvaters gerät in große Schwierigkeiten, wenn er dem Klischee des tollen Jungen nicht mehr entsprechen kann. Die Identifikation des Vaters mit seinem Sohn und die so sicher scheinende freundschaftliche Beziehung können dann abrupt abbrechen.

Der bedeutende Vater macht alles richtig und weiß bis auf unwesentlichen Weiberkram alles besser als seine Frau. Er kennt viele Leute, die Fehler machen, und er spricht gerne von diesen Leuten. Er organisiert alles und hat alles unter sich. Seine Familie kommt weiter als andere Familien. Er fährt das beste Auto, hat das Beste aus seinem Beruf gemacht, die schmackhaftesten Grillkoteletts, die bessere Überzeugung,

mehr Grips, mehr Geld und am meisten in der Hose. Seine Frau sitzt meistens nur dabei. Kinder eines dergestalt bedeutenden Vaters haben es sehr schwer. Seinem Sohn vermittelt er, daß er irgendwann einmal alles so gut wissen wird wie sein Vater, wenn er akzeptiert, daß er zur Zeit alles schlechter kann als sein Vater. Der bedeutende Vater hat große Angst vor den weichen Seiten seines Sohnes. Er fühlt sich ertappt, wenn er seinen Sohn schwach, irritiert oder unsicher erlebt: Oft reagiert er auf diese Seiten seines Sohnes aggressiv und abschätzig. Sein Sohn lernt, daß Mann sich dicke tun muß, um gegenüber den Frauen (und den Männern) zu bestehen. Der bedeutende Vater läuft Gefahr, innerhalb seiner Familie isoliert zu werden. Er nervt auf die Dauer. Seine Familie erlebt ihn gleichzeitig als schwach und als zu mächtig. Manchmal solidarisiert sich der Sohn mit seiner Mutter. Je mehr der Vater bewundert werden will, um so schlechter ist sein Ansehen in der Familie.
Sein Sohn bekommt so viele widersprüchliche und doppelte Botschaften über das Männliche und so geringe Chancen, seinen Vater als Person zu erkennen, daß er völlig die Orientierung verlieren kann. Bedeutende Väter haben deshalb häufig «mißratene» Söhne.

Der Drei-Minuten-Vater ist so bedeutend, daß er nicht einmal die Zeit hat, seiner Familie mit seiner besonderen Bedeutung auf den Wecker zu fallen. Er erwartet von seinen Kindern, daß sie auf der Stelle in seinen Armen glücklich sind. Im Grunde muß die Familie für jeden Blick, für jede Geste dieses bedeutenden Mannes dankbar sein. Der Drei-Minuten-Vater legt großen Wert auf die Feststellung, daß ihm die Familie das wichtigste im Leben sei und daß er seine Kinder über alles liebe. Er reagiert sehr verletzt, wenn er nicht innerhalb von drei Minuten in dieser Auffassung bestätigt wird. Seinem Sohn vermittelt er, daß die Frauen unwichtig sind, während er ihn gleichzeitig völlig der Erziehung seiner Mutter überläßt.
Der Sohn eines Drei-Minuten-Vaters schaut oft zu seinem Vater auf – und sieht nichts. Solche Jungen strengen sich oft extrem an; in der Illusion, dann von ihrem Vater endlich bemerkt zu werden, und in der unbestimmten Hoffnung, irgendwann einmal vielleicht doch so zu werden wie ihr Vater. Der Drei-Minuten-Vater weiß von alledem nichts.

Der demissionierte Patriarch ist der große Bestimmer, ohne daß seine Kinder erkennen können, aufgrund welcher Eigenschaften oder Fähigkeiten sein Herrschaftsanspruch besteht. In Wirklichkeit trifft seine Frau die Entscheidungen, und alle Familienmitglieder wissen darum. Sein patriarchalischer Anspruch wird toleriert, aber eher wie eine Macke: «Du weißt doch, wie der Papa ist.» Er wird oft und heimlich unterlaufen. Weil er spürt, wie vergeblich seine Herrschaft ist, wird er mißtrauisch und ist bisweilen schwer einzuschätzen.

Es könnte sehr viel besser um die Familie stehen, so findet er, wenn mehr auf ihn gehört würde. Er hat den Kontakt zu seiner Familie verloren, und im Grunde fürchtet er diesen Kontakt sogar – ein einsamer König. Er versucht seinem Sohn ein guter Erzieher zu sein, aber man kann ihm nur wenig recht machen. Ihn stört die Fliege an der Wand, ihren Anflug wertet er als persönliche Provokation. Er ist ungeduldig, manchmal wird er traurig und still, weil er findet, daß er lange genug Perlen vor die Säue geworfen hat. In seiner männlichen Identität ist er sehr unsicher, und er vermittelt seinem Sohn nur wenig über Männlichkeit. Er zeigt ihm zwei Wege auf, mit Frauen zusammenzusein: Versuche, den Thron zurückzuerobern, von dem ich gestoßen worden bin, oder unterwerfe dich.

Die Söhne demissionierter Patriarchen haben im späteren Leben oft große Schwierigkeiten, ihren eigenen Weg zu gehen, weil sie um den bodenlosen Neid und die tiefe Verletzbarkeit ihres alten Königs wissen oder zu wissen glauben.

Der abgewertete Vater fühlt sich als einsames Opfer einer Verschwörung. Und er hat oft sogar recht, weil sich seine Frau und seine Kinder insgeheim gegen ihn verbündet haben. Die Kinder werden von seiner Frau gebraucht: als Abstandhalter, als Mitstreiter und, sofern es sich um Jungen handelt, als Konkurrenten zum Ehemann.

Mit der Zeit kann eine scheinbar unüberbrückbare Distanz zwischen Vater und Sohn entstehen, eine Mauer aus Schuldgefühlen, Ablehnung, unerfüllten Wünschen und mißglückten Annäherungen. Manchmal ist ihm die Distanz zu seinem Sohn sehr lieb (auch wenn er darunter leidet), denn Nähe zwischen ihm und seinem Sohn würde den ungelösten Ehekonflikt ans Tageslicht bringen. Der abgewertete Vater fühlt sich als beklagenswertes Opfer wohl. Er findet, daß er zuwenig geliebt wird. Er fragt sich nicht, ob er nicht möglicherweise zuwenig liebt. Er hat es zugelassen, daß er in seiner Familie an den Rand gedrängt wurde. In aller Regel achtet er sich selber nicht genügend. Er hat überhaupt keine Ahnung davon, wieviel Solidarität und Liebe ihm sein Sohn in Wirklichkeit entgegenbringt und wie sehr er mit ihm leidet. Solche Erkenntnisse ließen sich nicht mit seiner Opferrolle in Einklang bringen. Manchmal empfindet sein Sohn Wut und Verachtung ihm gegenüber, weil er es nicht aushält, wie sich sein Vater zum Opferlamm macht. Der abgewertete Vater weiß nicht, wie sein Junge zwischen ihm und seiner Mutter hin- und hergerissen wird. Daß sein Sohn als Erwachsener möglicherweise eine ganz ähnliche Situation suchen, eine ganz ähnliche Ehe eingehen wird, nur um ihn, die alte Vater-Flasche, zu rehabilitieren, käme ihm völlig absurd vor. Irgendwann liegt der abgewertete Vater im Sarg und stellt erbost fest, daß es niemanden mehr gibt, dem er Vorwürfe machen kann.

Der frauenverachtende Vater ist davon überzeugt, mit einer Schlampe oder mit einem Dummchen verheiratet zu sein. Regelmäßig ist sie noch zu blöde oder zu nachlässig, um ein Überweisungsformular richtig auszufüllen. Der frauenverachtende Mann liebt Männergesellschaft und dreckige Witze. Abends kommt er spät nach Hause, was ihm nach seiner Meinung niemand verdenken kann. Regelmäßig stellt er fest, daß er seinen Teil der familiären Pflichten gut erfüllt hat, während seine Frau mal wieder so gut wie alles falsch gemacht hat. Sein Sohn, der den ganzen Tag mit dieser blöden Frau, die seine Mutter ist, zusammenlebt und von ihr versorgt wird, gerät in unüberbrückbare schwere Loyalitätskonflikte, die ihn oft dazu bringen, die Familiendynamik zu übernehmen und soviel Unfug, Krankheiten oder Mist zu produzieren, daß seine Eltern gar nicht anders können, als sich zusammenzutun. Meistens spüren die Jungen, wieviel Angst in ihren Vätern steckt. Wenn sich Frauen aus solch einer Ehe lösen, blühen sie auf, während ihre Männer zusammensacken wie ein Plastikkrokodil, dem die Luft ausgeht.

Der alternative Vater hat sich ohne erkennbaren inneren Aufwand von allen traditionellen Väterbildern gelöst. Er will nicht mehr der Herr, nicht mehr Familienoberhaupt, sondern Partner sein. Er kümmert sich um seine zärtlichen, versorgenden und gefühlvollen Eigenschaften. Seinen Kindern ist er ein liebevoller Vater. Wenn er mit Tragetuch und Säugling vor dem Bauch im Supermarkt auftaucht, wird er von alten Damen bewundernd und sehnsüchtig angeschaut. Manchmal stellt er irritiert fest, daß er gern eine von diesen alten Damen abmurksen möchte.

Sein Selbstbetrug besteht darin, daß er großherzig auf eine Stärke verzichtet, die er nie besessen hat. In der Regel hat er wenig darüber nachgedacht, wie er selber leben möchte, im Grunde ist er ein braver, angepaßter Mann. Er geht in seiner Aufgabe als alternativer «neuer» Vater so sehr auf, daß man bisweilen Schwierigkeiten hat, ihn wiederzufinden. Auf seine Kleidung legt er wenig Wert. «Sagen Sie mal, junger Mann, was studieren Sie eigentlich?» Diese Frage fürchtet er am meisten. – Redet man so mit einem Familienvater?

Insgeheim, oder häufiger noch: mit viel ideologischem Brimborium, ist er der Ansicht, daß Frauen die besseren Menschen seien, was ihn folglich mit ständigen Unterlegenheitsgefühlen kämpfen läßt. Zwischen ihm und seiner Frau besteht ein starkes Konkurrenzverhältnis. Der alternative Vater kennt sich in der aktuellen Erziehungsliteratur aus, beherrscht die 60-Grad-Wäsche und den klitoralen Orgasmus. Trotzdem hat er das Gefühl, daß seine Frau alles besser kann, respektive ihn unterdrückt. Er wundert sich oft, warum sie nicht dankbarer ist.

Gegenüber anderen Männern grenzt sich der alternative Vater sehr stark ab; ein Vergleich, so findet er, macht wenig Sinn. Neid kennt er nicht – obwohl er bisweilen platzen könnte vor Neid. Seinen Verzicht auf eine (ihm an sich zustehende) erfolgreiche Rolle in der Männerwelt hält er für sehr edelmütig, wodurch ihm entgeht, wieviel Furcht er davor hat, daß er dort versagen könnte. Obwohl er sich genau entgegengesetzt verhält, ist er ein sehr machtorientierter Mensch. Spontan seine Wut zu äußern fällt ihm schwer. Ab und zu begehrt er auf, aber zumeist am falschen Ort oder zur falschen Zeit.

Der alternative Vater ist eingeklemmt – zwischen dem Nudelholz seiner Frau und seinen eigenen ideologischen Ansprüchen an sich und seiner Rolle als Vater. Er findet (bei aller vordergründigen Hochachtung), daß die Frauen, die Mütter, die Ehefrauen, überhaupt alle Frauen Betrügerinnen sind. Sosehr er sich auch müht, ein braver Junge, ein guter Mann zu sein: Etwas (wenn er nur wüßte, was das ist!) verweigern sie ihm.

Zu seinem Sohn hat er ein enges Verhältnis, wobei die Mechanismen seiner väterlichen Machtausübung oft sehr versteckt sind. Manchmal ist das Verhältnis zwischen ihm und seinem Sohn die Liaison zweier Leidender. Wenn sein Sohn die Welt erobern möchte, bekommt es sein Vater mit einer Angst zu tun, die er als Sensibilität bezeichnet. Alternative Väter haben oft Söhne, die im sozialen Leben sehr schüchtern und zu Hause frech und aufbegehrend sind. Häufig brechen alternative Väter ihr Engagement nach einer bestimmten Zeit abrupt ab, stürzen sich ins Berufsleben und sind zur Verwunderung aller ab sofort völlig andere Väter, wobei die Alternative zur Alternative zumeist sehr herkömmlich ausfällt.

Der unzuverlässige Wochenendvater lebt von seinen Kindern getrennt. Immer kommt er ein bißchen zu spät, und meistens muß er ein bißchen früher dringend wieder gehen. So hält er den Konflikt mit seiner Ex-Frau in Gang und erspart sich den Abschied. Seine Geschenke an die Kinder sind mal zu groß; mal vergißt er, was er ihnen versprochen hat. Seine Entschuldigungen hören sich auf eine merkwürdige Weise jungenhaft an, so als wolle er erklären, warum er seine Schulaufgaben vergessen hat. Manchmal denken seine Kinder, daß sie ihren Vater besser in Ruhe ließen, weil sie in sein neues Leben nicht hineinpassen. Wenn sie ihrem Vater die kurze, gemeinsame Zeit schwermachen, um sich in ihrer Not auszudrücken, fühlt sich der unzuverlässige Wochenendvater in seiner Ansicht bestätigt, daß der Kontakt zu den Kindern immer weniger sinnvoll ist. Wenn sich die Kinder in ihren Erwartungen an ihn immer mehr zurückhalten, fühlt er sich in seiner Ansicht bestätigt, daß die Kinder das Interesse an ihm verlören.
Sein Sohn wird eine enge und wahrscheinlich nur schwer zu lösende Beziehung zur Mutter entwickeln. Die Unsicherheit, die er in bezug auf die Zuneigung seines Vaters in sich trägt, wird er in sein Selbstbild einbauen. Nur zu oft wird er sich mit den Augen seines Vaters ansehen und nicht wissen, ob er lachen, weinen oder schreien soll.

Der Schattenvater als Begriff stammt von der Bonner Rechtsanwältin Barbelies Wiegmann. Sie bezeichnet damit den Vater, der sich nach einer Ehescheidung überhaupt nicht mehr um seine Kinder kümmert und mit unterschiedlichen Begründungen jeglichen Kontakt ablehnt. Der Schattenvater flieht gründlich vor allen Konflikten und unangenehmen Gefühlen. Er geht Konflikten mit seiner Ex-Frau ebenso aus dem Weg wie möglichen Schwierigkeiten im Umgang mit den getrennt lebenden Kindern. Wenn das auch für ihn warme Nest der Familie gescheitert ist, verdrängt er die Tatsache seiner Vaterschaft. Der Schattenvater tröstet sich mit der Vorstellung, die Kinder seien «bei der Mutter gut aufgehoben». Er macht sich vor, daß es seinen Kindern gutgeht, wenn er als Vater seine Konflikte verdrängt und sich verpißt.

Der Kuckuck-Vater sitzt im fremden Nest. Er ist eine extreme Variante des Große-Bruder-Vaters. Er verliebt sich, oftmals mehrfach hintereinander, in alleinerziehende Mütter. Als Vater auf Zeit oder als Ersatzvater in spe entwickelt er ungeahnte Qualitäten. Er kümmert sich um die Kinder, vor allem ist er ein liebevoller und nie genervter Spielkumpan. Nach

einer gewissen Zeit kann das Verhältnis zu dem oder den Kindern intensiver sein als zu ihrer Mutter. Immer aufmerksamer beobachten die Kinder, wie sich das Verhältnis zwischen ihrer Mutter und ihrem neuen Freund entwickelt, die ihrerseits vorsichtig ihr Herz für die Vorstellung öffnet, vielleicht doch wieder mit einem Mann und ihren Kindern zu leben.
Spätestens jetzt macht der Kuckuckvater einen Abflug. Daß er sich eine alleinerziehende Frau als Partnerin gesucht hat, war vor allem als Vorbereitung einer Flucht gedacht. Gerade weil sie ein oder mehrere Kinder hat, scheidet eine dauerhafte Bindung für ihn von vornherein aus. Daß er den tollen Familienvater gespielt hat, war Selbstbetrug, so als wollte er sich das Gegenteil seiner eigenen Pläne beweisen. Daß er bindungsfähig ist, so meint er, hat er schließlich durch die überzeugend dargebotene Vaternummer bewiesen. Bisweilen hat er sogar erfolgreich bewiesen, daß er den Kindern ein besserer Vater sein könnte als ihr eigener. Der Kuckuck-Vater spielt Familie. Es steht schon vorher fest, daß er der einzige Gewinner in diesem Spiel ist. Ein Junge, der mehrere solcher Kukkuck-Väter erlebt hat, hat von Männern, seinem eigenen Geschlecht, gründlich die Nase voll. Ein erwachsener Mann zu werden, so lernt er, hat etwas mit Verrat zu tun.

Resümee: In einem ähneln sich die hier beschriebenen Männer: Sie sind für ihre Söhne nur schwer und schemenhaft zu erkennen. Es macht nichts, daß sie keine Helden sind, Jungen brauchen keine Helden zum Vater. Das Problem besteht darin, daß sie sich für Helden halten oder felsenfest davon überzeugt sind, daß sie ganz hervorragende Helden abgäben, wenn man, besser gesagt, wenn frau (oder der Chef) sie nur ließen.
Ein Mann ist etwas Perfektes! Schande über den, der etwas anderes behauptet! Wenn etwas nicht stimmt, muß es objektive Gründe dafür geben oder jemanden, der daran schuld ist. So werden Entwicklungsmöglichkeiten übersehen. Warum sollte sich ein (an sich) perfekter Mann selber in Frage stellen?
Auch um ihre Ehen kümmern sich die Männer zuwenig. Sie organisieren Abstand, Herrschaft, Abwertung und Not. Doch statt Unabhängigkeit erreichen sie Verstrickung. Einen großen Teil ihrer Zeit verbringen sie damit, Schwäche wegzuinszenieren. Männlichkeit, so kann man von ihnen lernen, ist eine besondere Form der Schauspielkunst beziehungsweise des Laienspiels.

Ihre Söhne sind zu gute Beobachter und wie alle Kinder zu wahrheitsliebend, um sich mit dieser Darbietung zufriedenzugeben. Sie wollen es wissen. Es macht ihnen viel aus, wenn ihre Väter nicht so sind, wie sie vorgeben. Die Jungen machen sich nur zu oft auf die Suche nach dem wirklichen Leben ihrer Väter, eine Suche, die diese tunlichst vermeiden.

Wie sehr sie von ihren Söhnen geliebt werden, übersteigt ihr Vorstellungsvermögen. Zum perfekt inszenierten Mann, so scheint es, gehört der Verlust der Erinnerung.

Aus: Dieter Schnack / Rainer Neutzling; «Kleine Helden in Not. Jungen auf der Suche nach Männlichkeit.»
rororo mann 8257, erschienen 1990

Dieter Schnack – Rainer Neutzling
Mütter – eine Negativliste

«Eine bekannte jüdische Geschichte handelt von einem jungen Mann, der sich in eine Prinzessin aus der nächsten Stadt verliebte. Er wollte sie heiraten, doch sie stellte ihm eine Bedingung: Zuerst müsse er seiner Mutter das Herz herausschneiden und es ihr bringen. Er ging nach Hause, und als seine Mutter schlief, schnitt er ihr das Herz heraus. Freudig (aber nur insgeheim freudig) eilte er zurück zur Prinzessin. Doch da stolperte und stürzte er. Das Herz fiel ihm aus der Hand, und es begann zu sprechen und fragte ihn: ‹Hast du dir weh getan, liebster Sohn?›»
(David Cooper in: Der Tod der Familie)

Die Idee für das vorige Kapitel: «Väter – eine Negativliste» stand sehr am Anfang unserer Arbeit für dieses Buch. In einer beschwingten und kreativen Stunde trugen wir ohne große Mühe eine ansehnliche Liste kritisierbarer väterlicher Verhaltensmuster zusammen. Wir dachten uns: «Systemzusammenhang Familie hin, industrielle Revolution her – wir müssen vom Standpunkt der Jungen aus schreiben. Sollen sich die Väter gefälligst mehr um sich und ihre Jungen kümmern!» Wir empfanden kaum Schuldgefühle dabei, über den «Drei-Minuten-Vater» herzuziehen oder dem Patriarchen sprachlich die Pantoffeln wegzunehmen. Die Väterliste machte uns Spaß.
Erst geraume Zeit später verging uns der Spaß. Ganz, ganz langsam dämmerte uns nämlich, daß wir etwas vergessen hatten. War es nicht logisch, auch eine «Negativ-Liste» über Mütter zu schreiben?
Wir fanden edle Gegenargumente: «Über Mütter wird soviel hergezogen, da machen wir nicht mit.» Schließlich sorgten wir uns gar um unser Autorenhonorar: «Männer kaufen unser Buch sowieso nicht, was sollen wir unsere potentiellen Leserinnen vergraulen?»

Aber alles half nichts. Der Gedanke war zu einleuchtend. Ein halbes Jahr lang schoben wir es vor uns her, etwas Schlechtes über Mütter zu schreiben. Wovor hatten wir Angst? Es war uns doch gegenüber den Vätern so leicht gefallen, den «Standpunkt der Jungen» einzunehmen! Warum taten wir uns mit diesem Standpunkt gegenüber den Müttern so schwer?

Vor allem hatten wir Angst, als Muttersöhnchen ertappt zu werden. Was würde passieren, wenn jemandem auffiele, daß sich unsere ausgewachsenen Kritikpunkte und Ratschläge mit der Sehnsucht zweier kleiner Jungen vermengen? Wir sahen schon die hämischen Rezensionen unseres Buches vor uns: «Ungeklärte Mutterbeziehung: Pädagogischer Diskurs im Matrosenanzug.» Trotzig hielten wir dagegen, daß selbst Conan, der Barbar, einmal ein Muttersöhnchen gewesen ist. (Und wie der Mann aussieht, ist er heute immer noch eins. Welch ein Spaß, so etwas über jemand anderen zu sagen!)

Des weiteren überkamen uns, viel deutlicher als bei unserer Väterschelte, Befürchtungen, wider Willen (oder ganz boshaft!) Geheimnisse zu verraten. «Söhne lieben ihre Väter, und viele von diesen Idioten merken das nicht einmal!» – Gegenüber den Vätern nehmen wir kein Blatt vor den Mund.

«Söhne lieben ihre Mütter.» Dieser Satz ist so seltsam sperrig für uns. Und wie kommt es, daß wir die Strafe der Mütter mehr fürchten als die Strafe der Väter?

Mütter sind Menschen, so heißt es, von denen Mann spätestens mit vier Jahren losgekommen ist. Alles andere gilt als unmännlich. Wenn wir anderer Söhne Mütter kritisieren, als große Männer, dann spüren wir, wieviel Sehnsucht, Kinderwut und Erinnerung hinter dieser Kritik verborgen ist. Ach, könnten wir doch ein schönes Bild zum Muttertag malen!

Tief durchatmen: Die Liebeserklärung ist geschafft, die Jagd kann beginnen! Halali!

Es ist sehr widersprüchlich, was über Mütter geschrieben wird. Einerseits werden die Mütter als beklagenswerte Opfer einer patriarchalischen Gesellschaft beschrieben, andererseits als machtvolle Ursache allen Übels. Eine häufig formulierte Zwischenposition versucht sich an einer letztlich wenig entlastenden Verbindung: Die Mütter sind natürlich von großer Bedeutung, machen aber – weil von den Männern allein gelassen und unterdrückt – viel falsch. Der wahrhaft Schuldige sei das Patriarchat, von dem allerdings niemand weiß, wo es sein Zentralkomitee hat.

Trotz aller Unterschiede fällt eine Gemeinsamkeit an den veröffentlichten Mutterbildern auf: Egal ob die Mutter mächtig oder ausgebeutet oder beides zusammen ist – sie hat keinen Mann. Die Mutter in der vaterlosen Gesellschaft ist alleinerziehend. Die erdrückende Zuständigkeit der Mütter für die Kindererziehung zeigt sich schon an den Bergen von Erziehungsliteratur – alljährlich mehrere tausend Titel, die fast ausschließlich von Frauen gekauft werden. Nach allen Regeln der pädagogischen, psychologischen und soziologischen Kunst mühen sich viele Mütter, eben nicht die machtvolle Ursache allen Übels, sondern (die wahrscheinlich auch nicht ganz machtlose) Bringerin allen Glücks für ihre Kinder zu sein. In jedem Fall scheint es ausschließlich von den Frauen abzuhängen, was aus den Kindern einmal werden wird. Die derart zuständige Mutter hat alle Hände voll zu tun, und man mag ihr kaum einen Vorwurf machen, allenfalls den, was für eine Schlafmütze sie geheiratet hat, daß sie sich in der Familie um alles allein kümmern muß.

Es ist verständlich, daß es unter feministisch engagierten Frauen seit geraumer Zeit eine Debatte gibt, ob es unter diesen Umständen überhaupt sinnvoll ist, Kinder in die Welt zu setzen. Bedeutet Mutterschaft nun Joch oder Privileg, Segen oder Gefahr, Selbstaufgabe oder Entfaltung?

Auch die als Feministin geschilderte Mutter ist alleinerziehend. Der Vater ihrer Kinder taugt allenfalls als Nebenfigur oder potentieller Bösewicht: «Marianne stillt nach zwei Wochen ab, weil sie sich nicht von der Mutterrolle erdrücken lassen will. Ilona stillt nach vier Jahren immer noch, weil sie sich dabei als Frau entfaltet. Jutta läßt die Wohnung verkommen, weil ihr Mann sie nicht unterstützt. Maria putzt wie der leibhaftige Teufel, weil ihr Mann sie nicht unterstützt. Bärbel fühlt sich unterdrückt, weil ihr Mann wichtige Familienentscheidungen trifft. Babs fühlt sich in der ganzen Verantwortung allein gelassen, weil ihr Mann wichtige Familienentscheidungen nicht trifft. Natascha beschäftigt zwei Kinderfrauen, einen Hort und die Schwiegermutter, weil ihr Mann sie mit der Dreifachbelastung Haushalt, Kinder und Beruf alleine läßt. Nora gluckt von sechse in der Früh bis abends um elf, weil ihr Mann keinen emotionalen Kontakt zum Sohn aufbauen kann» (Dieter Schnack 1989, S. 122).

Die Ent-Schuldigung der Mütter funktioniert nach einem ähnlich einfachen Muster wie ihre Beschuldigung – eine Retourkutsche verläßt selten den vorgegebenen Weg. Meistens fährt sie einfach zurück. So entlastend der Verweis auf die Schlechtigkeit der Männer auch gemeint ist: Letzten Endes ist das feministische Standardwissen über das Wesen des Mannes (pißt im Stehen, interessiert sich ausschließlich für Fußball, ist ein potentieller Gott-steh-mir-Bei) wenig hilfreich.

Die Liste

Die nachfolgende Typologie soll nicht trennscharf einzelne Menschen beschreiben, sondern Orientierungen und Motive verdeutlichen, mit denen Mütter ihren Jungen schaden können. In der Realität liegen ‹richtig› und ‹falsch› oft sehr nahe beieinander: Natürlich müssen Kinder auch kontrolliert werden. Trotzdem gilt unsere Kritik der «kontrollierenden Mutter». Eltern sollen stolz auf ihre Kinder sein. Die «stolze Mutter» schneidet jedoch schlecht ab in unserer Negativliste. Wir machen uns über die «Mitmach-Mutter» lustig, obwohl wir wissen, wie wichtig es ist, daß Eltern nicht immer nur für alles Lösungen parat haben, sondern fähig sind, mit ihren Kindern mitzuempfinden.

Die stolze Mutter zieht nicht einfach Kinder groß, sondern sie arbeitet, meistens im geheimen, an einem großen Projekt. Ihr Sohn ist etwas Besonderes, und ihre Aufgabe ist die der Agentin, Privatsekretärin, Muse und Trainerin. Manchmal handelt sie im Auftrag ihres Mannes, aber selten gegen ihre eigene Überzeugung. Die stolze Mutter ist davon überzeugt, daß am Sohn einmal ihr besonderer Wert zu erkennen ist, den die Welt bisher nur übersehen hat.
Eine stolze Mutter stellt sich weitgehend in den Dienst der guten Sache, die sie als Mutterliebe empfindet. Ihr Sohn ist ihr «ein und alles»; ein hartes Stück Arbeit für ihn. Sie lobt ihn oft, aber nicht, weil ihr die Kuh gefällt, die der Sprößling gemalt hat, sondern um ihn zu weiteren Taten anzuspornen. Er lernt über sich, daß er im Grunde ein ganz außergewöhnlicher Mensch ist, aber dauerhaft der Hilfe seiner Mutter bedarf, um seine herausragenden Qualitäten zu entfalten. Die Söhne stolzer Mütter machen immerzu Fortschritte. Als ausgewachsene Männer kann es ihnen passieren, daß sie über diese Struktur nicht hinauskommen und ein ewiges, verhindertes Talent bleiben. Solche Männer haben viel Pech im Leben, weil es sonst kaum Argumente gibt, um auszuruhen, ohne die Mutter zu kränken und ihre besorgte Forderungshaltung zu aktivieren. Wenn sie erfolgreich sind, haben sie wenig Freude an ihrem Erfolg. Sie hören ihre Mutter sagen: «Fein, mein Junge, eine sehr schöne Kuh. Willst du nicht auch noch einen Zaun drumherum malen?»
Die größte Angst hat die stolze Mutter davor, daß sich die Gewöhnlichkeit ihres Sohnes herausstellen könnte, daß er also trotz aller liebenswerten Wesenszüge und Eigenheiten auch nicht besser ist als die anderen. Die stolze Mutter delegiert ihre Größenphantasien an ihren Sohn. Dieses

Engagement scheint ihr erfolgversprechender zu sein, als sich um ihre eigene Größe (als Frau!) zu kümmern. Manchmal will sie ihren eigenen Eltern oder den Schwiegereltern unbewußt zeigen, was eine Harke ist: «Wenn ihr mich (oder ihn – meinen Mann) so erzogen hättet, wie ich es euch jetzt mit meinem Sohn vormache, mein Gott, was hätte aus uns werden können...» Sehr häufig baut die stolze Mutter ihren besonderen Sohn als Konkurrenten zu ihrem in ihren Augen gewöhnlichen Mann auf, wodurch eine vor allem für den Sohn sehr schwierige Schieflage im Gefüge der Familie entstehen kann.

Natürlich gibt es auch sehr viele Väter, die ihre grandiosen, vom Leben gebeutelten Selbstentwürfe an ihre Söhne delegieren. Der Unterschied besteht darin, daß die Delegation der Mutter an den Sohn über die Geschlechtergrenze hinweggeht. Der Sohn kann sich nicht mit der Mutter vergleichen wie mit dem Vater.

Es steht ihm auch nicht zu, mit ihr zu beraten, wie sie ihr Frauenleben anders gestalten könnte. Ihren Auftrag wird er schwerer los als den väterlichen Auftrag. Kein noch so großer Erfolg kann sie von seiner Seite wegkatapultieren. Wohin auch?

Die kontrollierende Mutter handelt aus Motiven heraus, die wenig mit den Bedürfnissen ihrer Kinder und viel mit ihr selber zu tun haben.

Die kontrollierende Mutter weiß in allen Lebensbereichen, was für ihren Sohn das beste ist. Sie betreut ihren Jungen so gut, daß ihrem Mann wenig Möglichkeiten bleiben, in dessen Erziehung einzugreifen. Ernährung, Kleidung, Spielzeug, Schule – die kontrollierende Mutter kennt sich bestens aus. In der ihr unterstellten Familie gibt es «keine Geheimnisse», womit nichts anderes gemeint ist, als daß vor ihr niemand ein Geheimnis haben darf, wodurch die Zahl der Geheimnisse natürlich ins Unerträgliche steigt.

Oft tarnt sie sich – auch vor sich selber – als die «beste Freundin ihres Sohnes». Es verletzt sie, wenn er auf ihren Rat nicht hört. Es kommt von Herzen, von ihrem Herzen, daß er den grünen Pullover anziehen soll. Sie räumt gerne Kinderzimmer auf und sortiert gerne Wäsche. Zu Lehrern, den Eltern von Spielkameraden und zu anderen Erwachsenen, die mit ihrem Sohn zu tun haben, hält sie intensiv Kontakt. In unzähligen pädagogischen Gesprächen erfährt sie Neues über ihren Sohn. Es gibt eigentlich keinen Ort auf der Welt, der nicht nach ihrem Parfüm riecht. Mit Vorliebe fährt sie ihren Sohn mehrmals in der Woche zu organisierten Freizeitaktivitäten. Er wird früh gefördert beim Prager Eltern-Kind-Programm, der musikalischen Kleinkinderziehung und dem Babyschwimmen. Mit ernstem Lächeln sitzt sie am Beckenrand, wenn er sein Seepferdchen erjapst; plaudert sachkundig mit ihm über den Erwerb des gelben Gürtels.

Eigentlich müßte ihr jemand eine Mütze schenken. Das passiert allerdings selten, weil niemand so recht entscheiden mag, ob er eine Chauffeurs- oder eine Admiralsmütze auswählen soll. – Die kontrollierende Mutter ist nur in den seltensten Fällen streng. Meistens hält sie ihren Sohn an der langen Leine – eine der stabilsten Formen der Bindung. Für die Freunde ihres Sohnes hat sie ein offenes Haus und für seine erste Freundin großes Verständnis, noch größeres Verständnis natürlich für den Kummer des Sohnes, wenn diese Liebe in die Brüche gegangen ist. Ein wichtiges Motiv der Kontrolle kann in dem Gefühl des Ausgeschlossenseins liegen oder in der Furcht, ohne ständige Kontrolle übersehen, mißachtet und an den Rand gedrängt zu werden. Die «offene Atmosphäre», die in ihrem Haus *herrscht*, ist von Mißtrauen durchzogen.

Ein wichtiges Motiv der Kontrolle hat mit Sexualität zu tun. In der Krabbelgruppe kann man dieses Motiv manchmal daran erkennen, daß Mütter beim Wickeln ihres Sohnes gerne und ausführlich mit anderen Müttern über den Penis ihres Sohnes sprechen. Sie kontrolliert sein Geschlecht, seine Andersartigkeit – aus dem Sohn wird ein Mann werden. Auch der, mit dem sie ihr Bett teilt, ist ein Fremder. Sie hält sich die Männer vom Leib, und je größer ihr Sohn wird, um so erschreckender erscheint ihr seine drohende Verwandlung zum Mann. Jeder Weg, den der Junge ohne ihren Einfluß geht, führt ihn fort. Je sicherer sich seine geschlechtliche Identität entwickelt, um so deutlicher befürchtet sie die Entfremdung zwischen sich und ihm. Häufig heißt ihre fatale Doppelbotschaft: «Ich habe großes Interesse an deinem Geschlecht, doch bleibe mein kleiner sauberer Junge.» Sie versucht zu verhindern, worauf sie in Wirklichkeit scharf ist.

Die kämpfende Mutter steckt voller Aggressionen, gesunder und weniger gesunder Aggressionen. Ihr Problem ist, daß sie nicht weiß, wohin damit. Eine ihrer Schwierigkeiten kann darin bestehen, daß sie sich innerlich an einem traditionellen Mutterbild orientiert, nach dem Mütter sanft und dösig, liebevoll und sorgend, ausgleichend und duldsam zu sein haben. Schon die Phantasie, die Kinder auf den Mond zu schießen und den Ehegatten im Fluß zu versenken, erschiene ihr ausgesprochen unfraulich. Vor allen Dingen gegenüber ihrem Mann (und häufig auch gegenüber ihren eigenen Eltern) darf sie nicht deutlich *ihre* Interessen vertreten. Ihr inneres Bild, wie eine Mutter zu sein hat, gestattet ihr nur einen ehrenvollen Weg, aggressiv zu sein: Sie darf und muß ihren Jungen mit Zähnen und Klauen verteidigen. Anstatt in ihrem Leben als erwachsene Frau auf den Tisch zu hauen, hängt sie sich mit ihren angstvoll aggressiven Impulsen in das Leben ihres Sohnes. Sie signalisiert, daß sie ihn gegen die feindselige Welt verteidigen wird, und regelmäßig erkennt er, daß sie einen Mitstreiter und Kämpfer sucht. Weil die Verschiebung der Aggression keines ihrer eigentlichen Probleme löst, kann die Ausdauer der kämpfenden Mutter manchmal über Jahrzehnte anhalten. Häufig fühlt sich eine kämpfende Mutter vom Leben benachteiligt, oft hat sie recht mit ihrer Einschätzung. Bisweilen stammt ihr Gefühl der Benachteiligung und Zurücksetzung aus ihrer eigenen Kindheit. («Unsereins bekommt sowieso schlechte Noten. Wir werden immer gehänselt. Wenn wir nicht aufpassen, nehmen sie uns alles weg.») Ihr Sohn hat eigentlich kaum eine Chance, nicht ebenfalls benachteiligt zu werden.

Die Söhne kämpfender Mütter haben grundsätzlich schlechte Lehrerinnen. Schon im Sandkasten werden sie von ungezogenen Bälgern malträtiert. Sie bekommen entweder viel zuviel oder viel zuwenig Schularbeiten auf. Werden sie krank, dann geraten sie an einen inkompetenten Arzt. Wenn sie keine Lust haben, sich auf die Mathematikarbeit vorzubereiten, dann sind die Aufgaben zu schwer. Wenn sie mit vierzehn der erste Liebeskummer ereilt, dann sind sie an ein Flittchen geraten ... Angesichts der ständigen Verteidigungsbereitschaft der Mütter werden die Söhne keinesfalls ruhig und gelassen, sondern verwickeln sich in immer häufigere Schlachten, die sie nicht zuletzt für ihre Mutter schlagen. Eine Löwin zieht schließlich keinen Hasen groß!

Weil der Junge einer kämpfenden Mutter nach ihrer tiefsten Überzeugung meistens real oder wenigstens eigentlich im Recht ist, bleibt sein Sozialverhalten wenig entwickelt. Wenn er einem anderen Kind eine runterhaut, wird er aus tiefstem Herzen sagen, daß er sich nur verteidigt habe. Er wird verzweifelt sein, weil ihm niemand glaubt. Die Doppelbotschaft seiner Mutter – die auf dem Schulhof zu großen Schwierigkeiten führt – lautet: «Angriff ist die beste Verteidigung.» (Ideologisch verklärt spricht man von «männlicher Durchsetzungsfähigkeit».)

Der Junge einer solchen Mutter kann sich dem Kampf entziehen wollen, indem er krank, still oder ein Außenseiter wird – ein schutzbedürftiges Kind, für das eine Mutter «mit Fug und Recht» ganz besonders kämpfen muß. Sie ist zwar froh über ihre Aufgabe, aber enttäuscht von dem Ha-

sen an ihrer Seite – selbst der Versuch, seine Schutzlosigkeit durch besonders aggressives Verhalten wettzumachen, bringt den Jungen wieder in die Fänge seiner kämpfenden Mutter. Er ist sozial so auffällig geworden, daß er ihrer besonderen Unterstützung bedarf.
Nichts gegen Mütter (und Väter), die für ihre Kinder streiten – das ist notwendig in einer tendenziell kinderfeindlichen Gesellschaft, nur, die kämpfende Mutter, die hier kritisiert wird, wechselt den Kampfplatz. Für sich müßte sie streiten, doch sie streitet für ihren Sohn. Und es geht nicht so sehr um ihn, sondern um sie. Die Löwin bleibt in der Höhle. Sie schickt ihren Jungen vor, von dem sie meint, daß sie ihn beschützt. Von sicherem Platz aus dirigiert sie ihre hoffnungslos überforderte Ein-Mann-Truppe. Sie schickt ihn in die Kämpfe, die sich nicht mit ihrem Frauen- und Mutterbild vereinbaren lassen, läßt ihn die verlorenen Schlachten ihrer Kindheit wiederholen, stachelt ihn zum Klassenkampf an, der notwendig, aber Sache der Erwachsenen ist. Die kämpfende Mutter ist im Grunde – auch das eine ihrer Doppelbotschaften – eine äußerst schutzbedürftige Frau.

Die wehrlose Mutter zieht Nutzen aus ihrer Wehrlosigkeit, obwohl sie in ihren eigenen Augen und im Urteil anderer als Opfer erscheint. Sie sagt gern, daß sie mit ihrem Sohn «nicht fertig» wird. Wäre es anders, dann käme sehr schnell die Frage auf den Tisch, wie sie mit ihrem Mann fertig werden könnte; manchmal auch der bange Verdacht, daß sie schon längst mit ihm fertig ist. Anschließend stellt sich vielleicht die Frage, wie unfertig sie sich selbst fühlt.
Sie zieht es vor, nur wenig Verantwortung für ihr eigenes Leben zu übernehmen, ein Zustand, der als Opfer am besten zu ertragen ist. Entweder sucht sie sich einen Mann, der sie deckelt, oder sie erzieht ihren Sohn dazu, sie nicht zu respektieren. Oft bilden «ihre beiden Männer» ein derart starkes Team, daß sie auch Schwierigkeiten hätte, gegen sie anzukommen, wenn sie versuchte, als erwachsene Frau zu handeln.
Ihr Sohn macht (vermeintlich), was er will. Er tanzt ihr auf dem Kopf herum. Er fährt ihr über den Mund. Wenn er gehorcht, dann tut er es aus Großzügigkeit. Ein wenig Entlastung erfährt die wehrlose Mutter, wenn sie erfährt, daß ihr Kotzbrocken auch in der Schule Schwierigkeiten macht (er tut es gern!). Ab und zu platzt sie. Während sie ihm ansonsten seinen Willen läßt, sagt sie ihm nun, daß er all die Jahre im Unrecht gewesen ist. Sie klagt an. Sie sei gestraft, die große Frau durch den kleinen Jungen. Manchmal kommt abends der «Richter» nach Hause und

haut drauf (oder schimpft und droht) – ohne groß nachzufragen, weil es doch nicht um den Sohn, sondern um sein kleines Mädchen geht, dem er Genugtuung verschafft.
Zwischen Mutter und Sohn besteht eine große Nähe, ja eigentlich ist ihre Kampfbeziehung von sehr liebevollen Gefühlen getragen. Um so fataler wirkt sich die Doppelbotschaft der Mutter an den Sohn aus: «Du bist ein guter Sohn, weil du ein schlechter Sohn bist. Du attackierst meine Selbstachtung, aber du hast auch recht damit. Ich bin eine schlechte Mutter, und du bist mein Sohn.»
Die Söhne solcher Mütter scheitern oft im Leben, weil sie glauben, so ihrer Mutter einen Gefallen tun zu können.

Die Mitmach-Mutter schnippt auf dem Elternabend in der Grundschule mit dem Finger, sucht die Augen der Lehrerin, und manchmal steht sie auf: «Heute hatten wir doch die Nr. 7a bis 9 auf. Wir haben fast zwei Stunden dafür gebraucht.» Eigentlich hängt sie sich schamlos an das Leben ihres Sohnes, nimmt von seinen Sorgen, seinen Beziehungen, seinen Leistungen und seiner Lebensfreude. Sie empfindet starkes Engagement und bemerkt darüber nicht, wie sie ihren Jungen abzockt. (Seine Abgrenzung ist oft rüde und respektlos, weil er das kleine Mädchen erkennt, das da seine Mutter ist: «Hau ab, das ist nichts für Weiber.»)
An langen Nachmittagen wird bei der Mitmach-Mutter gebastelt, gefördert, gebacken, geschularbeitet und gemalt. Schulkameraden werden eingeladen und bespielt – die Mitmach-Mutter ist eine gute Mutter. Sie macht tolle Sachen mit ihren Kindern. Ihr Verhalten ist ausgesprochen lobenswert, weil man mit Kindern wahrscheinlich nicht genug spielen, basteln und malen kann. Es ist jedoch aus dem einfachen Grund kritikwürdig, weil sich die Mitmach-Mutter zu Tode langweilen würde, wenn sie nicht all ihre Zeit mit der Organisation des Kinderalltages verbrächte. Pointiert formuliert: Die Kinder spielen mit der Mutter und spüren instinktiv, daß sie sie nicht verlassen dürfen. Manche Kinder produzieren allein aus einem einzigen Grund Probleme in der Schule: damit ihre Mutter etwas zu tun hat.
Meistens fühlt sich die Mitmach-Mutter im Kontakt mit ihren Kindern lebendiger als im Kontakt mit ihrem Mann. Wenn man sie fragte, was sie am liebsten tun würde, wäre sie wahrscheinlich recht irritiert. Für einen Jungen ist es schwer, sich von einer solchen Mutter zu lösen, weil sie soviel schöne Sachen mit ihm macht, sich kümmert und sorgt, aber trotzdem unzufrieden ist. Man mag sie gar nicht allein lassen, und oft meinen

die Söhne voller ungelebter Wut, sie müßten alles auf Heller und Pfennig, Butterbrot für Butterbrot, zurückzahlen.

Die Putze läßt es sich gefallen, daß sie und ihre Arbeit abgewertet werden. Meistens ist sie mit einem Mann verheiratet, dem die Angst aus dem Hemdkragen kriecht; der um sich haut, weil er sich sonst wehrlos fühlen würde, der bedient werden will, weil er sonst niemand wäre, der abwertet, um zu spüren, daß er etwas wert ist. Ihr Mann bringt das Geld nach Hause. Wenn sie arbeiten geht, dann für einen Lohn, für den ihr Mann «nicht einmal morgens aufstehen würde».

Die Putze versorgt den Rest der Familie, aber diese Arbeit scheint nicht geeignet zu sein, ihr einen angemessenen Platz zu verschaffen. Ihr Sohn ist in einer schwierigen Lage, denn im Gegensatz zu seinem Vater tut es ihm noch weh, wenn er sie herunterputzt und in die Küche schickt. Meistens nimmt er sich innerhalb der Familie mehr «Freiheiten» heraus als ihm zustehen. Ihre Erziehungsversuche nehmen zwar viel Zeit in Anspruch, aber sind nicht wirklich ernst gemeint. Häufig putzt sie aus Liebe. Ihre Dienstbarkeit ist ihr Beitrag zur geschlechtlichen Identität des Mannes. Und, so fragt sie sich, wenn sie ihrem Sohn Respekt beibrächte, wie könnte dann ein richtiger Mann aus ihm werden?

Die Ablösung von einer so oder anders abgewerteten Mutter ist schwieriger, als sie auf den ersten Blick erscheint, denn weder für liebevolle noch für Abhängigkeitsgefühle des Sohnes ist Platz genug vorhanden. Wie kann er die Mutter heiß lieben, wenn sie sowenig Achtung erfährt? Wie kann er sich klein und abhängig von der Putze fühlen? Er verdrängt, was er tun müßte – anstatt groß zu werden, lernt er dreckige Witze. Manchmal versucht er sich insgeheim als guter Junge, um der Mutter (nach all den Verletzungen) seine Liebe zu zeigen – eine schwere Aufgabe. Als Ehemann ist er durchaus attraktiv, denn er verspricht einer Frau Antwort auf die Frage, ob sie nun eine Putze oder eine schätzenswerte Frau sei. Aber leider weiß er darauf ebensowenig eine Antwort wie seine Mutter. Irgendwie hat ihm keiner gesagt, was ein Mann ist.

Die einsame Mutter führt eine Scheißehe und findet nicht die Kraft, daran etwas zu ändern. Anstatt die Dürre mit ihrem Mann so oder so zu verändern, gräbt sie sich ein. Oft gehören ihre Kinder mit zur verschworenen Gemeinschaft. Zwangsläufig abgetrennt von ihrem Vater (er liegt in einem anderen Graben), sind die Kinder ebenso tapfer wie ihre arme Mutter. Oft sind sie hin- und hergerissen zwischen der Phantasie, ihre

Mutter zu retten, und dem Gedanken, ob nicht vielleicht doch sie am bewegungslosen Unglück ihrer Mutter schuld hätten.
Bei einem Jungen kann eine solche Mutter sehr ritterliche Gefühle und Illusionen über seine Stellung ihr gegenüber hervorrufen. Zwar ist er nur von ihren Gnaden zum Prinzen ausgerufen worden, aber er wähnt sich doch näher an ihrem Herzen als der offiziell abgehalfterte König. Meistens täuscht er sich und bemerkt nicht, wie er in die Auseinandersetzung zwischen den Eheleuten einbezogen worden ist. Groß muß er jetzt sein, weil er meint, daß er aus der Rivalität zu seinem Vater als Sieger hervorgegangen ist. Er tröstet, hält Abstand, erbringt besondere Leistungen, ist netter und verständnisvoller als sein Vater – und bleibt trotzdem zweiter Sieger.
In dieser Konstellation, für die beide Eltern verantwortlich sind, sind alle Beziehungen durch Unoffenheit und Unklarheit belastet. Würde nur eine der Beziehungen in diesem Dreieck in ihren Motiven offengelegt, müßten auch die ehelichen Probleme der Eltern offen angegangen werden. Verbündeten sich Mutter und Sohn ganz offen gegen den Vater, würde sich die Frage stellen, warum dieser schlechte andere nicht aus dem Familienverbund ausgeschlossen wird. Würden die beiden Eltern offen aufeinander zugehen, stünde ebenfalls die Frage einer Trennung oder eines versöhnlichen Neuanfanges auf der Tagesordnung. Würden schließlich Vater und Sohn offen ihre Liebeswünsche aneinander leben, käme ebenfalls die ganze Anordnung durcheinander. Die enttäuschten und negativen Urteile der Mutter über den Vater wären für den Sohn ebenso in Frage gestellt wie die innige Mutter-Sohn-Beziehung. Die Unoffenheit wird unterstützt durch das vage Gefühl der Eltern, daß es nicht richtig ist, in einer ehelichen Auseinandersetzung kindliche Hilfstruppen zu rekrutieren. Am wenigsten versteht der Junge, was passiert. Die eheliche Beziehung der Eltern, ihre Verbundenheit und zur Seite gelegte Liebe oder auch die drohende Trennung bleiben ihm verborgen. Der Grabenkrieg, in den er hineingeraten ist, soll beides verhindern, sowohl den Frieden als auch die Kapitulation.
Häufig denken Jungen, daß die Beziehung zwischen den Eltern in dieser Situation wenig Substanz hat. Sie fallen aus allen Wolken, wenn sie gewahr werden, wie tief die Bindung ihrer Mutter an ihren Mann ist. Die Beziehung zwischen Mutter und Sohn ist in ihren Motiven ebenfalls unoffen. Daß sie als Ersatz installiert wurde, um die ehelichen Probleme nicht virulent werden zu lassen, kann kaum offen ausgesprochen werden. («Ich bin viel netter zu dir als Papa.» – «Wenn ich dich, mein Junge,

nicht hätte, dann wäre ich noch trauriger.» – «Gut, daß wenigstens wir zusammenhalten.» – «Dein Vater soll ruhig sehen, wie schön wir beide es zusammen haben.» – «Du weißt doch, wie der Papa ist.»)

Die Beziehung zwischen Vater und Sohn, ihre Liebe zueinander, kann ebenfalls nur im verborgenen stattfinden, manchmal so sehr, daß sie nur noch in den Träumen des Jungen Platz hat.

Bisweilen versucht er sich als Doppelagent, weil er beide Eltern braucht. Er trägt sehr daran, daß er so beide «verraten» muß. Manchmal robbt er aus freien Stücken oder auf Befehl einer der kriegführenden Parteien von einem Graben zum anderen – im Gepäck eine weiße Fahne, eine Botschaft oder eine Handgranate. Oft stellt er sich freiwillig als Zielscheibe in die Mitte und richtet sich als einziger auf, während die Erwachsenen in ihren Gräben bleiben. Er sei doch, so empfindet er, ihrer beider Kind und könne so die Sinnlosigkeit des Ehekrieges zeigen. Wird er, der naive Zivilist, übersehen, kann es sein, daß er sich viel einfallen läßt, um zu erreichen, daß seine Eltern aus ihren Löchern kommen und auf ihn zurennen, um ihn zu retten, zu verprügeln, zu umarmen; irgendwas versuchen, damit sie zusammenkommen.

Diese Konstellation gibt es in vielen verschiedenen Varianten, häufig trifft man dabei eine Mutter, die zwischen Vater und Sohn steht. Eine auch für den abgewerteten, leidenden Vater äußerst bequeme Anordnung.

Resümee: Die hier beschriebenen Mütter haben nicht zuwenig, sondern zuviel mit ihren Söhnen zu tun. Sie kümmern sich in der Regel zuwenig um die Beziehung zu ihren Männern und mit Sicherheit zuwenig um sich selber. Viele alltägliche Aufgaben führen weg von eigenen Wünschen, Ideen und Gefühlen, aber sie verführen auch: Probleme, die auf der Erwachsenenebene gelöst werden müßten, werden verschoben auf die Eltern-Kind-Beziehung oder als Problem des Kindes organisiert. Die hier beschriebenen Mütter sind zu selbstlos. Nicht daß sie morgen anfangen sollten, ihre Söhne zu vernachlässigen – sie sollten anfangen, sich selbst weniger ins Abseits zu stellen. Sie wollen zuviel von ihren Söhnen, für ihre Söhne, mit ihren Söhnen. Sie wollen zuwenig von sich und für sich und mit sich.

Eines gilt sowohl für die Mütter als auch für die Väter. Es betrifft die Beziehung der Eltern untereinander, deren Probleme häufig zu den Problemen der Kinder werden. Es wird Zeit, daß Familie weniger als Ge-

meinschaft zur Aufzucht und Erziehung von Kindern angesehen wird. In vielen Familien scheint der ganze Schmu nur für die Kinder veranstaltet zu werden. Ehrlicherweise – vor allen Dingen ehrlicher gegenüber sich selbst – sollten Eltern mehr darauf achten, daß Familie auch ein Zusammenschluß zweier Erwachsener ist, die ihre Sexualität miteinander erleben und ihren Alltag miteinander organisieren wollen – daß der eine schon mal angeheizt hat, wenn der andere kommt. Natürlich verzichten Eltern auch auf bestimmte Annehmlichkeiten. Aber keine Frau und kein Mann verbringen doch die besten erwachsenen Jahre miteinander, nur damit in fernen Zeiten irgendwelche Kids das Ozonloch flicken! Es ist doch aberwitzig, als Aufgabe der Familie zu formulieren, daß sie Kindern beibringen soll, in der nächsten Generation ein gutes Leben zu leben, wenn sie nicht vor allem die Aufgabe hat, Mann und Frau ein gutes Leben miteinander zu ermöglichen. Wenn Mann und Frau Freude haben – an sich selber und miteinander, dann braucht es keine schlauen Bücher über Geschlechtsrollensozialisation und langfristig auch keine Diskussion über Erziehung – dann gucken sich die Kinder einfach alles bei ihren Eltern ab.
Meistens brauchen Eltern keinen Nachhilfeunterricht als Vater und Mutter, sondern als Mann und Frau (und als Ehepaar). Daß über dem Spaß der Erwachsenen die elterliche Liebe zu kurz kommt, muß nicht befürchtet werden. Wir zumindest haben noch nie von Eltern gehört, die zufrieden und lebendig miteinander sind, aber ihre Kinder nicht leiden können.

Aus: Dieter Schnack/Rainer Neutzling; «Kleine Helden in Not. Jungen auf der Suche nach Zärtlichkeit.»
rororo mann 8257, erschienen 1990

Rüdiger Kremer

angekommen am ende aller geschichten
hält der märchenerzähler den atem an
dann räuspert er sich
und sagt mit verstellter stimme
das war das leben
jetzt wollen wir essen

Aus: Rüdiger Kremer; «die Katzen des Königs der Spatzen». Gedichte.

Die Autoren

Brian Easlea ist Physiker. Zur Zeit lehrt er im Bereich Wissenschaftssoziologie an der Sussex University in England.

Bo Eneroth ist Redaktionsmitglied von «Ottar, Buchzeitschrift für Sexualität, Zusammenleben und Gesellschaft» (Stockholm / Schweden). Drei Nummern dieser Zeitschrift wurden für den rororo mann Band 8224 «Lust» zusammengefaßt. Zusammen mit Björn Wrangsjö untersucht Eneroth die Beiträge, die Männer für den Teil «Die Lust der Männer» geschrieben haben.

Matthias Frings lebt als freier Autor in Berlin. Letzte Veröffentlichungen «Liebesdinge – Bemerkungen zur Sexualität des Mannes», «AIDS – Dimensionen einer Krankheit» und «Ein Bild vom Mann», als Hg. «Fleisch und Blut. Über Pornographie» (alle bei Rowohlt).

Thomas Henning, 1952 geboren, studierte Grafik / Design in Hamburg. Arbeitet als Grafiker für verschiedene Verlage. Seit einigen Jahren vor allem als Fotograf tätig. Gestaltet alle Umschläge der mann-Reihe.

Sven Holm, 1940 geboren, gehört zu den wichtigsten und meistdiskutierten dänischen Gegenwartsautoren. Er hat zahlreiche Romane, Hörspiele, Gedichte und Filmmanuskripte, in letzter Zeit vermehrt auch Theaterstücke geschrieben.

Helmut Kentler, 1928 geboren, studierte u. a. Psychologie, Medizin, Pädagogik, Philosophie. 1960 legte er die Diplomprüfung für Psychologen ab. Von 1960 bis 1965 war er als Jugendbildungsreferent, später als wissenschaftlicher Mitarbeiter in der Jugendarbeit tätig, dann bis 1966 wissenschaftlicher Assistent an der Pädagogischen Hochschule Berlin. 1966 bis 1974 leitete er im Pädagogischen Zentrum Berlin die Abteilung Sozialpädagogik und Erwachsenenbildung. 1975 promovierte er an der Universität Hannover. 1976 wurde er dorthin auf den Lehrstuhl für Sozialpädagogik berufen.

Ralf König, geboren 1960 in Soest, studierte 1981 bis 1986 an der Staatlichen Kunstakademie in Düsseldorf Freie Kunst. Veröffentlichungen:

1981 «Schwul Comix»; 1987 «Der bewegte Mann», rororo mann 8228; 1987 «Lysistrata», rororo mann 8229; 1988 «Pretty Baby», rororo mann 8237; 1989 «Beach Boys» rororo mann 8258; 1990 (zusammen mit Detlev Meyer) «Heiße Herzen» rororo mann 8266; 1989 «Prall aus dem Leben»; zahlreiche Veröffentlichungen in Schwulen-Zeitschriften; Internationaler Comic-Salon, Grenoble 1990: Auszeichnung als bester deutschsprachiger Comic-Zeichner.

Rüdiger Kremer, geboren 1942 in Schwerte/Ruhr. Studium an den Universitäten Münster und Wien. Von 1968 bis 1972 Rundfunkredakteur. Lebt in Otterndorf/Niederelbe und in Bremen. Veröffentlichungen von Prosa, Lyrik, Hörspielen; Rundfunk- und Fernseharbeiten.

Rainer Neutzling, geboren 1959, studierte in Münster Soziologie, Pädagogik und Publizistik, lebt in Köln und arbeitet als freier Journalist für Presse, Hörfunk und Fernsehen.

Helmut Ostermeyer, 1928–1984. Gruppentrainer. Familienrichter; mehrmals disziplinarisch verfolgt wegen Eintretens für die Lebensschutzbewegung. Bücher: Strafunrecht (1971), Strafrecht und Psychoanalyse (1972), Die juristische Zeitbombe (1973), Die bestrafte Gesellschaft (1975), Die Gleichberechtigung des Kindes (1976), Die Revolution der Vernunft (1977), Ehe – Isolation zu zweit? (1979).

Volker Elis Pilgrim, geboren 1942 in Wiesbaden, aufgewachsen in der Mark Brandenburg, Schule im Süden von Berlin (DDR), Studium in der BRD: Jura, Psychologie, Soziologie, Musik und Film in Göttingen, Frankfurt, Wiesbaden und München. 1968 juristisches Staatsexamen, 1970 Dissertation über den Rechtsschutz der angewandten Kunst. Seit 1970 Schriftsteller. Buchveröffentlichungen: Manifest für den freien Mann ‹Teil I: 1977 und Teil II: 1983› (rororo mann 8220), Der selbstbefriedigte Mensch (rororo mann 8217), Der Untergang des Mannes (rororo mann 8214), Dressur zum Bösen (rororo mann 8201), Elternaustreibung (rororo mann 8205), Muttersöhne (rororo mann 8240), Adieu Marx! (Rowohlt).

Peter Roos ist freier Schriftsteller und hat sich in vielen Büchern und Texten mit traditioneller und neuer Männlichkeit auseinandergesetzt, vornehmlich in den Publikationen, die er zusammen mit Friederike Hassauer veröffentlicht hat, «Der weibliche Körper – der männliche Blick», «Kinderwunsch», «Die Frauen mit Flügeln – die Männer mit Blei». Im neuesten Band, «Vespa bella donna», untersucht er das Frauenbild der 50er Jahre.

Dieter Schnack, geboren 1953, ist Diplompädagoge und arbeitet als freier Journalist für Presse, Hörfunk und Fernsehen. Er lebt mit seiner Frau und seinen drei Kindern in Köln.

Burkhard Schröder, 1952 im Ruhrgebiet geboren, studierte in Münster und Berlin Germanistik, Geschichte und Philosophie. Ab 1979 reiste er zwei Jahre durch Lateinamerika. Nach kurzem pädagogischen Zwischenspiel an einem humanistischen Gymnasium ist er als Taxiunternehmer in Berlin-Kreuzberg tätig. Zwischen 1984 und 1986 war er Herausgeber der Männerzeitung «HerrMann». Weitere Veröffentlichungen: «Unter Brüdern. Brüder, Kumpel, Kameraden» (rororo mann 8236), «Spuren der Macht. Memmen, Macker, Muskelmänner» (rororo mann 8264), «Ab-Schnitte. Über Macht und Ohnmacht der Gefühle nach einer Trennung» (rororo mann 8250).

Willy Thrysøe, geboren 1945, cand. mag. Dozent am Universitätszentrum Roskilde (Dänemark). Hat u. a. herausgegeben: «Seksualvidenskab, Drift» (Sexualwissenschaft, Trieb, 1979).

Björn Wrangsjö ist Redaktionsmitglied von «Ottar, Buchzeitschrift für Sexualität, Zusammenleben und Gesellschaft» (Stockholm/Schweden). Drei Nummern dieser Zeitschrift wurden für den rororo mann-Band 8224 «Lust» zusammengefaßt. Zusammen mit Bo Eneroth untersucht Wrangsjö die Beiträge, die Männer für den Teil «Die Lust der Männer» geschrieben haben.

Gerd Würzberg, geboren 1946, ist Soziologe und war Hochschullehrer im Studiengang Journalistik an der Universität Dortmund. Jetzt freier Kommunikationsberater.